小梁吉章

フランス信託法

✤✿✤
学術選書
75
民　法

信山社

はしがき

　わが国の民法はフランスの法典そのままではなくなったが，多くの法律についてヨーロッパ法をモデルにしている。そしてわが国の信託はアメリカから輸入されたものである。しかしわが国の経済の構造や生産水準，社会構造など，なにからなにまでアメリカとは異なるから，わが国の信託はアメリカのトラストとは大きく異なっている。トラストの母国のイギリスとの差はさらに大きい。

　フランスは英米法のトラスト制度自体を継承することがなかったが，そこに最近，信託に類似した制度が導入された。

　外国の法典を継受する，あるいは外国の法制度を導入するとはどういうことなのだろうか。

　以前，ルクセンブルグで銀行勤務をしていたとき，弁護士のジャック・ロッシュ先生（Maître Jacques Loesch）になんどか相談にうかがった。先生はパリ大学の法学部で法律を学ばれ，弁護士資格を取られ，当時はルクセンブルグの中心部のゲーテ通りに事務所を構えておられた。すぐ近くに観光用の写真によく撮られるアドルフ橋と国立貯蓄金融公庫の建物がある。仕事の相談が終わると，すぐに雑談になり，先生はパリでの華やかな学生生活を懐かしそうに話された。

　そのときはなにげなく聞いていたが，考えてみるとおかしなところがある。先生はフランスで法律を学んで，ルクセンブルグで弁護士となっているのである。外国の法律の知識でいったい弁護士ができるのだろうか。

　最近になってようやくこのなぞが解けた。ルクセンブルグではフランス民法典が継承されているのである。民事訴訟法，商法も同様である。わが国の明治初年に当時の司法卿江藤新平は「仏国の民法に基づきて日本の民法を制定」すると主張したが（穂積陳重『法窓夜話』），結局わが国ではこの構想は実現しなかった。一方，ルクセンブルグはカンポフォルミオ条約で仏領となったなかでフランスの法典を継受したのであって，自主的とはいえないものの，ルクセンブルグでは江藤司法卿の考えたとおりのことが起きていたのである。

　この例は外国の法律の継承が可能であることを示している。しかし法律を運用するのはその国であり，その国民である。運用していけば同じ条文であっても母国とは解釈が変ることがある。事情が変われば改正も必要になる。現在，

はしがき

　ルクセンブルグの民法はナポレオン法典を大筋で継承しているが，相当多くの改正が加えられ，フランスの現行民法典とは異なっている。ベルギー民法も同様である。

　信託協会から提供された信託研究奨励金を活用して，2010年7月にフランスで研究者や金融界の方々に同国のあたらしい法制度についてうかがった。面談したのは，パリ第一大学のフランソワ＝グザヴィエ・ルカ教授（Prof. François-Xavier Lucas），パリ第二大学のロイク・カディエ教授（Prof. Loïc Cadiet），パリ第五大学のドミニク・ルジェ教授（Prof. Dominique Legeais），ストラスブール大学からドイツ・ザール大学に派遣されているクロード・ウィッツ教授（Prof. Claude Witz），弁護士事務所クリフォード・チャンスのラインハルト・ダマン弁護士・博士（Maître Dr. Reinhardt Dammann）とオリヴィエ・ガイヤール弁護士（Maître Olivier Gaillard）および銀行協会のアニー・バック法務部長（Mme Annie Bac）である。とくにウィッツ教授からは多くの示唆をいただくことができた。この場を借りて，信託協会と面談に応じていただいた方々に厚く御礼申し上げる。

　2011年2月に日仏法学会で「信託とフィデュシー」と題して，本書に述べることについて中間的な報告を行った。そのさいに多くのご質問や有益な示唆を頂戴することができた。おひとかたずつのお名前を挙げることはしないが，厚く御礼申し上げることとしたい。

　なお，本書ではわが国の信託に関する論文として昭和初期までの論文を多く参照している。現在も数多くの信託に関する論文が発表されているなかにあって，敢えて現代とは経済・社会状況の異なる時期の論文を多く参考にしたのは，現在のように信託が所与の法制度として定着する前の当時のほうが，信託法理とわが国民事法の関係についての問題意識が強いためである。

　本書のような全く一般性に欠けるものの出版を快くお引き受けいただいた信山社の袖山貴氏，稲葉文子氏，今井守氏には厚く御礼申し上げる。同社の出版事業のいっそうのご発展を祈念する。

　　2011年6月

小 梁 吉 章

目　次

はしがき

第1章　信託法とフィデュシー法 …… 3

第2章　わが国の信託の機能とフランスの代替制度 …… 13
1　わが国の信託の機能 …… 13
2　フランスの代替制度 …… 17

第3章　信託法とフィデュシー法の歴史 …… 33
1　契約としての信託・フィデュシーと財産権としてのトラスト …… 33
2　わが国信託法の制定経緯 …… 36
3　過去のフランスの信託論 …… 45
4　フィデュシー法制化以前の「無名フィデュシー」 …… 51
5　フランス担保法制とフィデュシー …… 55
6　フィデュシー立法の試み …… 58

第4章　信託法とフィデュシー法の規定 …… 67
1　わが国信託法 …… 67
2　フランス・フィデュシー法 …… 69
3　担保目的フィデュシー …… 85
4　財産管理目的フィデュシー …… 90
5　恵与目的フィデュシーの禁止 …… 92

第5章　トラストとシビル・ロー原理の抵触 …… 97
1　契約的構成 …… 97
2　物権法定主義と所有権の分属 …… 104
3　財産の単一性原理 …… 125
4　担保の従属性 …… 135
5　権利の体系としてのシビル・ローと判例のコモン・ロー …… 154

目　次

第6章　フィデュシーと所有権の再生 …………………………… *159*
　1　所有権担保 ………………………………………………… *159*
　2　所有権留保とファイナンス・リース …………………… *163*
　3　譲渡担保と再建型倒産処理 ……………………………… *167*

第7章　フィデュキアとトラスト ……………………………… *183*
　1　古代ローマのフィデュキア ……………………………… *183*
　2　英米法のトラスト ………………………………………… *191*
　3　相続原理とトラスト ……………………………………… *198*

第8章　シビル・ロー各国の法制 ……………………………… *203*
　1　スイスのフィデュシー …………………………………… *203*
　2　イタリアのフィデュキア ………………………………… *206*
　3　ルクセンブルグのフィデュシー ………………………… *207*
　4　ベルギーのフィデュシー ………………………………… *209*
　5　オランダの事情 …………………………………………… *211*
　6　ハーグ国際私法会議のトラスト準拠法承認条約 ……… *213*

第9章　信頼の普遍性 …………………………………………… *215*
　1　わが国の信頼に基づく制度 ……………………………… *215*
　2　わが国の民事信託 ………………………………………… *220*
　3　シビル・ローとトラスト ………………………………… *222*
　4　フランスのフィデュシーについて ……………………… *223*

参考資料
　・イングランド法に準拠したシンジケート・ローンのセキュリ
　　ティ・トラスティの事例 ………………………………… *227*
　・フランス民法典のフィデュシー関連規定 ……………… *229*
　・フランス倒産処理法のフィデュシー関連規定 ………… *236*
　・ハーグ国際私法会議のトラストの準拠法と承認に関する条約 …… *243*

参考文献（*249*）
事項索引（*252*）

第1章　信託法とフィデュシー法

　わが国のあたらしい信託法は，平成 18 年（2006 年）12 月 8 日に成立し，同月 15 日に公布され，平成 19 年（2007 年）9 月 30 日に施行されている。この信託法によると信託とは「（委託者によって）信託契約，遺言，公正証書等によってする意思表示の方法のいずれかにより，特定の者（受託者）が一定の目的に従い財産の管理または処分およびその他の当該目的の達成のために必要な行為をすべきものとすること」である。そして「信託契約または遺言の方法によるときは」，委託者が「当該特定の者に対し，財産の譲渡，担保権の設定その他の財産の処分をすることを要する」ものとされている。

　あたらしい信託法について立法担当者は次のように記している[1]。

　　「我が国においては，明治の中期以降，米国から近代的信託制度が導入され（た。）」

　　「新法は，信託に関する私法上の法律関係の通則を定めた基本法である旧法を全面的に見直し，最近の社会経済の発展に的確に対応した信託法制を整備する観点から……新たな制度を導入するとともに，表記を現代用語化し，国民に理解しやすい法制とするものである。」

　　「（あたらしい信託法の内容は）世界的に見ても最先端を行くものであり，これによって，我が国の信託制度は，はるか見晴らしの良いものになった。」

　フランスでは 2007 年 2 月 19 日の法律[2]によって民法典の第三部「所有権の取得方法」に第 14 編「フィデュシー」（fiducie）が加えられた。これは信託に類似する法制度であり，本書をフランス信託法としたゆえんである。また同時に一般租税法典など関連法典が改正されている。同法は同月 21 日に公布され，22 日に施行されている[3]。この法律ではフィデュシーとは「委託者が，現在または将来の，財産，権利または担保権あるいはそれらの全体を，受託者

---

[1] 寺本昌広『逐条解説・新しい信託法』（商事法務，2007）はしがき 1 頁，本文 3 頁，32 頁。
[2] フィデュシーを創設する 2007 年 2 月 19 日法律第 2007-211 号。
[3] フランス民法典は，特段の規定がない限り，同法典の規定は公布の翌日に発効すると規定している（第 1 条）。

に移転し、受託者がその固有の財団から分離して、一ないし複数の受益者の利益のために決められた目的のなかで行う法律行為」をいい（民法典第2011条）、「法律または契約によって成立する」とされている（同第2012条）。同法の法案は、2005年2月8日に上院（元老院）に提出されているが、その趣旨説明[4]には「法技術のグローバル化の進展により、税制と法制度の両面でより魅力的な国に経済取引が移転して、フランス国内が空洞化するおそれがある」と現状にたいする懸念が示されていた。さらにトラストのような制度がフランスにはないため、金融市場における同国の国際競争力の低下が危惧されていた[5]。フィデュシーが法制化されたあとに同法案の提案者であるマリニ議員は法律雑誌への寄稿で次のように記している[6]。

　「フィデュシーはその機能という点で英米法のトラストに類似したものである。」

　「フィデュシーの法制化は、一種の法律の革命、あるいは法律の再生であって、わがフランス法の国際競争力を強化するものである。」

　「19世紀初頭の法典化からこれまでの2世紀にわたるフランス法制の欠落を埋めるものである。」

わが国とフランスのこれら二つの法律の関係者は一様に英米法のトラスト制度との関係を挙げ、また法律の国際的な側面を指摘している。わが国のあたらしい信託法、フランスのフィデュシー法の施行はいずれも2007年である。また、わが国の信託もフランスのフィデュシーも、委託者、受託者、受益者という三者と財産や担保権の処分によって構成される法制度である。これはわが国とフランスの制度だけに見られる構成ではなく、国際的な民事法律関係に適用する法律を検討するハーグ国際私法会議[7]が制定した「トラストの準拠

4）2005年2月8日のマリニ上院（元老院）議員が提出した上院へのフィデュシー法案趣旨による。

5）P. Marini, Enfin la fiducie à la française !, D., 2007, p. 1347.

6）P. Marini, La fiducie, enfin!, *JCP*, éd. E, no. 36, 2007, p. 5.

7）ハーグ（ヘーグ）国際私法会議（Hague Conference on Private International Law）は、1893年オランダ政府の国際私法統一法典作成のための会議開催の招請に応じたヨーロッパ諸国の代表会議に始まり、その名称のとおり国際的な民事法律関係について国際私法（抵触法）的な解決を目指して作業を行っており、1955年に西ドイツ（当時）、フランス、日本、イギリスなど16カ国をもって常設機関として設けられた。参加は国単位である。設立条約第1条は「国際私法規則の漸進的な統一に向けた作業を行う」としており、国際民事訴訟法の分野でも相当の実績を挙げている。ハーグ国際私法会議の

法と承認に関する条約」[8]でもトラストを委託者，受託者，受益者と移転対象の財産から成立する法律関係としている（同条約第2条参照）。三者の当事者が一つの財産をめぐって構成する法律関係は社会関係の基本であるから，信託やフィデュシーはさまざまな場面に適用することができる。英国で誕生し，米国に移植されて商業的に大発展したトラスト制度が広く利用され，わが国を含めて各国で多方面に利用されているのは，トラストという法律関係の構図が社会一般に普遍的なものであるためである。谷口（知平）博士は「信託法理というのは，所有権に含まれる広い管理処分の権能を一定の目的のために行使せしめて，個人や大衆の財産的精神的利益，私益や公益を実現する公理，所有権行使を私益や公益の目的によって拘束し，その目的の確保を可能にする法理」であるとしている[9]。トラストは委託者，受託者と受益者という三者と財産によって構成されており，これは社会関係の基本要素である。

このように見てくると，わが国の信託とフランスのフィデュシーはまるで同じもののように思えてくる。では，わが国の信託とフランスのフィデュシーは同じものなのだろうか。わが国の信託は英米法のトラストを導入したものであるが，フランスのフィデュシーも同じなのだろうか。そもそもトラストと信託，トラストとフィデュシーには関係があるのだろうか。

答えを先に言えば，関係はなく，トラスト，信託，フィデュシーは同じではないのである。

まず法律上の位置が異なる。英米法のトラストは判例によって形成された制度である。これにたいしてわが国には信託法があり，この点で英米法のトラストと異なる。またわが国信託法は民法の財産法の規定とは別に制定され，民事法として民法と並列的に存在し，そのあいだに直接の関連性はない[10]。フランスでは民法典の第三部「所有権の取得方法」の第14編に「フィデュシー」という規定が追加されており[11]，わが国の信託の法律上の位置はフランスのフィ

　成果としては，1954年3月1日民事訴訟手続に関する条約，1965年11月15日民事または商事に関する裁判上の文書の外国における送達および告知に関する条約，1970年3月18日民事または商事に関する証拠の収集に関する条約などがある。

8）1985年7月1日トラストの準拠法及び承認に関する条約（Convention on the Law Applicable to Trusts and on their Recognition）。その内容については第8章6項を参照。

9）谷口知平「日常生活における信託法理」信託法研究2号（1978年）4頁。

10）民法総則・物権・債権の三編は明治28年（1895年）に完成し，明治29年（1896年）4月27日に公布され（明治29年法律第89号），明治31年（1898年）7月16日に施行されている。

11）フランス民法典は第1部で権利主体としての自然人（法人については第1842条を参

デュシーとも異なる。

　この違いは次の点に現れている。英国法のトラストは意思，目的物，受益者を明確にすれば，委託者が財産を移転すること（conveyance）によって成立するものであり[12]，法律関係を形成する契約ではない[13]。いったんトラストが成立すると，トラストは受益者と受託者のあいだの信認関係となり，委託者はこの関係からは離脱する。現代米国法においてトラストは「特定の財産に関する信認関係であって，トラストを成立させるという（委託者の）意思の表明の結果として成立し，財産について権利を得た者（受託者）は第三者（受益者）の利益になるように財産を管理すべき衡平上の義務を負うという関係である」と定義されている[14]。トラストとは受託者と受益者のあいだの一つの財産についての法的関係（relation），すなわち受託者のコモン・ロー上の所有権（legal ownership）と受益者の衡平法上の所有権（equitable ownership）が並存することである。したがって受託者が受益者をかねることになればそれはトラストではなくなることになる[15]。一方，わが国の信託の場合には原則として委託者と受託者の契約によって成立し，委託者と受益者は合意によって信託を終了させることができる（信託法第164条）。さらにフランスのフィデュシーは財産の所有権を取得する方法のひとつであり，契約によって成立することはわが国の信託と同じである（民法典第2012条）。また委託者と受益者の合意によって終了させることができることも同様である（同第2028条）。委託者が受益者でもある自益信託の場合，委託者兼受益者一人の意思によって終了させることができることは，わが国の信託とフランスのフィデュシーでは共通しているが，これは英米法のトラストにはないものである。

　また，わが国の信託の受託者は信託財産について完全な所有権を得るが，受託者の固有の財産とは別とされているから，信託は財産移転の受け皿と考えら

　　照），第2部で権利客体（biens）を定め，第3部では所有権の取得の方法として，相続，恵与（libéralité），売買，交換などの契約などを定めている。フィデュシーは受託者が対象財産の所有権を取得する制度である。

12) C. Dergatcheff, Droit comparé en matière de mécanismes fiduciaire: Pays anglo-saxons, Suisse, Luxembourg, JCP, éd. E, no. 36, 2007, p. 46. 意思，目的物，受益者の明確性の要件は，Knight vs. Knight, 1840, 3 Beav 148, p. 173. による（G. Moffat, Trusts Law, 5th ed., Cambridge, 2009, p. 121）。

13) 英米法上のトラストも，将来，信託を設定するという信託設定契約は「契約」である。

14) トラスト第二リステートメント第2条。

15) Ch. Larroumet, La fiducie inspirée du trust, D., 1990, p. 119.

れ，このため不動産の証券化などで財産譲渡の受け皿として機能している。フランスでもフィデュシーは財産の所有権を取得するための手段であり，移転された財産は受託者の財産となり，受託者の固有の財産とは別物とされている。この点では信託とフィデュシーのあいだに違いはない。一方，英国法のトラストは設定期限の到来，設定目的を達成することなどによって終了するほか受益者の意思によっても終了する点では契約的構成をとる信託やフィデュシーと同じである[16]。ただしトラスト自体は財産の受け皿ではなく，財産権の分属という財産権のあり方をいうのであって，この点では信託・フィデュシーと英米法のトラストの違いが大きい。契約という債権的な法律関係として構成することと財産権の一つとして構成することの差はきわめて大きい。

　わが国の信託は遺言によっても成立するが（信託法第3条2号），フィデュシーは契約によってのみ成立し（民法典第2011条），遺言によってフィデュシーを形成することはできない。一方，トラストは遺言によっても可能であり，信託はこの点でトラストを継承している。フィデュシーが遺言による成立を認めないのは，遺贈制度などが別途存在するからであり，またフランスは法定相続と遺留分によって遺言の自由に制約を課してもいる。フランスにおける遺言の自由の制限は革命の精神・共和国の精神に起因するものであるが，トラストの母国のイギリスが遺言の自由を標榜していることと対照的である。フランスと英国の違いは，英国におけるトラストの前身であるユースの発生の原因にも関係があるようである。トラストとフィデュシーの違いには相続制度の差が反映しているようである。

　さらにもっと明らかな相違点は，トラスト，信託，フィデュシーの当事者の兼務の構造である。トラストは委託者が受託者をかねる自己信託（信託宣言）を認めており，また委託者が受益者となる自益信託を認める一方で，受託者が受益者となることはない。トラストは所有権が受託者と受益者それぞれに分属する制度であるから，受託者が受益者を兼ねると所有権が分属することにならず，トラストにならないからである。わが国のあたらしい信託法も一定の制限のもとで自己信託を認めており，また委託者が受益者をかねる自益信託も認めている。とくにわが国で現実に行われてきた信託業務は合同運用金銭信託のような自益信託である。一方，フランスのフィデュシーでは自己信託は認められない。フランスのフィデュシーは民法典の「所有権取得の方法」編に規定され

---

16) M.-F. Papandréou-Deterville, *Le droit anglais des biens*, LGDJ, 2004, p. 565.

ているように，その形成には所有権の移転が前提となっており，委託者が単独で行うことはできない。自己信託は委託者が受託者を兼ねる信託であり，財産の移転がないので，フランスでは認められていないのである[17]。この点は自己信託を認めるわが国信託法と異なっている。フィデュシーは契約によって形成されるから，委託者と受託者が同一では契約が成立しないと説明することもできよう。ところが，フランスはフィデュシーという信託類似の制度を使わずに，実質的に自己信託（信託宣言）と同じ機能を果たす法制度を導入している。有限責任個人事業制度（EIRL）と呼ばれ，2011年初に施行された。また委託者が受益者をかねる自益信託は可能であることはわが国の信託法と同じであるが，受託者が単独の受益者をかねることができる。とくにフィデュシーの運用では受託者が受益者を兼ねるケースが中心になると予想される。わが国の信託法は，受託者は単独の受益者になってはならないとされているので（信託法第163条2号），この点は信託とフィデュシーの大きな相違点であり，わが国の信託が英国法のトラストにならっているためである。

　委託者・受託者・受益者の兼務の構造が違うということは，財産権を享受する者が異なることを意味するから，機能が異なることになる。わが国の信託業務では前述のように証券投資信託や貸付信託のような合同運用金銭信託が中心を占め，あたらしい信託法では信託業務の多様化が期待されているとはいえ，引き続き中核は自益信託となろう。一方，フランスのフィデュシーでは，受託者が受益者をかねるかたちが中心を占めると予想される。これは債務者が委託者となり，所有する財産を債権者に引き渡し，債権者が受託者であり，同時に受益者として財産を債権の担保とすることを意味する。これはわが国の譲渡担保と同様の機能である。このように信託とフィデュシーには期待される機能に大きな違いがある。

　さらに目を歴史の側面に転じると，わが国の信託とフランスのフィデュシーには大きな違いがあることが分かる。

　わが国のあたらしい信託法は，大正11年に制定された旧法を全面的に一新するものである。わが国の旧信託法は英米両国やスコットランドなど英米法を継受した国を除くと，世界的にもきわめて早い時期の制度の導入であるということができる[18]。そしてわが国では委託者が受益者を兼ねる自益信託の形

---

17) R. Libchaber, Les aspects civils de la fiducie dans la loi du 19 février 2007, *Defrénois*, 2007, p. 1009.
18) イングランドとその法制度を継受したアメリカ合衆国の諸州を除くと，スコットラン

式で，合同運用金銭信託を中心として信託制度が活用されており，現在では「金融システムの基本的インフラ」と言われている（2003年7月14日金融審議会の中間報告書）。信託はわが国の経済・金融活動に深く根付いているのである。一方，フランスでは金融業界が英米法のトラストを業務の一つとしてあつかってきた実績はあるものの[19]，フィデュシーが2007年に法制化されるまで，同国内にはトラストのような制度がなかった。

そうするといろいろな疑問がわいてくる。「金融システムの基本的インフラ」を欠いていたフランスの金融システムは，正常に機能してきたのだろうか。次に，仮に信託制度がなくても，フランスの金融システムが支障なく機能してきたとしたら，信託はかならずしも「金融システムの基本的インフラ」とはいえないのではないか。信託のような制度がなくても金融システムを支障なく機能させるためには，どのような制度が信託の代わりを務めきたのだろうか。

また，信託は「一方当事者が他方当事者に置いた信認（*confidence*）だとか，受益者と受託者の信認関係（*fiduciary relation*）だとされる」と記されている[20]。しかし社会を構成する者が互いに信頼し，信認し合わなければ社会自体が成り立たないはずである。英米以外では信頼関係，信認関係はなかったのだろうか。そのような社会は存続しうるのだろうか。また英米法ではなぜ信認関係をトラスティ・リレーションと呼ばずに，フィデュシアリー・リレーションと呼ぶのだろうか，フィデュシアリーとトラスティーは異なるものなのか，その起源はなんだろうか。

わが国もフランスもともにシビル・ローの伝統のもとにあり，民法上，物権と債権が峻別され，わが国の信託は契約関係として構成され，フランスでもフィデュシーは財産の所有権の取得の一つの方法と構成されている。したがって，わが国でもフランスでも，信託やフィデュシーという制度がなくても，民事的法律関係を維持・存立させることに根本的な支障はないと考えられる。一方，英国法では物権と債権は分けられておらず，トラストは受託者のコモン・ロー所有権と受益者のエクイティ所有権が分属する財産権そのものである。トラストは財産権であるから，トラストのない英国財産法を想像することはでき

ドでは古くから慣習法として成立し，フランス法を継受したアメリカのルイジアナ州は1920年に信託を法制化し，メキシコは1924年に法律を定めている。これらに比較してもわが国が1922年に法律を制定したことは早いということができる。

19) A. Cerles, Le point de vue du banquier sur la fiducie, *Rev. dr. banc.*, mai-juin,, 1990, p. 117.

20) 四宮和夫『信託法（新版）』（有斐閣，1999）65頁。

ないことになろう[21]。かつてメイトランドは「外国法をよく知らないイギリスの法律家がドイツの民法典を読んだら『これはドイツの私法を網羅したものではないに違いない，なぜならトラストがないからだ』と言うかもしれない」と書いているが[22]，これはトラストが財産法の基本であることとシビル・ローの考え方の違いを浮きぼりにする記述であるといえよう。

わが国のあたらしい信託法とフランスのフィデュシー法のあいだには相違点も多いが，シビル・ローの伝統のもとにあるために，共通点も多い。相違点があるとすればそれぞれ理由があるはずである。

フランスのフィデュシー法制はすでにわが国でも紹介されている[23]。本書は屋根の上に屋根を重ねるものになるが，ドイツの信託類似制度との比較はあるが，フランスのフィデュシーは今回ようやく日の目を見たものなので，わが国の信託と対比した例は少ないものと思われる。とくに本書では下記の比較を行っている。これらの点では新味があると考える。

まずわが国の信託とフランスのフィデュシーの社会的・経済的な機能について述べる（第2章）。ついで，わが国の信託法とフランスのフィデュシーに関する歴史的経緯（第3章）と現行法の規定を検討する（第4章）。さらにわが国では信託制度の導入にあたって，既存のシビル・ローの基本原理との調整に意を払ったが，フランス民法典とフィデュシーの関係も同様であり，この点を五つの観点から取り上げた（第5章）。また信託・フィデュシーいずれも財産所有権の移転を伴うものであるが，所有権の移転が担保として重要な役割を占めていることを説明する（第6章）。さらにフランスのフィデュシーが古代ローマのフィデュキアにならうものであり，英米法のトラストとは財産権原理の点で異なることを説明する（第7章）。また，フランスの民法典は19世紀に周辺各国に継受されたが，周辺各国でのトラストへの対応を見ることにする（第

---

21) この点は木下教授の説明（木下毅「英米信託法の基本構造」信託法研究6号（1982年）23頁，7号（1983年85頁））とパパンドレウ＝デテルヴィル博士の研究（M.-F. Papandréou-Deterville, *Le droit anglais des biens*, LGDJ, 2004）を参考にした。

22) F. W. Maitland, *State, Trust and Corporation* (edited by D. Runcimnan and M. Ryan), Cambridge, 2003, p. 76.

23) フランス・フィデュシー法についてはすでに紹介されている。金子敬明「フランス信託法の制定について」千葉大学法学論集22巻1号151頁（2007年8月），森脇祥弘「フランス信託法の形成過程」高岡法学19巻1・2合併号95頁（2008年3月），クリスティアン・ラルメ（野澤正充訳）「フランス信託法の制定―2007年2月19日の法律」信託235号49頁（2008年8月），山田希「フランス信託法の基本構造」名古屋大学法政論集227号597頁（2008年12月）を参照。

8章)。最後に以上の論点の総括として信託の普遍性を述べることとする（第9章)。これらの作業により上記の疑問に少しは答えることができるのではないかと考える。

　法制度は国や社会の固有の事情により成立し，発展する。信託に限ったことではないが，同じ名称の法制度であっても国や社会によってその実体や機能は異なるものである[24]。わが国の信託はアメリカから輸入したものであるといっても，わが国の制度はあくまでも「信託」であって，けっして「トラスト」ではない。フランスの制度も「信託に類似したフィデュシー」であっても，「トラスト」でもなければ，「信託」でもない。ここまでフランスの制度を「フィデュシー」，わが国の制度を「信託」，英米の制度を「トラスト」と呼んで，区別してきたが，引き続きこの区別を維持する。

　また，わが国では大正11年（1922年）に信託法（大正11年4月21日法律第62号）と信託業法（大正11年4月21日法律第65号）の二つの法律が制定され，翌年の大正12年（1923年）1月1日に施行された。現行の信託法（平成18年12月15日法律第108号）は平成18年（2006年）に制定・公布され，翌年9月30日に施行された。また現行の信託業法（平成16年12月3日法律第154号）は信託法に先立って，2004年に制定・公布され，同年12月30日に施行された。信託法，信託業法の両方ともに一新されているので，大正11年制定の二法を「旧信託法」，「旧信託業法」と呼ぶこととする。なお旧信託法の規定は全面的に廃止され，公益信託と受益者の定めのない信託の規制に関する規定を設けて，「公益信託法」と改称されて存続することになった。

---

[24] 1990年にフィデュシー法制化の動きがあったが，ウィッツ教授は「同じ言葉が異なった現実を隠してしまうことがある」として，「スイスのフィデュシーはドイツのフィデュシーとも異なり，ルクセンブルグのフィデュシーとも異なり，これらのフィデュシーは英米法のトラストとも全く異なる」と記している（C. Witz, L'avant-projet de loi française relatif à la fiducie à la lumière des expériences étrangères, *Banque & droit*, no. 20, 1991, p. 225)。

第2章　わが国の信託の機能とフランスの代替制度

1　わが国の信託の機能

　わが国で信託は「信託銀行を受託者とする営業信託（貸付信託，年金信託，証券投資信託等）が活発に利用され」てきたとされている[25]。このうち年金信託は，会社（委託者）が信託銀行を受託者として，従業員または年金基金（受益者）のために設定する信託であるから，トラストの本来の構図である委託者・受託者・受益者という三者構造をとっている。一方，貸付信託，証券投資信託は一般に「金銭信託」と呼ばれ，その多くは委託者が受益者を兼ねる自益信託の形式をとり，投資対象によって貸付信託，証券投資信託と呼ばれている。そしてわが国の信託は自益信託の金銭信託を中心に発展してきたということができる。金銭信託には運用対象を限定するという点で分けると，「特定金銭信託」，「指定金銭信託」と「特定や指定のない金銭信託」がある。特定金銭信託とは委託者が受託者に金銭を信託し，その運用について委託者または委託者と契約した運用代理人が運用方法や運用の対象を具体的に定める信託で，信託期間の終了時には金銭で償還されるものをいう。1980年代後半のバブル経済の時期には機関投資家等が既存の保有有価証券と簿価を分離しながら，資金を運用するために積極的に有価証券の特定金銭信託を設定した。当時これを「特金」と呼んだ。また当時はいわゆるファンド・トラストと呼ばれる指定金外信託もさかんにおこなわれた。指定金外信託は委託者の概括的な指定のもとで有価証券などに投資運用する金銭信託であるが，信託期間終了後に投資された有価証券の形で償還するか，金銭で償還するかは委託者の指定によるものである。指定金銭信託は委託者が受託者に金銭を信託し，信託期間終了時に金銭で償還されることとなっている点で特金と同様であるが，運用方法とその対象については「貸付で」または「有価証券で」という程度に概括的に指定するものをいう。指定金銭信託はさらに二種類に分けられ，運用方法を同じくする他の信

---

[25]　寺本昌広『逐条解説・新しい信託法』（商事法務，2007）32頁。

託財産の金銭と合同で信託財産の金銭を運用する「合同運用指定金銭信託」と個々の信託財産の金銭を個別に管理・運用する「単独指定金銭信託」(指定単)がある。個人などの多数の投資家から資金を集めて運用する貸付信託や証券投資信託は合同運用指定金銭信託である。

また，わが国では金銭信託を「信託預金」と呼んで，戦前から信託会社の受託財産の大部分を占め，とくに合同運用指定金銭信託は金銭信託の圧倒的部分を占めてきた[26]。金銭信託はその名のとおり信託であり，銀行預金は金銭消費寄託であるから，金銭信託と銀行預金ではその法的性質はまったく異なるが，金銭信託の委託者が最終的に金銭の返還を受ける受益者を兼ねると，実質的には銀行預金と同じ機能を果たすことになるためである。

金銭信託の比重を数字で確認しておこう。旧信託法と旧信託業法は大正12年(1922年)1月1日に施行されているが，大正13年(1924年)11月末では金銭信託の残高は1億円強であった。当時の全国銀行の預金残高合計は約100億円であり，金銭信託は銀行預金の1％程度にすぎなかった。それが昭和16年(1941年)3月末の金銭信託残高は26億円に達し，当時の預金総計415億円の6％程度に成長し[27]，さらに敗戦直前の昭和20年3月でも金銭信託残高は58億円となっており，銀行預金合計額780億円の7％の水準に達し，金融市場における重要な部分を占めるに至ったのである。

第二次大戦後も，わが国の信託業は合同運用指定金銭信託を中心としていた。とくに貸付信託と証券投資信託についてはあたらしく法律が設けられ，戦後の信託業はこの二つを中心に発展してきた。この点をもう少し見ていくことにしよう。

昭和26年(1951年)には信託業者があらためて集約された。信託専業の会社として信託銀行6行のほか，都市銀行4行と地方銀行7行が信託会社を吸収合併して普通銀行と信託を兼営することとなって，信託業者は合計17社に

---

[26] 麻島昭一「日本信託業史研究の枠組みと成果」『日本信託業証言集 (上巻)』(専修大学出版局, 2008) 25頁 (初出は専修経営学論集73号, 2001年)。

[27] 『明治以降・本邦主要経済統計』(日本銀行統計局, 1966) 217頁の「信託会社および全国銀行信託勘定」による (資料出所は大正13年と昭和16年について大蔵省『金融事項参考書』, 昭和21年については信託協会調べ)。なお同表の注に「本表においては，大正12年1月1日施行された信託業法による信託会社ならびにその後継者たる信託銀行を対象とした」とあり，「大正12年末に存在した信託会社は5社，公称資本金14,500千円，払込資本金5,275千円であるが，その業績には見るべきものがなく，調査を欠く」とある。

なったが[28],この年に証券投資信託法（昭和26年法律第198号）（平成10年改正で「投資信託及び投資法人に関する法律」に改称された）が制定され，翌年の昭和27年（1952年）には貸付信託法（昭和27年法律第195号）が制定されている。証券投資信託と貸付信託は，いずれも合同運用指定金銭信託である。証券投資信託は，株式などの有価証券を運用対象とし，貸付信託は会社にたいする貸付債権で運用する点が異なるが，いずれも個人を中心とする投資家[29]から募集した金銭を信託財産とし，運用会社がその運用によって投資家に利益を配当する仕組みであり，金銭の合同運用信託である。証券投資信託のスキームは戦前から存在し，戦後になってこれを規制するために，証券投資信託法を制定したものである。一方，貸付信託は証券投資信託とは異なり，信託銀行界からの要請に基づいて開始されたものである。すなわち，信託銀行の信託残高は戦前には普通銀行の預金の10％近い比重があった。信託銀行の主要な顧客は富裕層を中心としていたが，ところが敗戦により主要顧客であった富裕層が財産を失い，信託銀行の存在意義が著しく低下したのである。前掲の統計で見ると，昭和26年3月では預金総計が1兆円を超えているのにたいし，金銭信託残高は187億円，2％以下にとどまるようになった。信託協会は昭和27年1月10日に「貸付投資信託制度実施に関する件」という要望書を提出した。ただし，第二次大戦で破壊された産業を復興させるため，「きびしい徴税攻勢におびえて，民間の資金が退蔵されて」[30]いるという現状を考慮して，「民間退蔵資金の吸上げ」によって，基幹産業を強化すること，また「戦前からの信託顧客層が戦後に没落ないしは崩壊し」，「インフレの進行によって，長期の資金を預ける人が少なくなってしまったこと」から「信託会社が戦後非常な苦境に陥っていた」[31]ため，信託会社の苦境の起死回生の策として貸付信託法が制定され，貸付信託，証券投資信託の二つの合同運用指定金銭信託は，戦後のわが国の信託

---

28) 麻島昭一「貸付信託制度の成立事情」信託103号（1975年）21頁。信託銀行は，東京信託銀行（三井），朝日信託銀行（三菱），富士信託銀行（住友），中央信託銀行（安田），第一信託銀行，日本信託銀行（川崎）である。

29) 林昭雄「戦後日本経済における貸付信託の果たした役割」信託130号（1982年）106頁の計表を参照。

30) 近藤道夫＝山田昭「対談・貸付信託の成立事情」信託130号（1982年）114頁［当時大蔵省銀行局課長補佐の近藤氏の発言］。

31) 近藤道夫＝山田昭「対談・貸付信託の成立事情」信託130号（1982年）118頁［山田博士の発言］。麻島教授も，貸付信託制度を「信託銀行がなんとか信託業務で自活できる一材料として予定したもの」とされている（麻島昭一「貸付信託制度の成立事情」信託103号（1975年）46頁）。

業の中核となってきたのである。このようにわが国ではこれまで信託は投資家の資金運用手段の受け皿として機能してきたということができる。

現代のわが国では信託にたいする期待は広がっている。

たとえば2003年7月28日の金融審議会による「信託業のあり方に関する中間報告書」[32]は，信託には財産管理機能（財産の管理処分権が受託者に与えられること），転換機能（例えば，信託財産が信託受益権という権利となり，信託の目的に応じた形に転換できる（小口化）等），倒産隔離機能（信託財産が委託者及び受託者の倒産の影響を受けない）の三つの機能があるとして，これらの信託の機能が現代の社会的な需要への対応を可能にしているととらえている。このうち財産管理機能としては「高齢化社会の到来やストック経済化，経済の高付加価値化が進展する中において，わが国金融システムの基本的インフラとしてこのような信託の仕組みが活用され，信託が様々な側面で引き続き重要な役割を果たしていくことが期待され」，「経済構造や産業構造が大きな変化を遂げる中で，信託を活用して，こうした変化に適切に対応することは，経済の活性化にもつながる」としている。転換機能としては「各種の金融商品を仕組む器としても有用であり，投資家の様々なニーズに対応した金融技術のイノベーション（革新）や新たな金融サービスの提供等を促す役割を果たすことが期待される」と述べている。倒産隔離機能は主として不動産や資産の流動化に不可欠の機能であり，とくに立法上も不動産・資産の流動化が推進されている。まず不動産等の流動化には特定目的会社を設立する方法として，「特定目的会社による特定資産の流動化に関する法律」（平成10年法律第105号）が制定され，特定目的の会社形態で資産の流動化を行い，これら資産の流動化の一環として発行される証券等を購入する投資者の保護を図り，国民経済の発展に資することを目的として制定された。そこにさらに信託を利用した流動化の方法が加えられることになり，平成12年の一部改正時において，法律名が「資産の流動化に関する法律」（資産流動化法）と変更され，信託を利用して資産の流動化を行う特定目的信託制度（資産流動化法第2条13項，第3編）があらたに導入された。

資産の流動化として，最近「不動産の証券化」がよく行われている。ただし，不動産の証券化という場合には，二つのスキームが混同されていることがあるので注意を要する。一つは不動産所有者による資金調達としての不動産の証券化であり，もう一つはREIT（*Real Estate Investment Trust*）と呼ばれる不動

---

[32] http://www.fsa.go.jp/singi/singi_kinyu/siryou/kinyu/dai2/f-20030728_d2sir/houkoku1.pdf を参照．

産投資信託である。前者は，現に不動産を所有する者が不動産を売却する場合と不動産所有者が信託銀行の不動産を信託財産として移転する場合があり，前者を真正売買の方式，後者を信託的譲渡の方式と呼んでいる。信託的譲渡の場合には，委託者（オリジネーターと呼ばれる）が信託銀行に不動産を信託財産として移転し，その見返りとして信託受益権を受け取ると，この受益権を証券化のために特別に設けた会社（特別目的会社またはSPCという）に売却し，特別目的会社は信託受益権を引き当てとして債券を発行して市場から資金を調達し，その資金を不動産の買収資金に充当するというものである。一般に委託者（オリジネーター）は譲渡対象の不動産に引き続きテナントとして残るので（セールス・アンド・リースバック），特別目的会社は委託者から賃料収入を得ることができ，これを債券の利払いに充当することになる。後者のREITは，委託者が受益者を兼ねる自益信託であることが多く，資金運用の手段である[33]。貸付信託，証券投資信託と同じように合同運用指定金銭信託であり，「信託」とはいいながら投資家による資金運用である。

2　フランスの代替制度

　2007年に民法典が改正されてフィデューシーが認められるまで，フランスにはトラストに類似した制度は存在しなかった。わが国で信託として構成しているスキームをフランスは民事法の伝統的な法理によって解決してきたのである。
　まず，わが国の金銭信託に対応するものを検討することにしよう。
　わが国の合同運用指定金銭信託にあたるものをフランスでは合同運用証券投資スキーム（*organismes de placement collectif en valeurs mobilières*, OPCVM）と呼んでいる。2010年9月末のこの残高は1兆6,641億ドル[34]（140兆円）であり，人口・経済規模を考慮すると，わが国の金銭信託・証券投資信託の合計額240兆円に匹敵する。しかしわが国とは違って，信託という構成をとっていない。
　合同運用証券投資スキームには，資本可変投資会社型（*société d'investissement à capital variable*, SICAV）と投資共有ファンド型（*fonds commun de placement*, FCP）の二種類がある[35]。両者は当初，別々の法律によって制度化された。

---

[33]　REITは「投資信託及び投資法人に関する法律」（昭和26年法律第198号）の「投資法人」であり，投資家の資金運用投資商品であって，証券投資信託と同様の構造をとる。
[34]　フランス金融投資協会（Association française de la gestion financière）調べ。

第2章　わが国の信託の機能とフランスの代替制度

資本可変投資会社型の合同運用は1979年1月3日法[36]によって認められ，また投資共有ファンド型の合同運用は1979年7月13日法[37]によって認められた。その後，欧州共同体において1985年12月20日に合同投資スキームに関する欧州理事会指令[38]が出されたため，フランスは国内法対応として1988年12月23日法[39]を制定し，資本可変投資会社型と投資共有ファンド型の両方を合同運用証券投資スキームとして統合したのである[40]。資本可変投資会社型は法人格を有し，会社法にしたがうことを要するが，一方，投資共有ファンド型には法人格はなく，投資家は運用資金を共有（*copropriété*）[41]するという法律構成をとっている（同法7条1項）。

フランスの資本可変投資会社型，投資共有ファンド型はいずれも譲渡可能持分（*parts*）を発行して，投資資金を集め，一般的には専門の業者に投資運用を委託する。持分は有価証券であり，質権設定，譲渡，上場が可能である（公募の場合には目論見書を作成し，当局に届け出ることを要する）。運用会社は，設立届けを金融市場庁（*Autorité de marchés financiers*）に提出しなければならない。また金融機関から債権を譲り受ける場合には，金融機関と譲渡契約を締結し，フランス銀行への報告を要する。第三者に対しては運用会社が代表する。資金の保管会社（*société dépositaire*）は，金融機関である。

このように見てくると，資本可変投資会社型は，わが国の会社型投信に類似することが分かる。わが国では1998年に証券投資信託法を改正して，証券投

---

[35] SICAVとFCPについては，落合誠一「フランスにおける信託類似制度」『信託および信託類似制度の研究』トラスト60研究叢書（1993年）77頁に紹介がある。またFCPについては角紀代恵「フランスにおける信託の動向」信託法研究18号（1994年）53頁（とくに61頁）に紹介がある。

[36] 資本可変投資会社に関する1979年1月3日法律第79-12号。

[37] 投資共有ファンドに関する1979年7月13日法律第79-594号。

[38] ある種の合同運用証券投資スキームの法律，規則および行政的規定の統一化に関する1985年12月20日欧州理事会指令第85/611/CEE号。

[39] OPCVM（合同運用証券投資スキーム）とFCC（債権投資共有ファンド）の創設に関する1988年12月23日法律第88-1201号。現在は通貨金融法典に再編されている（第214-1条〜第214-42条）。同法を「投資信託法」と訳す例がある（http://www.mof.go.jp/jouhou/kokusai/tax/tax_fund.htm を参照）が，フランスでは信託という構成をとっていない。

[40] Th. Bonneau, Les fonds communs de placement, les fonds communs de créances, et le droit civil, *Rev. trim. dr. civ.*, janv-mars 1991, p. 2.

[41] 共有は現在，民法典に規定はなく，不動産の共有について1965年7月10日法律第65-557号などに規定されている。

資信託及び証券投資法人に関する法律に改称したときに，証券投資法人として会社型投信が認められた。わが国の会社型投信は，有価証券投資を目的として設立された法人が証券を発行して投資家から資金を集め，その資金を運用専門業者が主として有価証券に対する投資として運用し，投資家はその結果を収益の分配等として受けるというものであり，フランスの資本可変投資会社型の構造・機能と同じである。フランスの資本可変投資会社型は1979年の合同運用証券投資スキーム法に認められたから，この点ではフランスの制度のほうが相当早いことになる。

　投資共有ファンド型もわが国には類似したスキームがある。わが国では一般に「投資ファンド」と呼ばれているが，ファンドの受け皿としては民法上の組合，商法上の匿名組合，投資事業有限責任組合契約に関する法律（平成10年法律第90号）に基づく有限責任組合（*Limited Partnership*）が利用されている。しかしわが国において投資ファンドが注目されたのは最近のことであり[42]，この点でもフランスの投資共有ファンド型のほうが先輩といえよう。またわが国の投資ファンドについては，既存の投資信託，合同運用金銭信託とどう使い分けるのか，充分に明らかになっていない。この結果，多数の投資スキームが並存する状態になっており，事業者にとってはビジネス機会の拡大に資するものといえるが，一方で投資家，とくに個人投資家にとってはファンドの法的構成を理解することが難しくなっている。

　次にわが国で最近，行われている資産流動化と不動産証券化について見ることにしよう。

　フランスでも，わが国と同様アメリカでのジニー・メイ（GNMA）やファニー・メイ（FNMA）などによる不動産ローン債権の流動化が紹介されてから証券化（*titrisation*）が関心を呼んだが，これは1980年代の末頃からのことであり[43]，この点はわが国より遅い。

---

42) 経済産業省の「経済成長に向けたファンドの役割と発展に関する研究会」の報告書が発表されたのは2005年12月27日である。同報告書は「我が国で，有価証券を対象として投資事業を行う組合形式のファンドを組成するようになった80年代前半以降，法形式としては民法に基づく任意組合が用いられていたが，任意組合を用いて投資事業を行う場合の課題として，投資家の無限責任性が大きな問題となっていた」としており，これが投資事業有限責任組合法の制定につながった。また商法上の匿名組合は，投資家の有限責任性と秘密性の観点で優れ，柔軟性も高いと言われ，最近では多数の個人投資家から出資を募るさいに利用されているが，秘密性のゆえに大口の機関投資家の中には避ける場合もあるとされている。

まず債権の流動化には，フランスでは前記の合同運用投資スキームに関する 1988 年 12 月 23 日法およびその施行規則[44]に基づく債権投資共有ファンド (*Fonds common de créances*, FCC) という法律構成をとっており，債権の流動化のスキームも投資共有ファンドと同じく「共有」と構成され[45]，信託ではない。その第 1 号として 1989 年に 1 億ユーロの案件が実行されている。
　フランスにおける債権の流動化の経緯は次のとおりである。フランスでも 1980 年代に金融機関が不動産融資分野を急拡大させたが，1990 年以降，不動産の資産価値が下落し，金融機関に大規模な損失が生じる結果となり，不動産融資の処理が喫緊の問題となった。バブル経済崩壊後のわが国と同様の問題が生じたのである。とくに大規模な不良資産をかかえたクレディ・リヨネについて，1993 年に国は流動化コンソーシアム (*Consortium de réalisation*, CDR) という特別な機関 (*bad bank*) を設け，不良資産の移転（ディフィーザンス）の受け皿とした[46]。さらにその後同銀行には，金融再建公社 (*Etablissement public de financement et de restructuration*) から公的資金が投入され，2005 年にクレディ・アグリコルの傘下に入ることによって公的資金による支援が終了した。この間に，流動化コンソーシアム (CDR) は同銀行から買い取った債権を FCC に組みなおして，証券化したのである。
　こうした不動産融資債権のほかに，消費者ローン債権，対企業貸金債権など多様な集合債権が証券化されている。1998 年からは企業の発行するコマーシャル・ペーパー (*billet de trésorerie*) も証券化の対象となっている。また当初，債権投資共有ファンドが認められたときには，ファンドの運用対象は設定時に移転された債権に限られ，追加ができなかったが，1993 年に改正[47]があり，

---

43) OECD, *Securitisation- An International Perspective*, 1995, p. 33.
44) 1988 年 12 月 23 日法律第 88-1201 号第 26 条および第 34 条から第 42 条の適用と債権投資ファンドに関する 1989 年 3 月 9 日規則第 89-158 号。同法第 26 条は債権投資ファンドのファンド・オン・ファンドの構成比率，同第 34 条から第 42 条は集合債権投資ファンドの一般規定である。
45) 債権投資共有ファンドは現行の通貨金融法典第 214-43 条～第 214-49 条に規定され，第 214-43 条 1 項は，集合債権共有ファンドは共有である旨を明示している。
46) クレディ・リヨネ以外にも不動産融資の不良債権に苦慮した金融機関は多く，同様に bad banks が設けられた。保険会社の Gan には Parixel，エナン銀行には抵当会社 (Compagnie hypothécaire) が設立された (H. de Vauplane, La fiducie avant la fiducie, *JCP*, éd. E, no. 36, 2007, p. 10)。
47) 不動産投資民事会社，不動産融資会社と債権投資共有ファンドに関する 1993 年 1 月 4 日法律第 93-6 号第 30 条は，1988 年の OPCVM 法第 34 条 3 項を改正し，債権投資共

追加投資（*rechargement*）も可能になった。債権投資共有ファンドは運用専門業者と金融機関の合弁のかたちで設定され（1988年合同運用証券投資スキーム法第37条），投資ファンドは持分（*parts*）を発行して得た資金で，金融機関からクレジットカード債権や住宅ローン債権などの集合債権を譲り受け[48]，これを運用専門業者が管理・運営する構造となっている。2006年末の時点では集合債権投資共有ファンド残高は235億ユーロ（2.8兆円）[49]であるが，わが国の金銭債権の流動化信託の残高40兆円に比べると市場規模はまだ比較的小さい。なお，2009年1月8日のオルドナンスによって，FCCは証券化共有ファンド（*Fonds commun de titrisation*, FCT）に名称変更されている[50]。

ところでフランスで証券化という場合，その中心は債権の流動化であり，不動産物件自体の証券化はほとんど関心を引いていない。わが国の不動産の流動化のための信託残高は，2009年3月末で25兆円であるが，フランスでは不動産物件の証券化はほとんど皆無であり，抵当権付不動産ローン債権の証券化が上記の債権投資共有ファンドの形式で行われている程度である[51]。その理由としては証券化の前提として不動産物件自体を譲渡した場合には，譲渡税（*droit d'enregistrement*）が課税されることが一因とされている[52]。また第二次大戦後の急速なインフレーションの結果，不動産価値が暴落した記憶がトラウマとなり，投資家が不動産などの固定資産ではなく，流動資産を優先したとい

有ファンドの設定後のあらたな債権の取得を認めた。
48) この債権譲渡は，民法典第1689条～第1701条による一般的な方法と後述のダイイ譲渡による方法がある。ダイイ譲渡は，本来事業会社から金融機関への債権譲渡の手段であって，FCCの場合は金融機関から投資ファンドへの譲渡であるから，適用されないのであるが，1989年3月9日規則第2条は，投資ファンドへの債権譲渡であることなどの追記を条件に，ダイイ譲渡の方法を認めた。
49) フランス銀行調べ（http://www.banque-france.fr/fr/poli_mone/place/compartim/fcc.htm）。
50) 金融商品に関する2009年1月8日オルドナンス第2009-15号。このオルドナンスは通貨金融法典を改正するもので，従来の同法典第211-1条～第211-5条の定義規定に大幅な改正を加えて，第211-1条～第211-41条に増加させている。
51) 破毀院2011年3月8日判決を参照。不動産ディベロッパーのユニバイユ社はパリ西郊のデファンスに高層オフィスビルを建設し，所有していた。2007年になってアメリカのリーマン・ブラザースに物件を売却，リーマン・ショックのあとに，開発資金のうち抵当権付き融資債権はWindermereというFCTに債権譲渡された。
52) フィデュシーの法制化後に，フィデュシーを利用して不動産を証券化する場合には，譲渡税は非課税になると考えられるが，そうすると真正譲渡とはみなされないおそれがある。

う事情も指摘されている[53]。

　次に担保付社債信託を見てみよう。わが国では担保付社債を発行する場合，担保の目的である財産を有する者は信託会社との間の信託契約にしたがわなければならないとされている（担保付社債信託法第2条1項）[54]。フランスでは，社債の発行（*émission obligataire*）にあたって担保付とする事例はまれであるから，担保付社債信託のような制度自体がない。この違いは歴史的事情によるものである。

　わが国の担保附社債信託法（明治38年3月13日法律第52号）（注：当初は「附」であって「付」ではなかった）は，明治後期の殖産興業資金，日露戦争後の復興資金を外資によって調達するという国家目的のもとで制定されたものである。一方，フランスは18世紀後半に始まった産業革命ではイギリスの後塵を拝したが，フランスもイギリスと並行して産業革命が進行し，19世紀以降，金融資本や個人の投資資金はすでに国内に蓄積されていた[55]。外資を調達することも，担保付の社債を発行する必要もなかったのである。その代わり国内の貯蓄資金を殖産興業に振り向ける必要が生じ，19世紀半ばから銀行の新設が相次いだ[56]。わが国とフランスでは資本蓄積の状況が大きく異なり，フランスでは担保付社債信託法を制定する必要性はなかったのである。わが国の事情については第3章2項で詳述する。

　次に担保付社債信託を見たついでに，社債管理会社についてもここで検討し

---

53) T. Granier et C. Jaffeux, *La titrisation*, 2e éd., Economica, 2004, p. 22. なお銀行協会のバック法務部長に銀行から見た取引先の不動産証券化ビジネスについて意見をうかがったが，関心は低いようであった。

54) 住宅金融公庫の「貸付債権担保住宅金融公庫債券」は第1回を2001年2月に発行している。これは住宅金融公庫の貸付債権を担保とする有価証券であり，貸付債権をまとめて信託銀行を受託者として信託設定しているが，（旧）住宅金融公庫法第27条の5に基づいており，担保附社債信託法は適用されていない。

55) バルザックの「ニュシンゲン商会」という小説では，株価操作と計画倒産が描かれている。小説の書かれた19世紀前半には，資本が蓄積され，投資家が育っていたことを示している。

56) 現在のBNP-Paribasは，1999年に合併により成立したが，その前身は1848年のComptoire d'escompteにさかのぼる。Credit Lyonnaisは1863年に設立され，Société généraleの設立は1864年である。一方，事業銀行（*banques d'affaires*）は海外植民地進出と密接であり，Banque de Paris et des Pays-bas（Paribas）の設立は1872年，Banque de l'indochineの設立は1875年，また後に同銀行と合併するBanque Suezは Compagnie financière de Suezの銀行部門であるが，同社は1858年にスエズ運河建設のためにレセップスによって設立された。

2 フランスの代替制度

ておこう。わが国では金額1億円を超える社債を発行した場合には，社債管理者を置かなければならないとされている（会社法第702条）。発行会社は社債管理者に社債権者のために弁済の受領，債権の保全その他の社債の管理を行うことを委託しなければならない。社債管理者の事務は信託に類似しているが，信託そのものではないとされている[57]。フランスでは社債を発行した場合，その保有者は社債権者団（*masse obligataire*）を構成し，その代表者（*représentant de masse*）を選任する（商法典第228-47条）。社債権者団がこれを選任しない場合は裁判所が選任する（同第228-50条）。社債権者団の代表者は社債権者の利益を守るためにいかなる行為もすることができるとされている（同第228-53条）。この代表者は社債管理会社とは異なっており，社債の利払いや償還の事務を行うわけではなく，社債権者から選任された受任者（*mandat*）であって（同第228-48条），信託の受託者ではない。

わが国での信託業ではこのほか年金信託の残高が大きく，2010年3月末現在では30兆円超に達している。年金制度には国民年金，共済年金などの公的年金と厚生年金基金制度，確定給付企業年金制度，適格退職年金制度に基づく私的年金の二種類があり，私的年金の管理運営を信託銀行に委託するものを年金信託といい，金銭信託の一種である。また国民年金基金制度に基づき，国民年金基金が年金給付にあてる資金を信託銀行に信託するものを国民年金基金信託と呼び，これも年金信託に含まれている。残高では厚生年金基金信託と，企業年金信託が大半を占め，国民年金基金信託の残高は年金信託全体の5％程度である。

フランスの年金制度は極めて細分化され，分かりにくくなっている。これは既得権に配慮しつつ，必要になると既存制度を残しつつ改正するという同国の立法事情が影響していると思われる。年金制度には被用者を対象とする一般制度（*régime générale*），公務員や特定職種の被用者を対象とする特別制度（*régimes spéciaux*），自営業者等を対象とする非被用者制度（*régimes des non-salariés*）などがあるが，全体として年金支給の原資は現在の労働世代にたいする賦課金である。わが国の私的年金は加入者が積み立てた資金を運用し，年

---

[57] 担保付社債の場合，担保の目的財産の所有者と信託契約を結んだ信託会社は，「社債権者のために社債の管理をしなければならない」（担保付社債信託法第2条2項）。担保付社債の受託会社の管理と社債管理者の社債管理は同じなのだろうか。神田教授は，無担保社債の社債管理者の事務（弁済の受領，債権の保全その他）は信託に類似するが，信託そのものではないとされている（神田秀樹「社債管理会社の公平誠実義務」『社債管理会社の法的問題』金融法務研究会報告書2004年，31頁）。

金受給者に給付する形式であるが，一方で公的年金は基本的に現役世代の保険料負担で高齢者世代を支えるという「世代間扶養」の考え方で運営されているのにたいして，フランスの制度は全体として基本的に世代間扶養の形態をとっている。1999年2月に「年金基金」の導入が提案され[58]，同年10月に法律案が提出され[59]，そのさいに基金の受け皿としてフィデュシーを利用すること，そのためにフィデュシーを法制化することが提案された。わが国の年金基金と同様，基金を受け皿として資金運用するという構想であり，1999年の社会保障財政法で認められ，2003年に退職準備基金（*fonds de réserve de retraite*）[60]として基金型・運用型の基金が開始された。ただしこの基金型の年金が開始された当時，フィデュシーは法制化されていなかったので，現在に至るまでフィデュシーの形式をとっていない。

　さらにわが国では有価証券信託もよく利用され，2009年3月末現在では38兆円の残高がある。有価証券信託とは，委託者がその保有する有価証券を受託者に引き渡す信託であり，委託者が受益者を兼ねる自益信託である。証券投資信託が委託者の金銭を有価証券に投資運用するものであるのにたいし，有価証券信託は信託財産がはじめから現物の有価証券である点が異なる。有価証券信託には，この保有有価証券を金融上の貸借取引に利用して，そこから運用益を得ることを目的とする場合（運用有価証券信託）と保有有価証券の利息や償還金や配当の管理を目的とする場合（管理有価証券信託）の二つがある。運用有価証券信託は，市場において売買や担保などに当該有価証券を使う者に受託財産である有価証券を貸し付け，その運用益を委託者であり受益者である者に支払うスキームであるが，これは貸し株などの有価証券の貸借を前提として成立する取引である。

　フランスでは有価証券の保有者が金融機関に有価証券を預けることができ，これは金融機関の伝統的な業務の一つとされている（1996年7月2日銀行業法第4条d号）。これは寄託（*dépôt*）と構成されている。寄託は「第三者のものを保管し，現物のまま返還する条件で，ものを受け取る行為」（民法典第

---

[58] 1999年2月3日の上院（元老院）にデクール上院（元老院）議員が被用者保護の改善と年金基金の創設に関する法案を提案している（http://www.senat.fr/leg/ppl98-187.htm を参照）。

[59] 1999年10月12日の上院（元老院）への改革法案は，フィデュシー法案と同じマリニ議員が提案した。

[60] 投資の概要等は http://www.fondsdereserve.fr/ を参照。

1915条）であって，所有権は移転しないから，信託ではない。また，フランスでは1981年12月30日法[61]により株式の登録管理制度，すなわち無券面化（*dématerialisation*）が実行され，有価証券の保有は発行体または金融機関への登録によって証明されることになっている。金融機関での登録の場合は，証券口座（*compte-titres*）が開設され，金融機関は寄託者との契約に基づいて寄託された有価証券を受寄者（*dépôsitaire*）として管理する。金融機関に寄託された有価証券は投資家の財産であって，金融機関には要求があればいつでも現物を返還する義務がある。このため受寄者である金融機関は寄託者から運用に関する特別の委任（*mandat*）[62]を受け，運用有価証券信託と同様に，市場で有価証券を運用し，収益を得て，これを寄託者口座に入金している[63]。

わが国では上記のようにさまざまな分野で信託が活用されている。さらに信託は本来，原則として契約によって成立するが，わが国では契約に明示していないときにも信託の成立を認めた例がある。信託法理の適用ということができよう。具体的には下記の事例がある。

【参考裁判例】 最高裁判所平成14年1月17日第一小法廷判決・民集56巻1号20頁

地方公共団体が公共工事の前払金保証事業に関する法律（保証事業法）に基づき，建設業者と公共工事請負契約を結んで，工事代金を前払いし，この資金は指定金融機関に設けた分別口座に入金された。建設業者について破産手続開始が決定され，前払い代金が建設業者の破産財団になるかが争われた。第一審（名古屋地豊橋支判平成12年2月8日）は信託関係の存在を認定，控訴審（名古屋高判平成12年9月12日）は信託関係には触れず，保証会社の債権質による別除権を認めた。最高裁は「前払金が口座に振り込まれた時点で，地方公共団体と破産会社との間で，前者を委託者兼受益者，後者を受託者，前払金を信

---

61) 1982年度予算に関する1981年12月30日法律第81-1160号第94-II条は「フランス国内で発行される有価証券は登録される」旨を定め，いわゆる有価証券の無券面化が規定された。現在の商法典第228-1条6項は有価証券の発行を前記法律の同条文に従うべきことを規定する。

62) 民法典は「委任」を財産所得方法編に規定し，「委任とは一つの行為であり，それによって委任者のためにその名において，何かをなす権限を他者に与えるものである。契約は受任者の承諾によって成立する」（第1984条）としている。

63) たとえば，Caisse d'épargne（貯蓄金庫）は「委任付運用証券口座」というサービスを提供している。これは寄託者に許容可能なリスク限度を選択させ，金融機関がその範囲内で寄託有価証券の運用，売買によって利益の極大化に努める金融サービスである。わが国の証券会社が提供するラップ口座（*wrap account*）に類似する。

託財産とする信託契約が成立したと解する」とし，破産会社の固有の財産に入らないので，破産財団ではないとした。

　この事件では信託契約は存在していないが，信託契約の成立を認めている。前払金は金銭債権であるから，施主である地方公共団体は前払金返還請求権を建設業者の破産手続において破産債権として届け出て，配当を受ける必要がある。金銭債権ではなく，有体動産であれば地方自治体は所有権を主張して，破産手続において取戻権を行使することが考えられるが，金銭債権について所有権は成立しないから，前払金を取り戻すことはできないはずであって，地方自治体は一般破産債権者としての配当で満足すべきところであった。しかし本件では最高裁判所は地方自治体を委託者かつ受益者とする信託関係を認めたのである。

　フランスでもこのように金銭を引き渡した相手が倒産処理手続に入って，金銭の返還を求めた事例がある。しかし判決はわが国と異なっている。

【参考裁判例】　フランス破毀院2003年4月4日商事部判決[64]
　　テルム社はパリ証券取引所から公認された金融業者であり，株式等の売買の仲介を行っていた。個人投資家であるX氏は，テルム社に預り金口座を設けて，同社と外国株式投資などの金融取引を行なっていたが，1994年2月3日，テルム社について裁判上の更生手続（再建型手続）が開始され，その後，裁判上の清算手続（破産手続）に移行した。倒産処理手続でX氏は主任裁判官にたいして預け金の取戻しを主張したが，拒絶された。控訴審（パリ控訴院1999年12月10日判決）は，取戻権の対象は債務者の下に現物として存在する動産に限られるなどとして請求を棄却した。破毀院も，金銭の回収に取戻権の行使は認められず，破産債権の届出に限られるとして，上告を棄却した。X氏はテルム社の倒産処理手続の一般債権者にすぎず，配当で満足するしかないことになったのである。

　フランスには信託という制度や法定信託という法理が存在しない。このため第三者の資金を預かった者について倒産処理手続が開始された場合，わが国最高裁判所の判決とは異なった判断がされている。しかし金銭であっても，第三者の資金の受領者がその固有の口座ではなく，別途設けた特別の口座に入金し

---

[64] Cass. com., 4 févr. 2003, X c/ Luc Terme, D. 2003, AJ 1230, note Lienhard. 同様に金銭についての取戻権の行使が認められなかった事件として，破毀院1997年3月25日商事部判決，破毀院2000年5月10日商事部判決などがある。

ていたときは，フランスの判例でも金銭の回収を認めている。しかし，その場合,「法定信託」という英米法のトラスト法理ではなく,「委任」(*mandat*) や「不当利得」(*enrichissement sans cause*) といったシビル・ローの伝統的法理によって解決しているのである。フランス民法典に「不当利得」の明文規定はないが,「準契約」の概念があり（同第1371条），事務管理（同第1372条），非債弁済（同第1376条）などとともに,「だれも第三者の損失のもとに利得を得ることはできない」（*nul ne peut s'enrichir aux dépens d'autrui*) の法理にもとづいて不当利得の概念と不当利得訴権 (*action in rem verso*) が認められている。ただし不当利得の訴えは他に訴権がない場合の補充的なものと解されているので[65]，この点ではローマ法でフィデュキアによる債権的な返還義務が認められない場合に不当利得返還訴訟が認められたこと[66]と同様である。次の事例は，委任の法理によってマンションの居住者に管理費にたいする権利を認めたものである。

【参考裁判例】 フランス破毀院1998年2月10日商事部判決[67]（委任の法理）
　フランスではわが国と同様に，マンションの管理費用は管理組合が別段の決議をしない限り，管理組合名義の口座を設けて管理しなければならない[68]。マンション管理のジェストラン社はSDBO銀行に自社口座のほかに同社が管理しているマンションの管理組合口座および管理業務用の口座の3つの口座を有していた。同社について裁判上の清算手続が開始された。SDBO銀行が預金口座を統合する旨を管理組合に通知したので，管理組合が同銀行を相手に管理組合

---

65) 谷口知平『不当利得の研究（再版）』（有斐閣，1965）14頁。19世紀には不当利得一般原理は認められず，現実にこのような状況が生じたときは事務管理の法理を適用し，不当利得の法理は破毀院判例によって発展したものである。とくにオーブリーとローの学説にしたがい，不当利得返還訴権を他に訴権がない場合に許される補助的な性格のものと理解された。破毀院1892年6月15日審理部判決は，返還訴権を「他人の犠牲の下に利得を得ることを防ぎ，国内法に規定がない衡平原則に基づく訴権であり，その行使には所定の条件はない」として成文規定を拡張し，さらに破毀院1914年5月12日民事部判決は「財団が他人の犠牲のもとに法的な原因なくして，利得を得たならば，犠牲になった者が，契約，準契約，不法行為，準不法行為から生じる訴権を持たない場合に常に認められる」とした。
66) 柚木馨「不当利得についての一考察（一）」論叢45巻（1941年）6号856頁。
67) Cass. com., 10 févr. 1998, Société de banque occidentale c/ Syndicat copropr.. 10, rue Etienne Jodelle à Paris, *D.*, 1998, IR, p. 64.
68) 既築建物の区分所有に関する1965年7月10日法律第65-557号の適用に関する1967年3月17日デクレ第67-223号第38条。

口座と管理業務用口座の残高の支払いを求める訴えを提起した。原判決（パリ控訴院1994年9月23日判決）は管理組合の請求を認容し，SDBO銀行に預金の支払いを命じた。SDBO銀行が上告したが，破毀院は預金口座が分別されていたことを認め，ジェストラン社は「受任者」であったとして，原判決を支持した。

上記の事例と同種の事例として，破毀院1991年5月14日商事部判決[69]（税務代理人が顧客から預かった資金の口座），破毀院1999年4月6日商事部判決[70]（マンション管理口座）などがある[71]。口座が分別管理され，あるいは名義上に口座の目的が判別できるようになっている場合には，口座の管理者は受任者に過ぎないのである。次の事例では原告が不当利得を理由に支払請求をしている。この事例で原告は土地の所有者が借地上の建物を勝手に処分したことを取り上げているが，本事件では口頭の賃借権では対抗できないことを理由に請求を棄却した。仮に賃借権が登記されていたならば，土地所有者は建物を含めた管理処分の権限を委任されていない限り，不当利得が成立したと考えられる。

【参考裁判例】　フランス破毀院2010年3月31日民事第三部判決（不当利得の法理）

　　1998年4月21日にY氏はノルマンジーの海岸沿いの土地1筆を3万5千ユーロで海洋博物館に売却したが，当該土地には40年近く前からZ氏とX氏が所有するバンガローがあり，二人は口頭で借地を認められていた。バンガローの価値を2万8千ユーロとして，土地の売却価格が決められていたために，Z，Xの両氏はY氏にたいして不当利得の返還請求の訴えを提起した。原判決（カーン控訴院2008年12月9日判決）はZ，X両氏の賃借権が口頭によるものでその権利は薄弱であることを理由に両氏の請求を棄却した。X氏が上告したが，

---

69) Cass. com., 14 mai 1991, Société générale c/ SA Hydromation Belgium et al., *D.*, 1992 Juris 13, note Martin; *Banque* 1991, p. 869, obs. J.-L. Ribes-Lamge; Martin, Des comptes bancaires à affectation spéciale ouverts à des professionnels, *Rev. dr. banc.*, janv-févr 1992, p. 2.

70) Cass. com., 6 avril 1999, *Rev. dr. banc.*, juill-aout 1999, obs. Crédot et Gérard.

71) このほかフランスでは第三者の資金を保管することのある職種について，特別法で資金の扱いを規定している。たとえば，弁護士は1991年11月27日デクレ270条でクライアントから受領する資金を銀行または貯蓄供託金庫（Caisse des dépôts et consignations）に分別口座を設け，入金しなければならない。不動産仲介業者が顧客から受領する資金も分別口座に入金する必要がある。公証人，倒産処理手続の管財人，清算人が職務遂行上受領した資金は，貯蓄供託金庫に供託しなければならない。

2 フランスの代替制度

　破毀院は原判決を支持し，上告を棄却した。

　上記の場合，土地所有者を受託者とし，建物所有者を委託者とする法定信託の関係と構成することも考えることができるが，トラストのような制度のなかったフランスではそのような解釈は困難であり，伝統的な不当利得法理によって判断することになった。換言すれば，不当利得の返還訴訟は，トラストに基づく法定信託または擬制信託と類似した機能を果たすことができることを意味する。

　さらにわが国では，破産手続で裁判所によって選任される破産管財人や私的整理の場合に互選される債権者委員長の法的性質について「受託者」と構成する意見もある[72]。これも「信託」法理の適用の一例である。わが国の破産手続で選任される破産管財人は債権者のために破産財団の増殖を行うとともに，破産者が当事者となり係属していた訴訟を受継することがある。すなわち破産管財人の機能には，破産者の代理と考えるべきものと債権者を代理しているものが混在し，さらに裁判所の機関としての機能も与えられている。これらを総合して「受託者」と構成する考え方である[73]。一方，フランスの倒産処理手続では破産管財人のように単独で複数の機能を集中して担う機関はない。債権者代表（*représentant decréanciers*）と管財人（*administrateur*）・清算人（*liquidateur*）が別々に設けられるので，一機関が利害対立をかかえることはなく，またその法的性質も受任者（*mandataire*）であり，信託ではなく委任と構成している。

　一方，わが国では信託ではないが，フランスでは信託的に構成されているものがある。

　所有権留保売買，ファイナンス・リース，レポ取引（現先取引）など，当事者間で財産をいったん移転し，その後返還する取引である。フランスではこれを「無名フィデュシー」（*fiducie innommée*）と呼んでいる。フィデュシーが法

---

72) 四宮教授は「私的整理において債務者が債権者委員長等にその財産を託する場合に信託の成立しうることは，問題ない」とし，「困難な問題は誰を受益者と考えるべきか」であるが，「私的整理自体が独自の手続体系を形成していて，信託法理はその中の極めて限られた部分（債権者委員長の地位）に関してしか作用しない」とされている（四宮和夫『信託法（新版）』（有斐閣，1999）27頁）。

73) 谷口（知平）博士は，法律生活の安定，将来の予測可能性を制定法の利点としたうえで，「信義則や権利濫用理論による具体的衡平な解釈の余地は民法1条で明文を以て認められている」のであるから，「具体的に紛争当事者の態度を衡平に評価し一般世人に満足を与える解決の判断を得るために，信託法理を応用することができないか」といわれている（谷口知平「日常生活における信託法理」信託法研究2号（1978年）11頁）。

第 2 章　わが国の信託の機能とフランスの代替制度

制化されるまで，これらの取引は個別の特別法によって金融機関に限って認められていた。譲渡担保も同様に債務者が所有権を債権者に引き渡す担保手法であり，これらに類似しているが，譲渡担保を利用するのは金融機関に限られなかったため，特別法は設けられなかった。フランスには譲渡担保がなかったのである。譲渡担保は今回のフィデュシーの法制化によって初めて法律上可能となったもので，この点については後述する。

　さて，以上のようにわが国で信託として構成している分野をフランスでは財産権の共有，財産処分の委任，財産の寄託，他人の財産の不当利得といった伝統的な法理で対応してきた。既存の民法法理によってトラストと同じ効果を生じさせることも可能であり[74]，この意味ではフィデュシーを法制化する必然性はなかったということもできる[75]。しかし，トラストであれば受益者にも所有権が認められ，裁判上で救済される場合でも，委任者や寄託者といった法理では債権的な請求権しかない。受益者などの保護には既存の法理では不十分であることも否めなかった。また金融手法は複雑化する一方であり，これを伝統的な民法典の法理で対応しようとすると，複雑になったり，無理な組み合わせを考案しなければならなかった。わが国ではつとに細谷教授が欧州大陸のシビル・ロー国に英米法のトラストの制度がないことを説明し，シビル・ローの国では必要な場合には「委任，代理，請負等の法律関係を以て取扱を為し」ているが，「私法の正面規定に其の準拠を求めんとし，其の他幾多の理論的迂回を試み牽強付会の戯論夥なから」ずとしている[76]。信託を使わない国では，

---

[74] R. Libchaber, Les aspects civils de la fiducie dans la loi du 19 février 2007 (2), Défrénois, no. 17, 2007, p. 1195.

[75] Th. Bonneau, Les fonds communs de placement, les fonds commun de créances, et le droit civil, Rev. trim. dr. civ., 90 (1) janv-mars 1991, p. 1.

[76] 長くなるが，細谷教授の指摘はきわめて的確であり，引用する。「欧州大陸にありては英米と其の法制の系統態容を異にし，英米に於て信託法理を以て律する取引も一般に之を委任，代理，請負等の法律関係を以て取扱を為し，又信託制度の発達に一大機会を與ふる相続制度は特有なる発達を為し，殊に仏国の如きにありては相続財産の管理処分は其の独特の相続制度に依り，所謂信託法理を基礎とし受託者の手を藉ることなく巧みに運用せられ来った」こと，「欧州大陸に於ては英米と其の経済事情社会状態を異にし，殊に財産管理処分資金の放資貯蓄に関し銀行始め経済諸機関は特殊なる発達を為し，英米に於けるが如く其の財産管理処分に付き受託者又は信託会社なる専門機関に依頼するの必要を痛感せられない，殊に米国濠州等を始め諸多の植民地に於けるが如く，信託制度を大に発達せしむるに至るべき特殊の社会事情と経済状態を体験せざる」こと，「欧州大陸は曩に述べたる英国の如く封建政策と財産取引に関する法律生活の撞着を生じ信託制度の発達を促進するの事情を欠如せる」ことという 3 点を挙げ，「信託は其の制度

牽強付会あるいは無理な理論構成を強いられているのである。なお同教授は，こうした英米と大陸諸国の法制の違いの背景を，大陸では金融機関が整備されていること，また英国のように海外植民地が多くないこと，さらに英国には封建政策・財産取引制度の制度上の拘束があったことを挙げているが，的確な指摘である。

　フランスでも一部とはいえ，無名フィデュシーを導入しなければならなかったのである。トラストと比べると委任や寄託などではその融通性には限界がある。たとえば財産管理をフランス法の委任（*mandat*）と構成すると，受任者には財産の所有権がないので，使用・収益することはできず，単に処分することができるだけである。トラストと構成すれば，受託者には使用・収益・処分の完全な所有権が認められるので[77]，財産管理の可能性が大きく広がるのである。トラストは委託者，受託者，受益者と財産を構成要素としているが，およそ社会に存在する法律関係でこの構成要素に還元できないものはないであろうから，トラストはきわめて便利なのである。トラストと伝統的な民法典の法理とではどちらが時代に適しているか，言うまでもない。トラストのような制度を欠いたフランス法はいちおうの対応はできても，現代の変化の激しい経済社会には支障があったのであり[78]，国際金融取引の市場として遅れをとらないためには，英米法のトラストに対抗することのできる制度の導入が不可避で

　　としても亦運用に於ても英米に最も大なる発達を為し，欧州大陸にありては，独，仏，墺，伊，瑞等の諸国に於て未だ其の顕著なる発達を見るに至らない」とし，「欧州大陸諸国に於ては信託に関しなんら特別規定の徴すべきものなしと雖も，果たして然らば是等の諸国に於て実際信託的財産取引なきやと言ふに決して然るのでない。仏国に於ては殆んど之を認め得ざるも，独墺瑞の諸国殊に独逸に於ては盛んに行はれ，独逸私法の正面解釈としては其の取扱に難じ其の性質と処理に関し学者の議論と判決例の推移大に見るべきものがある。而して窮余英米の信託法理を藉り来り而も強ひて現行私法の正面規定に其の準拠を求めんとし，其の他幾多の理論的迂回を試み牽強付会の戯論尠なからざるを見ると共に，独逸系統の私法中自然信託法理の芽生を醸成し，将来或は具体的なる信託立法の避け難きを思はしむるものがある」としている（細谷祐治「信託法理及信託法制概論(三)」法協 42 巻（1924 年）10 号 1799 頁から 1803 頁）。

77) Ph. Malaurie et L. Aynès, *Droit civil, les biens, la publicité foncière,* 4e éd., Cujas, 1998, p. 239. また委任の場合にはその管理権は排他的ではない（Cabinet F. Lefebvre, *La fiducie: Mode d'emploi*, 2e éd., Editions F. Lefebvre, 2009, p. 20）

78) ルカ教授は 1997 年の著書で「フランス法は，財産上に競合する権利の存在を認めるようなメカニズムを知らない」が，「このメカニズムは英米法でトラストと呼ばれ，シビル・ロー系でフィデュシーと呼ばれる制度であり，すでに多くの国に見られるが，フランスにはない」と述べていた（F.-X. Lucas, Les transferts temporaires de valeurs mobilières pour une fiducie de valeurs mobilières, *L.G.D.J.* 1997, p. 237）。

第2章　わが国の信託の機能とフランスの代替制度

あった[79]）。

　金融実務の観点から，日本の信託とフランスのフィデュシーの機能を対比すれば以下のとおりである。

		日本の信託		フランスのフィデュシー
集合的有価証券投資	○	投資信託　わが国の信託の重要な機能	−	OPCVM 会社型，ファンド型
セキュリティー・トラスト	○	担保権管理	○	財産管理目的フィデュシー
資産管理	○	財産管理	○	同上
Debt Equity Swap	−	信託を利用しない	○	同上
事業経営	−	同上	○	同上
売掛債権管理	−	同上	○	同上
ディフィーザンス	○	責任限定信託	○	同上[注]
LBO, MBO	○	同上	○	同上[注]
プロジェクト・ファイナンス	○	同上	○	同上[注]
事業信託	○	同上	○	同上[注]
M&A	○		○	同上[注]
譲渡担保	−	信託と構成していない	○	担保目的フィデュシー
所有権留保	−	同上	○	同上
ファイナンス・リース	−	同上	○	同上
レポ・現先・有価証券貸借	−	同上	○	同上
ABL	−	同上	○	同上
将来債権・集合動産流動化	○	受け皿として利用	○	同上
不動産証券化	○	同上	○	同上

　凡例：○　当該機能の活用が期待される。
　　　　−　別に方法・制度があり，信託・フィデュシーを利用するまでもない。
　　　　注　これらの機能を果たすためには，別に負債を負うことのできるSPVを設け，その財産をフィデュシー財産とし，SPVが株式または持分（わが国の投資信託受益証券に相当）を発行することで資金調達することはできる。しかしフィデュシーを組み合わせる必然性はなく，これらの機能でのフィデュシー利用の可能性は低いと思われる。

---

79) F. Gros, Introduction de la fiducie-Une réelle opportunité pour le banquier, *Revue banque*, juin 2007, p. 57.

第3章　信託法とフィデュシー法の歴史

1　契約としての信託・フィデュシーと財産権としてのトラスト

　わが国の信託法では，信託は原則として委託者が受託者にたいして「財産の譲渡，担保権の設定その他の財産の処分」などをする旨の契約によって成立し（第3条1号），信託契約によって信託財産は受託者に属する財産となり，受託者はこの財産を「信託により管理又は処分」をすることができるとされている（第2条3項）。信託とは委託者から受託者に財産の所有権が移転することを前提とした制度であり，信託は財産権の取得の一つの方法である。これはフランスのフィデュシーも同様であり，フィデュシーはフランス民法典第3編「所有権取得の方法」に規定されている（同第14章）。いずれも受益者は受託者にたいして信託財産について債権的な請求権を有する。

　わが国の信託法は英米法のトラストを導入したものであるが，英米法のトラストは所有権の取得の方法ではない。英米法には物権と債権の峻別がなく，トラストは財産の移転行為により形成され，所有権が受託者と受益者の双方に分属することをいい，受益者は所有権を主張することができる。

　わが国では金銭合同運用の手段，受け皿として，また不動産の証券化での不動産の受け皿として信託が利用されてきた。この機能という点で信託は会社に類似する。投資信託の投資家を全員，株主にすれば会社型の投信となり，不動産の所有権を別会社に移転させ，当該会社の資本を投資家に保有させれば，不動産の証券化は可能になる。投資信託も不動産証券化もいずれも会社を設立することによっても可能である。これはフランスの合同運用証券投資スキーム（OPCVM）に会社型とファンド型があることにも明らかである。信託も会社もひとつの独立した財産の主体，事業の主体という点では同じ機能を有しているからである。わが国で会社ではなく，信託が利用されるのは，一つに信託は委託者と受託者の契約によって成立されるので，会社の設立に比べると設立がきわめて簡易だからである。また会社であれば，設立後も株主総会などのガバナンス機関を設ける必要があるが，信託であればこれらの必要がない。第二に信

託には法人税の課税がない。さらに第三に、不動産の流動化の場合には、譲渡が真正であること、すなわち担保目的の移転ではないことを明らかにする必要があるが、信託であれば受託者に財産権が移転するので、資金を出資した者と信託財産との関係を断絶することができる。会社制度と信託制度は財産の所有権の主体として並立するのである。

　フランス民法典を典型とするシビル・ローの所有権（*propriété*）は、使用・収益・処分（*usus fructus abusus*）で構成され、一般に処分権（*jus abustendi, droit de disposer*）と用益権（*jus etendi et fruendi, usufruit*）の二つに分けられる[80]。所有権は両方の権利を有するが、民法典は用益権を第三者（*usufruititier*）に与えることを認めている（民法典第578条）。ただしこれは所有権が所有権者と用益権者に分かれて属するのではなく、用益権は所有権に従属する制限物権にすぎない。シビル・ローでも財産に使用価値と交換価値があることは当然に認識されており、たとえば担保物権である抵当権では、担保の設定者に目的物の利用価値が残り、担保権者にその交換価値が与えられると説明されているが[81]、抵当権の目的物の所有権が担保権設定者と担保権者に分属するわけではなく、あくまでも目的物の所有権は引き続き担保権の設定者に残り、質権の場合も、目的物の占有は質権者に移転するが、所有権は引き続き質権の設定者のもとにある。所有権が分属することはない。

　わが国の信託やフランスのフィデュシーと異なり、英米法のトラストは財産権の受け皿ではなく、受託者と受益者の両方に財産の所有権を認める財産権のあり方である[82]。トラストは財産の処分権と用益権を明確に分けており、収益を受ける権利を一つの独立した財産権（*equitable ownership*）として、処分する財産権（*legal ownership*）と並立させることで、所有権の分属が可能になっている。メイトランドがいうように、トラストはコモン・ローの厳格な不動産法を回避する所有権法理として成立したものである[83]。したがって受託者が受益者を兼ねる場合にはトラストにならないのである。わが国の譲渡担保を

---

80) Ph. Malaurie et L. Aynès, *Droit civil, les biens, la publicité foncière*, 4e éd., Cujas, 1998, p. 119.

81) 我妻栄『新訂・担保物権法』（岩波書店、1968）208頁。

82) すでに池田博士はトラストを「特殊の財産制度」「権利関係の性質」であるとされていた（池田寅二郎「信託法案ノ概要」法協38巻（1920年）7号825頁（原文は漢字カタカナ表記））。

83) F. W. Maitland, Trust and Corporation in *State, Trust and Corporation*, Cambridge Univ. Press, 2003, p. 77（同論文の初出は1904年のドイツ語訳）。

1 契約としての信託・フィデュシーと財産権としてのトラスト

信託的に構成すると債務者から財産を受け取る債権者は信託の受託者となるが，債権者は同時に担保目的物の受益者でもあるから，譲渡担保の設定を英米法のトラストによって行うことはできないことになる。このようなトラストの財産権の構造が可能なのは英国財産法の柔軟性に起因する。英国では封建遺制として，一つの財産にたいする重畳的な権限が認められてきたからであり，さらにコモン・ローの硬直的な法制をエクイティが柔軟に修正を加えてきたからである[84]。この結果，複数の権利が全体として完全な所有権を構成することになる[85]。英国の財産法，とくに不動産法は封建制のもとで判例法として形成・発展してきた。1925年に成文法として財産法（Property Act）が制定されているが，抜本的な変革をもたらすものではなく，既存の権利を整序したものであり，財産法の理解にも過去の財産法の知識が不可欠であるとされている[86]。とくに英国法が判例法として生成・発展してきたということは，裁判上の救済を目的とするということを意味する。とくに英国法上のトラストでは受託者がその任務の遂行にあたってなんらかの困難が生じた場合にも裁判所の保護を求めることができ，受託者の任務遂行に問題があれば受益者は裁判所に救済を求めることができるなど，裁判所の関与が大きい。たとえば1998年の判決で英国控訴院（Court of Appeal）は「受託者は受益者にたいする義務を負担しており，仮に受益者に受託者にたいして執行可能な権利がないとしたら，トラスト自体がなくなる」と判示しており[87]，英国法は裁判所の関与によってその実

---

84) 四宮教授は「use-trust の誕生した当時はイギリスの社会はまだ封建制度の下に閉鎖的農業経済を営んでゐた。従って，所有権は絶対性を有せずして，利用の態容に応じて権能の分裂することを許し，また物権・債権の峻別を知らなかった。イギリスには，ゲルマン法における Gewere に相当する seisin なる観念が認められてゐたのである。この基本原理は，英米法がローマ法系からほとんど影響を受けず独自の伝統の中に連続的発展を続けえたことおよび判例法主義のために，共同社会より利益社会に推移した現在においてもなほ英米法を支配する。use-trust が利益社会に対応する近代法的機能を営んだ equity によって育成せられながらしかもよく，信託目的の物権的保護を獲得しえたのは，主としてかかる英米法の体系に基くものと考へられる」とされている（四宮和夫「信託行為と信託㈢」法協 59 巻（1941 年）3 号 438 頁）。

85) パパンドレウ＝デテルヴィル博士は，財産法分野でコモン・ローとエクイティが並存し，エクイティの法理がコモン・ローを修正していると述べている（M.-F. Papandréou-Deterville, Le droit anglais des biens, LGDJ, 2004, p. 4 et s.）。

86) 河合博「信託の定義㈠」法協 51 巻（1933 年）11 号 2088 頁。河合教授は「近代的英不動産法はその過去に深かい（原文のママ）根を下ろして」おり，「その『怪異』さにまず驚く」と書かれている。

87) Armitage v. Nurse, [1998] Ch 241, Court of Appeal. Todd & Watt's Cases &

効性が維持されている。裁判によって権利が確認され，保障されるということは，英国法は現実を追認するものであるということを意味する。一方，フランスを中心としたシビル・ローは旧体制下の封建諸制度を可能な限り排除することを目的とした法制であり，理念として近代市民社会を前提とする法律関係を規定している。現実追認型の英国法と近代市民社会という理念を追求するシビル・ローは大きく異なるのである。わが国も成文法を基本とするシビル・ローの伝統のもとにあり，裁判所の関与は法律の予定する場合に限られている。したがってトラストのような制度を実効的に運用するうえでインフラが充分でないおそれがある。

2　わが国信託法の制定経緯

わが国の信託法は英米法のトラストを導入したものではあるが，導入当時の社会的，経済的な必要性に迫られて制定したものである。トラストのような財産権のあり方として導入したものではない。

わが国が信託法を必要とした理由について，四宮教授は第一に「明治30年代における資本主義の進展による生産信用の需要および日露戦争後の経済復興に対応するための外資導入の必要から，財団抵当とともに，担保付社債信託の制度（明治38年の担保付社債信託法）を導入することになる。これは，英米法に発達した信託の法理を応用して，社債権者のために物的担保権を第三者（受託者）に保有・行使せしめる制度であり，信託一般法の制定の導火線として作用した」ことを挙げ，第二に「明治末期における都市化の進展は，『信託会社』と称せられる高利金融業者ないし不動産の売買周旋業者を多数生み（明治末期には500近くに上ったといわれる），その改善・取締が要望されるに至った」ことを挙げている[88]。外資導入という殖産興業の観点と旧信託法の制定以前に存在した信託会社にたいする取締りという二つの理由が信託法制定の理由であるが，この二つのあいだに共通点はない。

Materials on Equity and Trusts, 7th ed., Oxford Univ. Press, 2009, p. 481 を参照。1984年に当時17歳であった女性（受益者）が母親の遺産の土地賃借権の相続について，この女性が40歳になるまでトラストが設定された。受託者はその任務からいかなる損害が生じても免責される旨の条項があり，受益者の女性が救済を求めた。

88) 四宮和夫『信託法・新版』〔有斐閣〕2頁。

① 外資導入の手段としての信託

まず外資の導入の面を見ることにしよう。日本銀行統計局『明治以降本邦主要経済統計』は次のように書いている。

> 「きわめて少数の信託会社と有力な大銀行が兼営していた担保付社債信託業がわが国の信託業界で漸次盛んとなりつつあった。これは明治35年開業の日本興業銀行法の定款第39条（同行の行う信託業務が規定されていた）が明治38年に改正され、その3項に『担保付社債に関する一切の取扱いを為し又は債務保証を為すこと』が加えられたのに始まる。さらに大正3年には台湾銀行法、北海道拓殖銀行法の改正により両行も信託業務取扱を行い、朝鮮銀行も行なうようになった。」[89]

殖産興業のためには資金が必要であり、その資金を債券発行によって調達することとして、明治33年（1900年）に日本興業銀行法（明治33年法律第70号）が定められた。同法第9条4号は、同銀行の業務として地方債証券、社債券および株券に関する信託業務を挙げていた。また、同銀行の定款には債券、株券に関する事項の委託を受けることおよび公社債の発行、元金、利益配当金の支払をなす、と規定されていた。同様の条文は、その後いくつかの銀行の根拠法律に規定されている（朝鮮銀行、台湾銀行、北海道拓殖銀行）。池田博士は同銀行法第9条4号の規定を根拠として、「わが国において法制上はじめて信託を認めたるは明治33年日本興業銀行法なり」とする一方で、これがはたして「正確の意義における信託なりや明瞭を欠けり」[90]と留保を付けている。同法はわが国信託法制の最初の規定であるとはかならずしもいえないのである。それから数年後、日露戦争の時期に戦後復興資金を外資によって調達するために[91]、ロンドン市場で債券を起債することとした。当時の同市場の慣行に従い担保付きの債券とするため、明治38年（1905年）に「担保附社債信託法」（明治38年法律第52号）[92]が制定され、同法に基づいて北海道炭砿鉄道（北炭

---

89) 『明治以降・本邦主要経済統計』（日本銀行統計局，1966）520頁。
90) 池田寅二郎「信託法案ノ概要」法協38巻（1920年）7号826頁。
91) 四宮教授は「わが国は、明治30年代における資本主義の進展による生産信用の需要および日露戦争後の経済復興に対応するための外資導入の必要から、財団抵当とともに、担保付社債信託の制度（明治38年の担保付社債信託法）を導入」とされている（四宮和夫『信託法・新版』〔有斐閣〕2頁）。
92) ただしすべての担保付社債に同法が適用されるわけではない。注54参照。Hiroto Dogauchi, Trust in the Law of Japan, *La fiducie face au trust*, Bruyant, 1999, p. 106 を

の英ポンド建社債が1906年（明治39年）1月に発行された。池田博士は担保附社債信託法について「社債に担保を付する場合における法律関係を簡約にし，かつ担保の運用を確実円滑ならしむるの目的をもって担保権の享有行使に信託の法理を応用したるものにして，けだし日露戦役後わが経済界の急需に応せんがために制定せられ」たと記している。担保付社債信託法に基づいて，社債の発行にあたって発行者が受託会社と信託契約を締結し，受託会社が，総社債権者のために，信託契約による担保権を保存し，かつ，実行する義務を負うことになるので，一種のセキュリティ・トラストということができる。セキュリティ・トラストは純然たる信託業務ではあるが，細谷博士は「担保附社債信託法は物上担保附社債発行に関する特別信託事業に対する法規たるに止まり，これをもって一般信託法制の基幹とみなすべきでな」いとしている[93]。財産の移転と運営管理という信託の本来の機能からすれば，やや傍系の機能といえないこともない。このような社債にかんする信託は「大正8年6月末日本興業銀行の調査によれば，この種の信託事業を営む信託会社の数20某，引き受けたる担保附社債の口数32にして，発行社債総額7,650余万円」という状況にあった。大正11年（1922年）に一般法として信託法が制定されるので，そのなかに包摂することも考えられないではなかったが，こうした事情をもとに「一般信託および担保附き社債の信託を併せてこれに関する実体的規定を設け，信託会社の営業としてこれを行うべきものと定」めるが，「担保附社債信託法はとにかく一つのまとまれる法律にして且つ相当成績を挙げ，運用上大なる支障なきをもって従来のとおり単行法として存置」したのである[94]。また大正5年（1916年）に内閣直属の機関として経済調査会が設立され，同会は産業金融の円滑化を図るために信託制度の導入を構想した。翌年には信託業法銀行局第一次案が提案されているが，そのなかでは信託会社を産業資金供給のための長期金融機関と位置づけられていたとされている[95]。

参照。
93) 細谷祐治「信託法理及信託法制概論㈠」法協42巻（1924）8号1356頁。
94) 池田寅二郎「信託法案ノ概要」法協38巻（1920年）7号832頁，842頁。
95) 山田昭「信託立法の過程」信託法研究5号（1981年）9頁。山田博士は，同第一次案が信託業に関する規定とともに一般信託に関する規定で構成されていたが，その後大正7年（1918年）7月時点で，一般信託に関する規定は司法省が立案し，信託業法については大蔵省が立案するように信託法制が二分化されたとしている。

② 信託を冠した金融業

　信託法の制定を促したもう一つの事情は，わが国の旧信託法の制定当時，現実に「信託会社」を名乗る会社が「信託業務」と称して営業していたが，その実態がかならずしも信託業務ではなかったことである。日本銀行統計局の『本邦主要経済統計』は，わが国の信託会社の歴史的発展について次の通り記している[96]。

　　「明治30年代から，個人貸金業者，無尽業者とか質屋が差押えによる怨恨などをおそれて，法人組織となり，信託会社と名称をかえたものがかなりあったが，これらは本質的にはまったくの貸金業者に過ぎなかった。」

　無尽または無尽講あるいは頼母子講[97]は，大正4年の旧無尽業法（大正4年6月21日法律第24号）と昭和6年（1931年）の改正無尽業法（昭和6年法律第42号）により「営業無尽」として再編され，その後は生命保険相互会社あるいは昭和26年の相互銀行法（昭和26年法律第199号）によって相互会社に再編されている[98]。したがって無尽は信託会社・信託銀行とは無関係のようであるが，一部の無尽は信託会社となっている。したがって信託会社との関係で無尽を見ておくことにも意味があり，また無尽の法律関係を信託と構成した裁判例もあり，わが国における伝統的な民事的信託の一つのかたちと考えることもできる。

　無尽，無尽講または頼母子講（以下，無尽という）は，わが国中世にまでさかのぼる民間の伝統的な関係であり，資金の融通を中心とした組織である[99]。

---

96) 『明治以降本邦主要経済統計』（日本銀行統計局，1966）520頁。
97) 関東・東北地方では無尽（講）と呼び，関西・九州地方で頼母子講と呼ばれる（由井健之助『頼母子講と其の法律関係』（岩波書店，1935）1頁）。頼母子講の語が文書にはじめて見られるのは建治元年（1275年）の高野山文書とされ，無尽講の初見は至徳4年（1387年）の香取文書であるという。無尽講，頼母子講の起源は中世期以前にさかのぼるようである。
98) 『明治以降本邦主要経済統計』（日本銀行統計局，1966）190頁。なお相互銀行は，1980年代後半に第二地方銀行というかたちで普通銀行化した。
99) 由井弁護士は，無尽・頼母子講の利点として，理解が容易，設立が容易であること，簡単な担保と低利で金融を得ることができること，加入者全員が金融を得ることができること，返済方法が容易であることを挙げ，さらに射幸的興味から金融をなしうること（頼母子講の籤入れ）と頼母子講の借金が不名誉にならないことを挙げている。短所としては法律関係が不明確，過大に設立され監督が行き届かないなどの点を挙げている（由井健之助『頼母子講と其の法律関係』（岩波書店，1935）81頁）。

大正期の旧無尽業法では，これは「一定の口数と給付金額とを定め，定期に掛金を払込ましめ，一口ごとに抽選入札その他類似の方法により，掛金者に対し，金銭の給付をなす」ものであり，「無尽類似の方法により，金銭または有価証券の給付をなす」ものも同様であるとされた（旧無尽業法第1条）。一般に無尽契約または講会規約が定められ，特定の無尽の参加者（講員）が金銭を出捐し，集められた資金をくじ引きなどで選ばれた特定の講員に融資するものであり，現在の共済組合に類似した法律関係である。これも金融取引であり，一般的には世話人（事務管理者）が置かれて，世話人は講員の支払う資金を預かる立場に立つことになるので，この場合の世話人の地位について「委任関係」とする判例（大審院大正7年7月8日判決）もあるが，下級審で「信託」として構成したものもある[100]。すでに明治15年（1882年）の判決で東京控訴裁判所は，無尽が「あらかじめ親戚朋友あるいは同郷の人など互いにその人物，身代如何を知り，その加盟を准ずるもの」であるとしたように（東京控訴裁判所明治15年5月11日判決），無尽は元来，相互扶助関係として民間の知恵として生まれたもので，仲間社会や地域社会に細々と維持されてきたものである。無尽には金融機能があることから，民間での相互扶助機能とは別に，明治中期以降の資本主義経済の発展に伴い，貸金業者による営業目的の無尽が開始された。当時すでにわが国には普通銀行，貯蓄銀行が全国に設けられていたが，由井弁護士は「金融業者は預金吸収については，その対象の資本家たると庶民大衆たるとを問はぬ」が，資金を借りるという点では「庶民大衆はほとんどその恩恵に浴していない」のが実情であって，庶民階級が資金を調達する手段として「わが国においていかなるものが存するかといえば，わずかに貯蓄銀行，信用組合，質屋，高利貸，営業無尽ならびに頼母子講を数えうるにすぎない」と説明した[101]。一般民衆にとって，銀行などの敷居は高く，身近な資金調達手段としては無尽が重要な役割を担っていたのである。無尽が相互扶助目的と営業目的に分化していくなかで，無尽の一部が明治34年（1901年）に企業化され「営業無尽」が始まることになる。

『明治以降・本邦主要経済統計』はわが国の信託会社について次の通り記し

---

100) 横浜地裁大正6年7月10日判決。講員33人の無尽に関する事件で，掛金の未払い者が出たため，世話人を定めて，この世話人に講員全員が訴訟その他一切の行為を行う権限，掛金の取立てを行う権限を与える旨を同意した事案である。

101) 由井健之助『頼母子講と其の法律関係』（岩波書店，1935）15～18頁（現代表記にした）。

ている[102]。

　「いわゆる信託業務を専営した最初のものは明治39年4月設立の東京信託会社であるといわれている。この会社は，明治37年頃より個人営業で有価証券に関する信託業務を行っていたものが，株式会社に組織がえして設立したものであった。この頃前述のように金貸専門の信託会社の群生とともに信託業務を営む信託会社も簇出したが，これらも多くは単に債権の割賦販売か無尽業を営み，多分に金貸会社的要素の強いものであった。」

　日露戦争は明治38年（1905年）に終戦を迎え，その後わが国経済は未曾有の好況を向えることになる。呉博士の論文「本邦に於ける信託及信託会社の発達」によると，明治39年以降毎年，4社，7社，5社，9社，14社，29社と信託会社の新規件数は増加し，大蔵省の調査では明治45年時点では総数470あまりの信託会社があったとされている[103]。さらに大正元年（1912年）には64社，大正2年には92社の多数を数えるに至った。その後，大正3年には50社，大正4年には30社，大正5年に8社と急減した。この間大正4年（1915年）11月に旧無尽業法（大正4年6月21日法律第24号）が施行されているが，呉博士は「（旧）無尽業法は爾来，信託会社の名の下に無尽業を営まんとする者に対して致命的打撃を与え」たのであり，「この一事によって観るも当時の信託業なるもののうちに固有信託業務よりもむしろ他業の兼営をもって主たる営業事項としたる似非信託会社のいかに多かったを推知しうる」としている。旧無尽業法では，営業無尽を営むために大蔵大臣の認可が必要とされ，無尽会社，頼母子会社として会社組織化されたのである。その後大正7年（1918年）に第一次大戦が終結し，再び国内は好況を迎えると，ふたたび信託会社の新設が相次ぐことになる。ところでこれらの信託会社が行っていた業務は実態上，「信託」業務というべきものではなかったようである[104]。呉博士は，当時存在した信託会社は固有の信託業務のほかに，不動産等の売買業務，賃貸借業務，資金の貸付という銀行業務，保証業務，有価証券の募集受渡しその他の代理業務，興信業務，仲介業務，請負業務があるとし，「信託会社の根本性質より観て氷

---

102)『明治以降・本邦主要経済統計』（日本銀行統計局，1966）520頁。
103) 山田昭「信託立法の過程」信託法研究5号（1981年）5頁。
104) 山田昭「信託立法の過程」信託法研究5号（1981年）3頁。山田博士は，信託会社の群生が信託立法を促したが，その規制の対象は信託会社だけでなく，無尽会社などを含み，信託立法の動機は，不健全な弱小信託会社の取締り，司法省の一般信託法の制定の願望，信託会社の金融機構への位置づけの明確化の3点であるとしている。

炭相容れざるもの」があり，経済取引の「百貨店の観を示している」としている[105]。このような金融事業をも営む信託会社は東京だけではなく，地方にも多数設立されており，明治39年（1906年）には福島県に福島信託が設立され，大正10年（1921年）には福島県だけで信託専業が89社，兼業が20社の合計109社の信託会社が存在したとされている。しかし「信託会社」とはいいながら，英米法のトラストとは関係のない無尽業や有価証券割賦販売を営み，その実態は資金供与または信用供与という金融業であった[106]。

　このような信託会社を規制するために信託法と信託業法が制定されたのである。旧信託法の起草にあたった池田博士は大正9年（1920年）の論文でわが国では「いわゆる信託業者の数は過去10年間において急速の増加」があったが，信託会社の業務は「法令をもって特に認められたるものにあらず，経済社会の必要にもとづき，いわゆる営業の自由によりて自然的に発達した」もので，信託とは関係のない業務が行われており，「その弊害を予防するがために相当の取締をな」すこと，同時に「信託の私法上の権利関係を明確にし関係当事者の利益を相当に保護」すること，「弊害を予防するがために相当の取締」りをすること，「私法上の権利関係を明確に」することが必要であるとした。そして具体的には「わが国における信託および信託業の発達にかんがみ，これに関する根本的立法の必要を認め」，「大蔵省銀行局においてはこの問題に関する調査に従事せられ，その結果として大正6年11月に同局第一次案」が起案されて，これを信託業法と名づけ，「一般信託および担保附社債の信託をあわせてこれに関する実体的規定を設け，信託会社としてこれを行うべきものと定め」たが，「信託の実体関係についてはすこぶる複雑なる規定を要するのみならず，また信託はかならずしも営業としてこれを行うものに限るべきにあらざるをもって，信託業法に規定するは適当にあらずとの理由により，一般信託の実体に関する通則的規定はさらにこれを第一次案より分離し，結局信託業法と信託法とを別々に起草」[107]したとしている。信託法は民事法の基本法であるが，本来の業法である信託業法とともに現実には規制法として成立したのである[108]。大正

---

105) 呉文炳『日本信託会社論』（厳松堂，1922）34頁，39頁。呉博士は，明治38年に信託会社2社が設立されているとしており，明治以降・本邦主要経済統計の記述と若干異なる。

106) 麻島正一「福島県信託業の生成と消滅（その1）」信託研究奨励金論集第8号（1990年）3頁。

107) 池田寅二郎「信託法案ノ概要」法協38巻（1920年）7号827頁，829頁，835頁，842頁。

42

11年（1922年）に旧信託法と旧信託業法が公布され，翌年1月1日に施行され，信託を業として営む場合には内閣総理大臣の認可を要し，且つ株式会社とすることを要し，信託会社については乱立を予防し，認可条件は厳しかったとされている[109]。旧信託法，旧信託業法によってはじめて信託業を規制する法律が誕生し，銀行業と信託業の兼営が禁止され，またこれにともない，日本興業銀行法が改正され，担保付社債信託法による信託業のみ兼営が許可されることとなったが，一般の銀行で担保付社債信託業の兼営を行うものは安田銀行など限られていた。

③ わが国信託法の始まり

わが国の信託法は，殖産興業資金の導入のための社債発行と信託会社による一般大衆向けの小口金融にたいする取締りという必要性から始まっているが，この二つになんら関係なく，わが国の信託法制は，その当初から業務規制を目的としており，また営業信託を中心に設計されていることは見たとおりである。わが国の信託はアメリカの営業トラストを輸入したものである[110]。旧信託業法は信託を業として営む場合には主務官庁の免許を得て（第1条），「株式会社」であることを要し（第2条），顧客にたいして損害が生じる場合に備えて一定金額を供託することを求められた（第7条）。これは旧信託法，旧信託業法の制定当時のいわゆる信託会社が信託とは必ずしもいえない金融を中心とした業務，不動産仲介から請負，信用調査までおよそ信託と無縁な業務を行っていたためであり，広範な業務を僅少な資本金を持って営む危険を防止するため規制が必要とされたのである[111]。第二次大戦以前は，信託会社が信託業務を行ってきたが，戦時中の普通銀行等ノ貯蓄銀行業務又ハ信託業務ノ兼営等ニ関スル法律（兼営法）（昭和18年3月11日法律第43号）（平成4年の改正で「金融機関の信託業務の兼営等に関する法律」と改称）によって，普通銀行の信託業務

---

108) 細谷博士は，池田博士の起案された信託法，信託業法の二法について「信託制度は実にわが私法制度の一根幹をなし，信託の観念とその法理とは実質的にわが私法全組織のうちに織り込まれ，わが私法制度の運用は一身面目を展開せんとするに至った」と高く評価された（細谷祐治「信託法理及信託法制概論（一）」法協42巻（1924）8号1356頁）。
109) 麻島昭一「日本信託業史研究の枠組みと成果」『日本信託業証言集（上巻）』（専修大学出版局，2008）24頁（初出は専修経営学論集73号2001年9月）。
110) わが国の信託法は1872年のアメリカ・カリフォルニア州民事法典と1882年インド信託法を母法として，導入されたとされている（木下毅「英米信託法の基本的構造(1)」信託法研究6号（1982年）23頁）。
111) 呉文炳『日本信託会社論』（厳松堂，1922）39頁。

第3章　信託法とフィデュシー法の歴史

の兼営が認められ，同法の施行（昭和18年5月）の時点では信託会社は21社あった。信託会社は漸次，普通銀行として信託業務を兼営するか，普通銀行へ吸収，合併されることとなった。その後，多くの信託会社は兼営法によって普通銀行に吸収合併された。その後，昭和21年（1946年）に制定された金融機関再建整備法（昭和21年10月19日法律第39号）に基づく信託会社の再建整備計画書で，信託銀行の銀行業兼務を規定し，これを承認することによって「計画承認後の信託会社は，もはや信託業法にもとづいて設立された信託会社ではなく，銀行法により設立された銀行と法的には同一であり，銀行法の適用を受ける普通銀行」となり，「普通銀行が兼営法にもとづき信託業務を兼営する形式」をとって，信託会社は信託銀行となり[112]，昭和23年7月から8月にかけ，銀行法による信託兼業銀行として，旧信託専業の第一，日本，三井，三菱，安田，住友が開業し（信託銀行と呼称），固有の信託専業銀行は皆無となった。

　ところで明治初年からわが国では大学などで英米法が講義されていたが，このなかに衡平法やトラストも当然に含まれていたものと考えられる。明治15年（1882年）には東京専門学校（早稲田大学の前身）が創設され，また明治18年（1885年）には英吉利法律学院（その後，東京法学院，さらに中央大学に改称）が創設されているが，これらの学校は明治20年代の民法典論争のさいに英法派の牙城となったところであり，両校では英国法の講義が行われていた。またこれらの学校の英国法の講師は東京大学の卒業生であり，同大学卒業生が構成する法学士会は英法派によって占められていた[113]。わが国で信託知識が初めて導入紹介されたのは，明治24年（1891年）の土屋金四郎氏による国家学会での紹介であるとされており[114]，東京大学ではアメリカ人のヘンリー・テイラー・テリー教授が着任していた。同教授は，論文でエクイティは「柔軟かつ便利であるから，現代法においてきわめて重要性が高くなっており，このため英国法になじみのない法学者の関心を呼ぶものと思われ，これを日本法に導入することは有意義であ」り，「現代のエクイティのなかでトラストが全体の基

---

112) 麻島昭一「信託銀行の設立事情とその性格――信託会社から信託銀行への転換」『日本信託業証言集（上巻）』（専修大学出版局，2008）39頁（初出は大内力編『現代資本主義と財政・金融三　現代金融』（東京大学出版会，1976年）．
113) フランス人ボワソナード教授の起草した民法草案にたいして，法学士会が，明治22年（1889年）年4月に「法典編纂ニ関スル法学士会ノ意見」を公表したことから，民法典論争が始まった．英法派の学校が民法典の施行に反対した．
114) 麻島昭一「日本信託業史研究の枠組みと成果」『日本信託業証言集（上巻）』（専修大学出版局，2008）15頁（初出は専修経営学論集73号2001年9月）．

礎になっている」[115]としてトラスト制度を紹介した。しかし，信託法が制定されたのはこの論文から十数年のちのことである[116]。しかも信託法の制定を促したのは，英国法の導入のためではなく，群生する信託会社を規制することと外資の導入という喫緊の課題への対応が目的であったのである。このような信託誕生の背景を前提にすれば，わが国にイギリスのような民事信託がないのも当然である。わが国では信託とはそもそも営業を目的としたものであったからである。イギリス中世の封建制度も，キリスト教会もないわが国において，英国法のトラストは法理にとどまり，法律の制定を促すものにはならなかった。大学の講義が法律を胚胎させることはなく，現実の社会経済の必要性が生み出すものである。

　フランスでも同様である。フィデュシー法案は2005年2月8日に上院（元老院）に提出され，2006年10月17日に可決され，その後，下院（国民議会）に送付され，2007年2月19日に法律第2007-211号として制定・公布された。その間，2007年2月7日の国民議会での審議では当時のブルトン経済財政産業大臣がフィデュシー法案の提案理由を述べ，その後に質問に立った与党のノヴェリ議員は，フランスに信託類似の制度がないために，資本が逃避するおそれがあると述べている[117]。ディフィーザンス取引の海外流出が国際競争におけるフランス法制の遅れを明らかにし，フィデュシー立法を促すことになったのである。

3　過去のフランスの信託論

　フランスでは，英米法のトラストに対抗する制度として新設した制度に「トラスト」の語を使わず，「フィデュシー」と呼んでいる。パリはユーロ金融取引の重要な市場であり，また英米の投資銀行の多くは拠点を構えているから，国際金融の場面ではフランスの銀行は英米法のトラストに充分に精通してい

---

115) H. T. Terry「Equity」法協25巻（1907）4号457頁。
116) 河合教授の紹介するところでは，「東大でTerryの講義を聞いた池田氏（池田博士）は卒業（1903年）の2年後に最初の論文（「信託法論」）を法協に寄せ」たとしている（河合博「英信託の移植」信託法研究6号（1982年）43頁）。そうすると立法は社会経済的な背景を主たる動機とするが，立法内容自体には大学の講義にも影響力があることになる。
117) Compte rendu analytique officiel de l'Assemblée nationale, 1er séance du 7 février 2007.

た[118]。したがって「トラスト」ということばは決してなじみのないことばであったわけではない。また，フランスが締結した国際条約でもトラストのことばは使われていた（注512を参照）。1985年にハーグ国際私法会議においてトラストの準拠法と承認に関する条約が成立し，フランスは1991年11月26日に署名しているので，トラストということばにそれほど違和感はなかったはずである。

それにもかかわらずフランスはあたらしい制度を「フィデュシー」と呼んでいる。なぜだろうか。

フィデュシーは古代ローマの「フィデュキア」に由来する。フランスは法律手段のグローバル化への対抗手段として，トラストに類似した制度を設けることとしたが，そこで範としたのは英米法のトラストではなく，「地下水脈のようにローマ時代から営々と存続してきた」フィデュキア（ウィッツ教授の表現）であった。ここにフランスの制度の特色と問題があるといえよう。

特色とは，機能の面でのトラストや信託との違い，とくに担保手段としての機能であり，問題とはシビル・ロー法原理との抵触である。この問題があるからこそ，フランスでは過去，なんどもフィデュシー法案が上程されたにもかかわらず，成立してこなかったのである。その原因には，保守・革新間の政権交代という政治的理由もあれば，財産の隠匿への懸念，制度濫用の懸念，税収減の問題などもあることはたしかであるが，こうした散文的な理由以上のより根本的な問題として，シビル・ロー原理との抵触という純粋に法理論の問題が存在したのである。この純法理的な問題とは次の四つである。

第一は，フィデュシーの設定を委託者の単独行為と構成するか，契約として構成するかという問題である。英米法のトラストは委託者単独の意思による財産移転（*conveyance*）によって成立するが，フランス法は所有権を神聖不可侵としており，財産権を移転するためには当事者間で意思の合致がなければならない[119]。財産権の一方的な移転というトラストの構造にはシビル・ロー上，問題があるのである。

---

118) A. Cerles, Le point de vue du banquier sur la fiducie, *Rev. dr. banc.*, mai-juin 1990, p. 117.

119) 木下教授は「わが国を含む大陸法系に属する法律家は，『すべての法的問題を行為者の意思』」として考察するが，英米法系の法律家は「関係およびその関係に当然含まれ，またはその関係に効力を付与するに必要な相互的権利義務」として考察するというパウンド教授の文章を引用される（木下毅「英米信託法の基本構造(1)」信託法研究6号（1982年）26頁）。

第二は，物権法定主義（*numerus clausus*）の問題である。英米法のトラストは財産権のあり方であり，一つの財産に受託者のコモン・ロー上の所有権（*legal ownership*）と受益者の衡平法上の所有権（*equitable ownership*）が並存する。シビル・ローは法律に規定のない物権を認めることはできない。あたらしく物権を創設するのであれば法典・法律を改正しなければならない。フランス法は所有権の絶対の原理を信奉するので，民法典が規定していない所有権の分属を認めないのである[120]。

　第三は，法主体の財団単一原理との抵触の問題である。19世紀にオーブリー教授とロー教授は，自然人や法人という法律関係の主体は分割不能な単一の「財団」（*patrimoine*）[121]を有すると主張した。パトリモワン論は，法主体が所有する財産をもって単一かつ唯一の財団を構成し，この者にたいして債権を有する者にとってこの財団は共通担保（フランス民法典第2093条）を構成すると説明する法理であり，パトリモワン論に基づいて債務者がその財産を毀損することにたいして債権者が関与することのできる債権者代位権（フランス民法典第1166条，日本民法第423条）[122]や債権者取消権（同じく1167条，424条）といった訴権が根拠づけられる。オーブリー＝ローのパトリモワン論は長くフランス民法学の基本原理として君臨してきたのであり，トラストを導入することは，受託者に固有の財産以外の別の財団を認めることになる。このような特別目的財団（*patrimoine d'affectation*）の創出を認めることは，パトリモワン論と

---

[120] フランス憲法（人権宣言）第17条は所有権の神聖不可侵原理を定め，所有権の要素は処分権限であり，法律によらなければ所有権に必要な制限を加えることはできないとしている。

[121] Aubry et Rau, *Cours de Droit civil français d'après la méthode de Zacharie*, tome II, 6e éd., Marchal & Billard, 1935, p. 8. パトリモワン論は国家を自由な個人の集合ととらえる「共和国的発想の迷信」であるとの意見もある（C. Champaud et D. Danet, Sociétés et autres groupements, *RTD com.*, 2007, p. 729）。パトリモワン論と信託について，山田希「フランス信託法の基本構造」名古屋大学法政論集227号（2008年）597頁，原恵美「信用の担保たる財産に関する基礎的考察―フランスにおけるパトリモワーヌ（patrimoine）の解明」法学政治学論究63号（2004年）357頁，同「フランスにおけるパトリモワーヌ論の原型―オーブリ＝ローの理論の分析」法学政治学論究69号（2006年）357頁を参照。

[122] フランスの債権者代位権，取消権は同国民法典固有の制度であり，わが国民法はこれを継承した。これは手続規定であり，フランス民法典が民事強制執行制度がいまだ確立・整備されなかった時代に制定されたために民法典に規定されたものであり，雉本博士は強制執行制度が確立したあと「立法政策としてむしろこれを撤廃する」べきであるとされた（雉本朗造「間接訴権の研究」論叢4号（1920）5号541頁）。

整合しないのである[123]）。

　第四に，トラストと類似の制度を導入し，移転対象として財産のほかに担保権を認めるとするとセキュリティ・トラスティという英米法の手法が可能になるが，これを認めると被担保債権が担保権と分断され，担保の被担保債権への付従性が失われることになる。担保の付従性という民法原理との抵触が問題となる。

　わが国ではあたらしい信託法の制定にあたってこれらの問題のうち，第一の問題（契約的構成）は取り上げられ，また第四の問題（担保の付従性）は多くの議論を呼び起こしたということができる[124]）。一方，第二（物権法定主義）と第三の問題（財団の単一原理）はほとんど取り上げられなかった。

　これらトラストとシビル・ローの法原理との抵触の問題をフランスの学説はどのように考えてきたのだろうか。歴史をさかのぼってみよう。

　フランソワ・ジェニー教授は，1885 年に『フィデュシー研究』[125]）を刊行し，また控訴院付き弁護士のルネ・ジャクラン博士は，1891 年に『フィデュシーについて』[126]）と題する著書を刊行しているが，この二作がフランスでの現代につながるフィデュシーに関する初期の論稿である。前記のとおり，フランスのフィデュシーの起源は古代ローマのフィデュキア（*fiducia*）にさかのぼるが，ジャクラン博士は当時先行していたドイツにおけるフィデュキアに関する研究を参考にしながら，古代ローマの時代にフィデュキアがいかにして発生し，法理論に影響を与え，その後消滅したか詳細に分析した。同博士は，当時のフランスにフィデュキアを再生させることを声高に提唱したわけではなく，かえって「実定法を遵守することは市民の義務であり，実定法に違反することは犯罪である」としてはいるが，現行の法律にも欠缺があり，それを埋めるためにおそかれはやかれ，あたらしい法理に頼らざるを得ないとしてその著書を結んでいる。これは古代ローマのフィデュキアの再生を願ったとも解釈することができる。

---

123) Cl. Witz, Spécial fiducie, Synthèse, *Rev. dr. banc.*, mai-juin 1990, p. 121.
124) セキュリティ・トラストの導入の議論は，平成 16 年（2004 年）3 月 19 日の閣議決定「規制改革・民間開放推進 3 カ年計画」の分野別各論・法務で「シンジケートローン等において，1 人の債権者が他の債権者の債権も含めた被担保債権の担保権者となり，その担保権の管理を行うことができるようにすべきであるとの指摘がある」とされてから，多くの議論があった。
125) F. Gény, *Etude sur la fiducie*, thèse, Nancy, 1885（入手できず，筆者未見である）。
126) R. Jacquelin, *De la fiducie*, A. Girard-Editeur, 1891（とくに 447 頁）。

より直截的にフィデュキアの再生を提言したのが，ルポール教授である。同教授は前世紀前半の時期のフランスにおける英米法のトラスト研究の第一人者であった。1927 年に発表した論文で，同教授はシビル・ロー国にこの制度がないことを惜しみ，「トラストはコモン・ローの国の万能薬である」と高く評価した[127]。同教授は物的権利（*rights in rem*）の観点からトラストをとらえ，フランス法上は所有権を分属させることは不可能であるが，古代ローマの制度であるフィデュキアを利用することによって，フランスにもトラストの代替物を導入することが可能であるとした。そのさいにシビル・ローの法原則との関係で信託財産の所有権を「誰の物でもない（*la propriété de personne*）」とすることで信託をシビル・ロー法体系に導入することを提言した[128]。その後，同教授の意見はフランスでは長いあいだ取り上げられていないが，当時，英米法のトラストの類似制度をローマ法に求める場合には，負担付の遺贈であるフィデイコミスム（*fideicommissum*）とする意見が多かった時代に，財産管理と担保を目的としたフィデュキアに着目した点は慧眼といえよう。

1937 年のパリ万博のおりに国際法律週間が設けられ，そのさいに法律の現代的課題としてフィデュシーが取り上げられたことがあった。フランスからの報告者（*Rapporteur général*）であったドゥモグ教授は「古代ローマのフィデュキアは現代法において禁じられているわけではないが，第三者に広範な権限を与えることに，関心はない」とし[129]，また同教授は同じ報告のなかで，ドイツやフランスの学説の感化の下にある日本が英法流の信託法（*une loi directement inspirée du droit anglais*）を制定したことを「奇妙」（*chose curieuse*）と評したとされている[130]。フィデュシーもトラストも必要ともされず，また関心も引かなかったのである。

それから 10 年あまり経過した 1948 年に，訴訟法学者のモツルスキー教授は国際私法雑誌上で，フランスにおいてイギリスの信託を形成できるか，という国際私法の問題を提起した[131]。これはその前年，ベルギー在住のイギリス人

---

[127] P. Lepaulle, Civil law substitutes for trusts, 36 Yale LJ, 1126, 1147（1927）.

[128] なお，ルポールの信託論については，大村敦志「フランス信託学説史一斑」信託研究奨励金論集 22 号（2001 年）91 頁を参照。

[129] この個所はウィッツ教授による紹介である。C. Witz, Spécial fiducie, Synthèse, *Rev. dr. banc.*, mai-juin 1990, p. 120.

[130] 河合博「英信託の移植」信託法研究 6 号（1982 年）51 頁。河合教授によると，高柳教授のわが国信託法についての報告をふまえた発言であったようである。

[131] H. Motulsky, De l'impossibilité juridique constituer un "Trust" anglo-saxon sous

がベルギーに所在する不動産についてイギリス法上のトラストを形成することができるかが争点となった事件で，1947年11月27日のブリュッセル第一審裁判所判決がこれを肯定したことが契機となっている（第8章5項参照）。法廷地であるベルギー法上，相続の準拠法は財産の所在地法によることになるが，ベルギー法には信託制度がないにもかかわらず，同裁判所はトラストの設定を認めたのである。裁判所はトラストでは所有権が分有されるが，フランスの学説（ルポール教授の説を指す）は受託者を所有権者としない構成をとっているので所有権の分属は生じていない，また契約については当事者自治原則が妥当するので，公序に反しない限り私人の意思を尊重すべきである，という理由を挙げた。モツルスキー教授はこの判決がイギリスで設定されたトラストの外国での承認ということとイギリス国外でのイギリス法に基づくトラストの設定ということを混同していると批判し，これまでフランスではイギリス法上のトラストは認められたことはないと述べた。さらにモツルスキー教授の批判はルポール教授に向けられ，ルポール教授がトラスト財産は特別目的の財産であり，だれのものでもない（*propriété de personne*）としたことについてもこれはトラストの原理とは異質であり，さらにフランスでは公序によりトラストは設定できないとした。このモツルスキー教授のトラスト論以降，フランスではトラストの導入についての議論は低調なままであった。

　一方，ドイツでは19世紀以降，フィデュキア的トロイハンド（*fiduziarische Treuhand*）が実務上行われてきた。これは生存中に委託者が受託者（*Treuhänder*）にその財産を移転し，委託者と受託者のあいだで当該財産を受益者の利益を図る目的で管理する旨の契約を結ぶものであり，受益者は受託者にたいして直接的な請求権を有し，契約目的の実行を要求することができるが，これは債権的請求権にとどまるものとされた。すでに1899年の帝国裁判所判決で，トロイハンドの財産は受託者破産の場合に破産財団に含まれないことが明らかにされ[132]，19世紀以降，ドイツではトロイハンドが行われてきたが，依然としてフランスはトラスト類似の制度を欠いていた。

　最近では，ウィッツ教授が1981年に『フランス私法におけるフィデュシー』[133]を発表した。同教授は同書の発表後も英米法のトラスト，ドイツの

---

l'empire de la loi française, *Revue critique DIP*, 1948, p. 451. なお，前記の大村教授の論文にはモツルスキーの意見が要約されている。

[132] Reichsgericht 23 Dec 1899, BGZ 45, 80.

[133] C. Witz, *La fiducie en droit privé français*, Economica, 1981, p. 23.

トロイハンドとフィデュキアとの比較研究とシンポジウムの開催を精力的に展開して[134]，フランスにトラストに類似した制度を導入することを提言してきた。ローマ法に起源を有するシビル・ローとしてのフランス法の構造をもとに，同教授は1981年の著書ですでに古代ローマのフィデュキアに財産管理目的フィデュキアと担保目的フィデュキアがあったことを指摘されていたが，1984年にルクセンブルグで開催されたシンポジウムでは，同教授はとくにわが国の譲渡担保を挙げて，フランスの担保制度に欠陥があることを説明し，担保目的のフィデュシーの可能性を提案していた。今回のフィデュシー法制も財産管理目的（*fidicie-gestion*）と担保目的（*fidicie-sûreté*）の二つを予定していた。グリマルディ教授は，このウィッツ教授の著作がフランスにおけるフィデュシーの議論を再生させたものであると評価している[135]。またその後，1995年にはクロク教授が『所有権と担保』[136]を発表している。所有権そのものを移転することによる担保の設定という手法が最近の金融取引等で開発されていることを取り上げたが，同書でフィデュシーによる方法を紹介している。こうした学術上の成果の上で，今回のフィデュシーの法制化が行われたことは否めない。これらが学問的な基礎を形成したのである。法制度には理論的裏付けが不可欠であるからである。しかし現実のフィデュシー法制化の推進力はフランスの自国の金融市場の空洞化への懸念である。経済の論理が立法を促している。この点でわが国の信託立法に似ているといえよう。

4　フィデュシー法制化以前の「無名フィデュシー」

これまでフランスはトラストに類似した制度を導入することに否定的な姿勢をとってきた。しかし金融取引の分野では，法制度の有無に関係がなく，英米法に準拠した手法が次々に開発されている。金融には国境がないから，あたらしく開発された金融手法は国境を越えて次々に流れ込む。パリは欧州大陸有数の金融市場であり，地元資本の商業銀行や事業銀行（*banques d'affaires*）のほ

---

134) C. Witz, Rapport introductif, *Les opérations fiduciaires, Colloque de Luxembourg*, LDGJ, 1985.

135) M. Grimaldi, L'introduction de la fiducie en droit français, *Annales du droit luxembourgeois*, 2009, p. 35.

136) とくに P. Crocq, *Propriété et garantie*, LGDJ, 1995 を参照。ほかに Cabrillac et Mouly, *Droit des sûretés*, 5e éd., Litec, 1999, p. 433, Y. Picod, *Droit des sûretés*, Puf, 2008, pp. 239, 449。

かに英米系の投資銀行（*investment banks*）など多くの金融機関があり，資金を必要とする地場の会社はつねにあらたな資金調達方法を求め，金融機関はあたらしいメニューを提示しようとしている。シビル・ローの伝統的な法原理でもある程度まではこうした金融ニーズに対応することもできるが，英米の市場で開発され，トラストを前提とした取引手法には，伝統的なシビル・ロー法原理では充分に対応できなくなったのである。

　これらのあたらしい金融手法は主として担保，とくに有価証券や金銭債権という財産を担保として債権者に移転する方法をとるものである。債務者（委託者）がその財産を債権者（受託者）に担保として移転し，債権者（受託者）は同時に受益者となることで，債務不履行の場合には目的財産から直接債権を回収することができるという構造である。このような委託者と受託者，受益者という三者が存在し，そのあいだで目的となる財産を移転するという構成はトラストと同じである。仮に債務者（委託者）が財産を債権者（受託者）に移転したあとで，受託者について倒産処理手続が開始されても，担保目的での所有権の移転であるとして，担保目的の財産が倒産処理手続の対象に含まれることなく，債務者（委託者）がそれを取り戻すことができれば，担保としては十分に機能を果たしたことになる[137]。

　問題はこうしたあたらしい担保手法を民法典の物権法定主義と矛盾することなく，実務に導入することである。物権法定主義のもとでは，所有権など物権はすべて法定化しなければならない。フランスはこうした金融取引での所有権移転を伴う担保手法を一般法である民法典に規定するのではなく，例外的に範囲・対象を限定してあつかうことにした。具体的にはフィデュシーの仕組みを特別法で認めることによって個別にあたらしい担保手法に対応したのである。金融手法の多様化・革新がいやおうもなく進展することに対応するための苦肉の策といえよう。

　これが「無名フィデュシー」（*fiducie innommée*）と呼ばれる一連の担保手法である。この手法を認める分野，当事者を限定することで，シビル・ロー原理との整合性を維持したのである。そして今回のフィデュシーを法制化したことは，金融分野に限定することなく，フィデュシーを広く商取引全般に開放する

---

[137] M. Germain, avant-propos de colloque du 29 juin 2007, *JCP*, éd. E, no. 36, 2007, p. 4; H. de Vauplane, La fiducie avant la fiducie: le cas du droit bancaire et financier, *JCP*, éd. E, no. 36, 2007, p. 8; R. Libchaber, Les aspects civils de la fiducie dans la loi du 19 février 2007 (2), *Defrénois*, no. 17, 2007, p. 1195.

4 フィデュシー法制化以前の「無名フィデュシー」

ことを意味する。フランスではフィデュシーは法制化の前に，限定された分野で現実には存在していたのである。

これらの「無名フィデュシー」とは次のものをいう。

まず，証券担保コールマネー（*pension de titres*）はわが国の現先取引やレポ取引に相当する。これは「法人などが一定の価格等の条件で有価証券，債権などを他の法人などに譲渡し，譲渡人が一定の条件で買い戻す取引」である（通貨金融法典第 432-12 条）。この場合証券の所有権が移転されるので「フィデュシー」として構成され，金融機関同士の所有証券を担保とする資金取引（レポ取引）は 1993 年 12 月 31 日法[138]で認められた。

有価証券の貸借（*prêt de titres*）は，わが国でも実務上行われている株式・債券等の証券貸借と同様の取引であるが，フランスでは 1987 年 6 月 17 日法[139]によって認められ，これも法的構成は証券担保コールマネーと同じである。

次に，買戻し条件付売買（*vente à réméré*）は，売買の形式をとることでいったん所有権を売主から買主に移転させるが，売主に目的物を買い戻す権利（*option*）を認めるものである。売買から買戻権の行使までのあいだ，売主は買主に資金的な融通を受けたことになるので，売買目的物を担保物とした金融取引である。わが国ではもっぱら不動産売買に使われるが，フランスでは不動産だけでなく，広く行われている。買戻しについては特別法がない。債務者が財産の所有権を債権者に移転する取引であるが，民法典の売買の規定に売主の買戻権が規定されているため（民法典第 1659 条），一般実体法上の根拠があると解されている。

所有権留保条件付売買（*propriété retenue*）については，民法典第 1583 条が「売買は契約と同時に所有権が買主に移転する」と規定していることとの関係で問題があった。しかし同条は強行規定ではないという解釈のもとで，所有権

---

138) フランス銀行，保険，信用および金融市場に関する 1993 年 12 月 31 日法律第 93-1444 号。同法第 12 条が現先・レポ取引を規定した。現在は，通貨金融法典第 432-12 条〜第 432-19 条が *pension*（コールマネー・コールローン）を規定し，貸し株と同様に所有権の一時的な譲渡（*cessions temporaires*）と構成している。*pension* と *prêt de titres* の違いは，後者は単純な貸借であるが，前者は譲渡人が有価証券を譲渡するさいに，反対取引を行うことを譲受人とのあいだで合意している点にある。

139) 貯蓄に関する 1987 年 6 月 17 日法律第 87-416 号第 31 条〜第 38 条以下に規定され，経済財政秩序に関する 1991 年 7 月 26 日法律第 91-716 号第 18 条によって一部改正されている。現在，通貨金融法典第 432-6 条〜第 432-11 条が *prêt de titres*（有価証券等の貸借）を定め，所有権の一時的譲渡（*cessions temporaires*）としている。

第3章　信託法とフィデュシー法の歴史

留保条件つき売買が公認されることとなった。さらに1980年5月12日法[140]では倒産処理手続が開始された場合の留保条件の効果が明らかにされた。

　ファイナンス・リース（*crédit-bail*）はリース会社がリースの目的物の所有権を留保しながら、ユーザーに目的物の利用を認める取引である[141]。ファイナンス・リースは効果としては所有権留保売買と類似するが、形式的には賃貸借（*bail*）であり、民法典が予定していない取引形態である。このため、1966年7月2日法で金融機関に限定された金融手法として法制化された[142]。

　債権譲渡（*cession de créances*）と債権譲渡担保（*cession de créances à titre de garantie*）についても民法典には規定がなかった。しかし現実には金融機関から資金を借り受けている会社が有体動産にはすでに担保を設定していて、担保余力がない場合に、売掛債権を金融機関に担保として提供することができれば、資金調達の便が図られる。そこで1981年1月2日法[143]で金融機関に限ってその取引先から債権の譲渡を受けることが法律上認められた。これは真正譲渡、担保目的の譲渡を問わない。この債権譲渡は、同法案の提案者（エチエンヌ・ダイイ上院議員）にちなんで、ダイイ譲渡（*cession Dailly*）と呼ばれている。当初は譲渡の対象となる債権は現存の債権だけであったが、1984年1月24日法で将来債権も譲渡が可能とされた[144]。

　なお手形割引（*crédit d'escompte*）について付言する。売買取引を行った場合、その代金の決済方法には売掛債権（買掛債務）として手形が振り出されない場合もあるが、一般には債務者に約束手形を振り出させるか、債権者が為替手形を振り出し、債務者に引き受けさせ、あるいは支払わせる方法をとる。会社が

---

140) 売買契約にある所有権留保条項の効果に関する1980年5月12日法律第80-335号は、当時施行されていた倒産処理法（1967年法）の手続と本条項の関係を規定し、手続が開始された場合、所有権を留保した売主が4か月以内に取戻の訴えを提起することを条件に売主の取戻権を認めた。これは現在、手続開始後3か月に短縮されたが、同様に取戻が認められている。

141) 破毀院1980年6月10日第三民事部判決は、フル・ペイアウトのファイナンス・リースを金融取引であり、賃貸借契約に関する規定の適用を受けないとした。

142) ファイナンス・リース業者に関する1966年7月2日法律第66-455号。現在は通貨金融法典第313-7条以下に規定されている。

143) 会社の金融の円滑化に関する1981年1月2日法律第81-1号の第1条により商取引債権を金融機関に担保として譲渡する制度として導入され、現在は通貨金融法典第313-23条に編纂されている。

144) 金融機関の事業と監督に関する1984年1月24日法律第84-46号第61条は、ダイイ譲渡を定めた1981年1月2日法の第1条2項を改正し、「将来の債権も譲渡が可能」とした。現在の通貨金融法典第313-23条2項を参照。

その保有する手形を取引のある金融機関に裏書譲渡する行為を手形割引と呼び，債権譲渡と同じように真正な譲渡と担保目的の譲渡がある。仮に約束手形の振出人，為替手形の支払人・引受人が手形を決済しない場合（不渡）には，金融機関は譲渡裏額した取引先にその買戻しを請求するから，債権譲渡と同じように無名フィデュシーと構成されるべきものであるが，フランスでは手形割引については特別法による対応が行われなかった。これは手形割引が手形の売買か手形担保の融資か明確でないためであり，この点はわが国の手形割引の法律論と同じであった。現在は手形が電子債権化されているので，電子化された手形の真正譲渡，担保目的の譲渡を問わず，いずれも債権譲渡の形式をとり，無名フィデュシーであるダイイ譲渡の方法をとる[145]。

フィデュシーが法制化されたので，従来から存在してきた無名フィデュシーは，「無名」などという日陰の身から解放されることになるが，無名フィデュシーの根拠法自体はとくに廃止されておらず，またフィデュシー法制も無名フィデュシーの存在を前提とする規定を設けて（第2011条），これを法定フィデュシーと呼んでいるので（第2012条），無名フィデュシーは「法定」フィデュシーと呼ばれるようになる可能性はあるが，民法典規定による契約上のフィデュシーと特別法のフィデュシーとして並存することになる。

5　フランス担保法制とフィデュシー

このようにフランスでは日進月歩の金融分野の担保手法について，無名フィデュシーとして特別法によって対応してきた。これで充分とも考えられるが，さらに一般法として民法典にフィデュシーを規定することが求められたのはなぜだろうか。それは譲渡担保に関する法制度を欠くなどフランスの担保法制が不充分であったことが理由である。最近にいたるまで，フランス民法典の担保規定は，1804年に民法典が制定された当時と基本的には変らなかったのである[146]。

従来の民法典の担保法制は，担保として人的担保と物的担保があり，約定物

---

[145]　なお，破毀院1964年5月6日刑事部判決（63-92333）は，利息制限に関する1935年8月8日デクレ・ロア違反の刑事事件（限度25％のところ54％～106％を適用）であるが，手形割引についても利息制限が適用されるとして，手形割引が金銭貸借であるとした。

[146]　Y. Picod, *Droit des sûretés*, Puf, 2008, p. 9.

的担保に不動産抵当権，不動産質権，動産質権，法定物的担保に留置権と優先権（先取特権）があると規定していた。わが国では実務によって法律に規定されていない担保手法が開発され，裁判例でこれを追認しているが，フランスは物権法定主義を厳格に適用する国であり，判例法による担保を認めず，個別法で限定的に認めるという対応をとってきた。

　こうした事情を打開すべく，ようやく2003年になって民法学のグリマルディ教授を長とする担保法改正委員会が組織された。この委員会のメンバーには大学教授，裁判官，弁護士が加わり，実務界から銀行協会のバック法務部長などが就任している。同委員会の改正草案[147]は保証を含む広範な内容であるが，債務者が財産を債権者に移転するというフィデュシーの方法に基づいている担保手法として，所有権留保担保（*propriété retenue à titre de garantie*）と譲渡担保（*propriété cédée à titre de garantie*）を民法典に規定することを提案した。所有権留保担保は前記のとおり，解釈として認められ，倒産処理手続における効果が特別法に規定されていたところであり，これを民法典に明記することとしたものである。一方，譲渡担保については事情が異なった[148]。

　譲渡担保は，債務者が委託者として所有する財産を債権者である受託者と受益者を兼ねる者に移転し，委託者に債務不履行があれば，目的物の財産の所有権が受益者である債権者に移転する担保であり，財産権の移転を伴うから，フィデュシーの一つである。従来は，財産権の移転を伴う担保手法は金融機関だけに限定された「無名フィデュシー」が認められるだけであったが，これを民事法の一般法規である民法典に「フィデュシー」として規定し，金融機関だけでなく広く取引に利用することが検討されたのである。

　担保法の改正は2006年に実現した。担保法改正に関する2006年3月23日オルドナンス[149]は，民法典に分散していた担保関係の規定を第4編に集約し，動産（有体動産，無体動産）を目的とする担保として先取特権（*privilège*），質権（有体動産質権＝*gage*，無体動産質権＝*nantissement*）と所有権留保担保（*la*

---

[147] 同委員会草案については，平野裕之・片山直也両教授による邦訳がある（慶應法学9号（2008）203頁）。なお担保法改正の全体は「特集・フランス（担保法2006年改正）」日仏法学25号（2009年）の平野裕之「改正経緯および不動産担保以外の使用改正事項」，片山直也「不動産担保に関する改正およびその意義」を参照。

[148] フィデュシーとの関係でわが国の譲渡担保を紹介するものとして，Masamichi Nozawa, Le transfert de propriété à titre de garantie en droit français et en droit japonais, *R. I. D. C.*, 3-2001, p. 657 を参照。

[149] 担保に関する2006年3月23日オルドナンス第2006-346号。

propriété retenue à titre de garantie）があることを明記し（第2329条），さらに従来分散していた質権に関する規定を整理して，一節にまとめ（第2333条～第2350条），同時に債権質を法制化し，かつ債務者が現在有している債権や動産に限らず将来得る債権動産および集合流動動産について質権設定を認め，流質契約（*pacte commissoire*）を有効とした。また質権については従来，第三者対抗要件として債権者による占有を要したが，機動的に担保を設定できないという問題があったため，占有改定による質権（*gage sans dépossession*）を認めることとした（第2337条）。さらに，動産の所有権留保担保に関する詳細な規定を設け（第2367～第2372条），また，不動産を目的とする担保に先取特権，不動産質権（*antichrèse*），抵当権（*hypothèque*）があり，不動産所有権の留保担保が可能であることを明記した（第2373条）。債務者と債権者のあいだで財産の所有権を移転することで担保を設定するので所有権留保担保と譲渡担保は類似しており，担保法の改正検討委員会は同時に法制化することを提案していたが，2006年担保法改正では所有権留保は規定されたが，譲渡担保は規定されなかった。担保法改正作業と平行して，フィデュシー法案が国会に上程されていたので，譲渡担保はフィデュシー法制で対応することとされたためである[150]。なお，2006年の担保法改正では，このほか商法典に商品在庫の集合流動動産質権（*gage sur les stocks sans dépossession*）の規定を設けた[151]。

　譲渡担保制度がおちつくまで時間がかかった。2007年2月19日に民法典を改正してフィデュシーを法制化し，さらに2009年5月12日に担保目的フィデュシーに関する改正を行ったさいに，民法典に譲渡担保の規定を設けた。動産と債権の譲渡担保については第2372-1条に規定され，フィデュシーの方法によることが明記されている。不動産譲渡担保についての第2488-1条も同様である[152]。2006年の改正で動産質は占有改定の方法の方法も可能とされ

---

150) 担保法改正委員会の委員であるクロク教授は，担保法改正は，所有権留保担保とともに譲渡担保も当然に取り上げるべきであったが，2005年2月に提出されたフィデュシー法案にゆだねられたとしている（P. Crocq, Lacunes et limites de la loi au regard du droit des sûretés, *D.*, 2007, p. 1354）。担保法とフィデュシー法制および倒産処理法の制定改正が近接しているが，その間で調整されていなかった。

151) 2006年担保法改正で商法典第527-1条～第527-11条に設けられた。設定は私署証書によるものとし，商事裁判所の登録によって公示することとされている。

152) 現在，民法典の担保としては人的担保として保証（*cautionnement*），独立保証（*garantie autonome*），コンフォート・レター（*lettre d'intention*）が規定され，物的担保として優先権（*privilège*，先取特権），質権（有体物について *gage*，無体物について *nantissement*），所有権留保，譲渡担保，抵当権（*hypothèque*）が規定されている。

たが，あらたに法律上認められた動産譲渡担保も，法令に基づく公示を条件として[153]，占有改定（sans dépossession）の方法が認められた。債務者は引き続き，機械設備などの所有財産にフィデュシーを設定したあとも，事業に使うことが可能である（民法典第2340条）。この点は債務者の事業再建の観点から重要である。なお，金融機関が債権者である場合には従来から行われている債権譲渡担保（cession Dailly）も可能である（通貨金融法典第313-23条）。

　このようなフランスの担保法改正は，あらたな金融手法に対応することを目的としている。とくに債権や動産・不動産の流動化[154]が改正を促した要因である。ヨーロッパでは欧州連合が2002年6月6日に指令を発し[155]，目的物を設定者が引き続き利用する担保の手法を開発することを加盟国に求めていた。フランスの担保目的フィデュシーはわが国の譲渡担保と同じ機能を果たすが，所有権の移転に当たって占有の移転はかならずしも必要ではないため（占有改定が認められる），国内の中小企業者の資金調達の需要に対応する手法として，同時に欧州連合の指令を満足させる手法として求められていたのである。

6　フィデュシー立法の試み

　わが国の信託法は，旧法の制定の時点では殖産興業資金の導入と既存の信託会社にたいする規制を目的とした。旧信託法制定の中心であった池田博士は「わが国における信託は会社の経営する営利事業として急速の発達を始めた」と記しているが[156]，わが国の信託法は営業信託を中心としているのである。この事情はフランスも同様であり，もっぱら営業としてのフィデュシーが

---

[153] 民法典第2338条は動産質の公示を規定するが，同条の適用と占有移転のない動産質の公示に関する2006年12月23日デクレ第2006-1804号第1条は，公示のための登録を設定者の住所地を管轄する商事裁判所書記官が行うものとしている。占有を移転しないので，重複して担保を設定することができ，この場合には，優劣は登録の順序による（民法典第2340条）。

[154] J. Bertran de Balanda, Crédits consortiaux: quelles règles du jeu ? 2. les sûretés, JCP, éd. E, No. 51-52, 1994, p. 573; F. Julien, Financements bancaires syndiqués et transfert d'engagements-Aspect de droit français et anglais, Banque et droit, no. 109, 2006, p. 18.

[155] 2002年6月6日金融担保契約に関する欧州議会・理事会指令第2002/47/CE号。この点を指摘するものとして，H. de Vauplane, La fiducie avant la fiducie: le cas du droit bancaire et financier, JCP, éd. E, no. 36, 2007, p. 9。

[156] 池田寅二郎「信託法案の概要」法協38巻（1920年）7号824頁。

想定されている。

　ルポール教授の論文以後，フィデュシーの法制化については議論が散発的にあるだけであった。これは前述のとおり，わが国では信託で対応しているような機能を，フランスでは民法典の枠組みで対応しており，また部分的に限定して特別法で対応することでトラストに類似した制度の必要性が切迫していなかったからである。1975年に公証人協会がフィデュシーの法制化を求めたことがあるが[157]，これも単発的な動きにとどまった。

　フィデュシーをめぐるフランスの事情を変えたのは，1985年のハーグ国際私法会議における「トラストの準拠法および承認に関する条約」の成立である。

　同条約が成立する前年の1984年9月20日と21日にルクセンブルグでウィッツ教授の司会のもとでシビル・ロー国でのフィデュシーについてシンポジウムが行われている。これは同条約がシビル・ロー国にフィデュシーを再認識させる契機になったことをうかがわせる。フランスが同条約に署名したのは，1991年11月26日であるが，それまでにも一度，フィデュシーの法制化が検討されたことがある。これはフランス法にフィデュシー制度がないままに同条約を批准するようなことになれば，外国で設定されたトラストをフランスは承認しなければならないが，フランスには外国に承認させるべき制度がないという「パラドクサルな状況」[158]に陥ることが懸念されたためである。さらに，1990年2月13日にはリヨンでのシンポジウムでフィデュシー法案が示された[159]。これは民法典第三編の「所有権取得の方法」に第2062条から第2070条の3としてフィデュシーを規定し[160]，担保目的フィデュシーと財産管理目的フィデュシーの二つを想定した法案であって，現在のフィデュシー法制とほぼ同じ構成である。同じ年の11月14日にはウィッツ教授のもと，ザール大学フランス法研究センターがシビル・ロー国でのフィデュシーと題するシンポジウムを開催して，対案を発表している[161]。また1991年7月1日にはグリ

---

157) *Les opérations fiduciaires, Colloque de Luxembourg*, Feduci-LGDJ, 1985.
158) J. de Gillenchmidt, La fiducie pour quoi faire ? présentation de l'avant-projet de loi relatif à la fiducie, *Rev. dr. banc.*, 1990, p. 105.
159) La Fiducie, pour quoi faire, colloque de Lyon du 5 avril 1990, *Rev. dr. banc.*, 1990, No. 19, p. 105. そのほかに *Banque & Droit* no. 12, 1990, p. 167-171, C. Larroumet, La fiducie inspirée du trust, *D.*, 1990, p. A-20 を参照。
160) すでにフランスのフィデュシーはローマ法のフィデュキアによることが想定されていた。
161) La Fiducie et ses applications dans plusieurs pays européens, *Bull. Joly*, 1991, No.

マルディ教授（2006年の担保法改正のリーダー）による私案も発表されている[162]。その後，法務省民事局がフィデュシー法案を起草し，1992年2月20日に国民議会に上程された[163]。当時，これでようやくフランスでも英米法のトラストに類似した制度ができあがると期待されたところである[164]。フランスの金融界はビジネス拡大のチャンスとばかりに，フィデュシーの利用形態として財産管理，企業承継，株式保有，ディフィーザンス，証券化，フィデュシアリー口座，差押回避預金口座，国際的な交互計算口座などさまざまな金融サービスを提案した[165]。しかし結局，このときはフィデュシー法案は審議もせず，廃案となってしまった。これはフィデュシーの税務上の扱いが明確でなかったためである。すなわちフィデュシーでは所有権の移転が生じ，所有権移転は譲渡税 (*droit d'enregistrement*) の対象となるが，フィデュシーは非課税とされるので，脱税手段として利用されるおそれがあり，税務当局が反発したのである[166]。フィデュシーにたいする伝統的疑念が頭をもたげたといってもよい[167]。その後1995年にもフィデュシー法案が検討され，当時，企業金融法専門家であるフリゾン・ロッシュ教授は金融関係誌上で，経済のグルーバル化にともなって金融市場の競争が激化することになるとして，フランスの金融法制の近代化を訴えたが[168]，政権交代という政治的な事情により，これも流れた。

  4bis, p. 89.
162) *Rép. Defr.* 1991, art 35094, p. 961.
163) 1990年法案の翻訳は大島俊之「フランスの信託法案」信託164号30頁を参照。フィデュシー法案は，フィデュシーを受託者 (*fiduciaire*) のみが信託財産に対して完全な所有権を取得し，受益者の権利は債権的権利に過ぎないとし，フィデュシーの設定は設定者と受託者の間の契約によるとする点で，英米法系のトラストと異なっていた。
164) A. de Foucaud, Le point de vue de chef d'entrepise sur la fiducie, *Rev. dr. banc.*, mai-juin 1990, p. 114.
165) A. Pezard, Les divers application de la fiducie dans la vie des affaires, *Rev. dr. banc.*, mai-juin 1990, p. 108, A. Cerles, Le point de vue du banquier sur la fiducie, *Rev. dr. banc.*, mai-juin 1990 p. 117.
166) M. Grimaldi et F. Barrière, La fiducie en droit français, *La Fiducie face au trust*, Bruylant, 1999, p. 246, 258.
167) 1990年のフィデュシー草案の立案を担当した当時の法務省ド・ギランシュミ主任は「長年，フィデュシーは租税回避あるいは支払不能の体裁を繕う手段であった」が，「これは財産管理方法，担保設定方法である」としていた（J. de Guillenchemidt, Présentation de l'avant-projet de loi relatif à la fiducie, *Revue de droit bancaire*, no. 19, 1990, p. 105）。
168) すでに1990年に金融法・商事法担当のフリゾン・ロッシュ教授は金融市場のグローバル化に対応した法制度の必要性，とくに契約自由を原則とする法制を主張した（M.-A.

6　フィデュシー立法の試み

そして今回の改正である。今回の改正は，2004年12月15日にフランス企業法律家協会の35周年記念集会で当時のペルベン法務大臣の「外国へのフランス法の普及，企業内法律家などの法律専門職の資格，企業法の近代化政府構想」と題する演説に始まる。これは企業関係者に向けた演説であるから，とくにビジネスに対応した法制度の整備という観点から発言していることを念頭に置く必要があるが，法務大臣は「周辺各国ではすでに英米法のトラストに類似するフィデュシーを制度化しており，2005年にはフランスも導入する」とフィデュシーの法制化を明言したのである。さらに「すでにファイナンス・リースや債権譲渡（ダイイ譲渡）などによってトラストと同様の機能を果たす手段を導入してきたが，企業金融の観点からは現状では限界がある」としている[169]。1990年以来，フィデュシーの立法化はたびたび試みられたにもかかわらず，暗礁に乗り上げていたが，ようやく2004年にフィデュシーの法制化が再開されたのである。

それまでなんども頓挫したフィデュシーの法制化が今回進捗したのは，政府の強い姿勢によるものである。この姿勢の背後にあるのは法理論の問題ではなく，現実の国内金融市場の空洞化への危機感であり，現に空洞化が始まっていたからである。1987年にはフランスの自動車最大手であるプジョーが300億フラン規模の実質ディフィーザンス（*insubstance defeasance*）[170]を実行したが，これはフランス国内ではなく，アメリカのトラストを利用した[171]。ディフィーザンスとは負債とその返済に充てるべき資産をトラストに譲渡し，会社本体のバランス・シートから切り離すことによって本社のバランス・シートを健全化する手法である。さらに重機メーカーのアルストムが外国のトラストによってディフィーザンスを行い，フランス宝くじ会社（*Société française des jeux*）もこれと同じ取引を行った[172]。いずれもフランス有数の大会社であ

　　Frison-Roche, Le cadre juridique de la mondialisation des marchés financiers, *Banque & droit*, no. 41, 1995, p. 46）。

169)　本文は http://discours.vie-publique.fr/notices/043003232.html から見ることができる。

170)　ディフィーザンスは現代的な金融手法のようであるが，すでに1766年のブラックストーンの著書にその原理が書かれている（W. Blackstone, *Commentaries on the Laws of England*, Vol II, (reprinted), University of Chicago Press, p. 327）。

171)　上院（元老院）に2006年10月11日に提出されたド・リシュモン議員報告書および下院（国民議会）に2007年2月1日に提出された法務委員会ド・ルー議員報告書を参照。

172)　Assemblée nationale, Compte rendu analytique officiel du 1er séance du mercredi

る。フランスでも債務引受の法理などを使えば、既存の法律の枠組みに基づいてディフィーザンスと同じ効果を実現することができるという意見もあったが、これを否定する意見もあり、法律上の明確化が求められていた[173]。フィデュシー法上は明確ではないが、会計規則についてはディフィーザンスに対応して改正が加えられている[174]。企業法務で重要なのは机上の理論ではなく、現に可能かどうかという答えである。法律上、先進的な金融手法がなんらの問題もなく実行できる国があれば、会社の本拠がどこにあろうと、そこを選ぶのは合理的な判断である。フィデュシー法案が上院（元老院）で可決されるのは2006年10月17日であるが、当日の審議で、フィデュシー法案を担当した上院法務委員会のド・リッシュモン委員長は「残念なことに、実業家、弁護士、銀行・保険経営者など、わが委員会が意見を聴取した相手はすべてフランス法に規定がないから、トラストの設定のためには外国に行かざるを得ないと答えた」と報告したとおりである。

　フィデュシーが中小企業や個人のレベルまで根付くか、あるいは大会社のディフィーザンスや大規模な融資案件のセキュリティ・トラストといった限定的な利用にとどまるか、今後の動向が注目されるが、モツルスキーが主張したとおりフランス法は法主体の財団の単一性を原理としており、国際競争の論理を優先したフィデュシー立法にはフランス法の原則との整合性を明確にしないままでの立法であることについて批判もある[175]。

　フランスでのフィデュシー法制定の事情を検討したついでに、わが国でのあたらしい信託法、信託業法の制定の経緯を簡単に見ておこう。旧信託法と旧信

---

　　7 février 2007. この法案説明には社会党の論客モントブール議員が反論している。その反論は経営者がフィデュシーを利用することへの危惧である。

173）既存のフランス法のもとでのディフィーザンスを否定する意見として、R. Libchaber, Les aspects civils de la fiducie dans la loi du 19 février 2007 (a), *Defrénois*, no. 15-16, 2007, p. 1101. 可能とする意見として、L. Kaczmarek, Propiété fiduciaire et droits des intervenants à l'opération, *D.*, 2009, p. 1846 がある。フィデュシー法制のあと改正された会計規則では、債務の移転も可能とされているが、法律ではなく、単に会計規則の記述であるから、ディフィーザンスの可能性が不安視されるのは当然である。

174）2008年4月3日会計規則委員会規則第2008-01号。

175）R. Libchaber, Les aspects civils de la fiducie dans la loi du 19 février 2007, 2e partie, *Defrénois*, No. 17, 2007, p. 1194. リブシャベール教授は「2007年フィデュシー法の立法理由であるとして、反論の余地がないとされている点は明確でない」、「あたかもフランス法の現代性の象徴のようだ」として、既存の法制度との整合性が検討されていない点を批判している。

託業法を改正しようという動きは昭和50年代にはすでに始まっていた。当時，四宮教授を座長とする信託法研究会（昭和52年～60年）が昭和60年に「信託法改正試案」（第4次試案）に発表しており，信託法学会と私法学会におけるシンポジウムも開催されている。この改正試案は，従来と同じように民事信託と商事信託を区別しない信託一般法として，さらに「信託宣言」（自己信託）を導入すること，受託者の忠実義務を緩和すること，受託者の分別管理義務を緩和することを提案した。その後，前田庸教授を座長とする商事信託研究会（昭和62年～）は平成12年（2000年）に「商事信託法要綱」を信託法学会シンポジウムで発表した[176]。これは対象をもっぱら商事信託に限っており，忠実義務などの受託者の義務を任意規定化すること，受託者たる地位を明示して取引した場合の相手方への限定責任，信託財産の破産等の導入，受託者の借入れ・デリヴァティブ利用などの権限の列挙，受託者や受託者に指示を与える者の善管注意義務，受益者が多数の場合受益者がガバナビリティを実現できる受益者集会制度が提案された。また信託法を改正するさいには信託とシビル・ローの関係を明確にすべきであるという意見も提言もあった[177]。

　法務省は，平成17年度の秋の臨時国会を目処に信託法改正のための作業を開始した。改正の背景としては，貸付信託のような集団信託や企業年金信託が成長し，最近では土地信託，資産流動化のための信託など，信託法制定当時には想定されていなかった信託が日常化していること，受託者は信託専業ではなく銀行による信託兼営の形を取っていること，投資の多様化・国際化などの点でも，立法当時とは事情が異なっていることが挙げられている。また政府の規制改革推進3か年計画に関して平成15年（2003年）3月28日に閣議決定された再改定[178]は，信託業法における受託財産制限の緩和および信託業規制の緩和を平成15年度中に検討・結論，措置予定することを定めていたという事

---

176) 『商事信託法の研究―商事信託法要綱およびその説明』として刊行されている。
177) 当時，木村教授は「実務と法理の『部分的均衡』を図る改正（信託法の改正をいう）では信託の価値を放棄することになりかねず，受益者や第三者の保護など多様な視点からの検討が必要であり，その上で難しい点もある」とし，「第一には，英米法系の法関係である信託を，大陸法系の我が国の法制度に移植する上で信託の本質的関係をどう捉えるか，という問題」があると問題提起されていた（木村恒弌「八十年振りの信託法全面改正」金法1681号（2003）20頁）。
178) 規制改革推進3か年計画は，平成13年3月30日に公表された後，平成14年3月29日に改定され，さらに平成15年3月28日に再改定された。当初の計画では，信託銀行への投資一任契約に係る業務の解禁，普通銀行等本体での信託業務への参入許可，信託勘定で銀行が保有する株式規制見直し，などが挙げられていた。

情もあった。信託業法の改正は金融審議会で検討され，平成15年（2003年）7月28日に発表された金融審議会の中間報告書「信託業のあり方に関する中間報告」では，受託可能財産を拡大し，知的財産権を含めること，信託業者を信託兼営金融機関以外にも拡大することという二つの観点から見直しが提案された。前者は本来，信託法では財産権一般が受託可能であるが，旧信託業法が制定された当時は，信託会社の業務状況を考慮し，その健全性を確保して受益者の保護を図ることが必要であったので，受託可能な財産を広範に認めることに消極的になり，受託可能財産を金銭・有価証券等特定の財産権に限定した（旧信託業法第4条）[179]が，あたらしい信託に関する法制のもとでは，知的財産権などに受託可能財産の範囲を拡大し，また信託兼営金融機関のみが行なっている信託業を，金融機関以外の者が行い得るようにするなど必要な制度整備を行なうこととした。もっぱら信託業の事業環境の整備に観点から信託が考慮されているということができる。

なお，2005年2月8日のフランスのフィデュシー法案の趣旨説明では，営業目的のフィデュシーだけでなく，「今後フィデュシーは経済社会において困難をかかえた者あるいは弱者（*personnes en difficulté ou personnes vulnérables*）のためにも行われる」とも述べている。フィデュシーの法制化は単に法律手段の国際競争への対応措置というだけではなく，弱者対策としても期待されているが，ここで想定されているのは，成年後見の適用を受けることはできないが，病気や傷害があるために財産管理できない場合に，財産管理目的フィデュシーを設定することである。わが国の信託法については，2005年11月14日の衆議院法務委員会での採決で「来るべき超高齢化社会をより暮らしやすい社会とするため，高齢者や障害者の生活を支援する福祉型の信託について，その担い手として弁護士，NPO等の参入の取扱い等を含め，幅広い観点から検討を行うこと」という附帯決議がなされ，同年12月7日には参議院法務委員会でも同趣旨の附帯決議がある[180]。わが国の信託は営業信託として発展してき

---

179) 旧信託業法第4条は「金銭，有価証券，金銭債権，動産，土地及其ノ定著物，地上権及土地ノ賃借権」としている。

180) 金融庁の金融審議会金融分科会は2008年2月8日に「平成16年改正後の信託業法の施行状況及び福祉型の信託について」という副題の「中間論点整理」を報告している。このなかで附帯決議をふまえて，福祉型信託の基本設計などを検討している。ここでも「大量・定型的処理の可能な業務を主に営む既存の信託兼営金融機関・信託会社は，受益者の状況に応じた個別的な対応を必要とする福祉型の信託には，充分には対応できないのではないか」という問題が指摘されている。

たものであり，戦前のわが国信託業は富裕層を顧客としてきた。弱者への配慮はもっぱら家族や地域社会が担ってきたという事情があるから，信託がどこまで福祉に利用されるか予測がつかない。2011年2月，わが国の信託協会は「後見制度支援信託」を開始すると発表した。これは「後見制度をご本人の財産管理面でバックアップするための信託」であり，「本人の財産を安全・確実に保護するとともに，後見人の負担を軽減するもの」とされていた。しかしこの制度には信託の設定によってかえって本人の福祉に要する出捐に円滑を欠くおそれがあることが指摘されており（2011年3月1日日本経済新聞参照），現在のところ取り扱いの開始が停止されている。

　同様のことはフランスについても言うことができる。フランスのフィデュシー立法の議論は，金融市場のグローバル化への対応を中心に繰り広げられており，議会における審議では弱者の財産管理について特段の議論はなく，金融機関が行う担保目的のフィデュシーや営業フィデュシーが中心になろう。わが国もフランスもいずれも弱者にたいする支援手段として信託・フィデュシーに期待している点では共通するが，フランスの構想，すなわち成年後見が適用されない者の財産管理という考え方にはより現実性があると考える。伝統的に社会連帯の意識の強いフランスで傷害者や病人財産管理フィデュシーがどのような展開を示すか，興味深いところである。

第4章　信託法とフィデュシー法の規定

1　わが国信託法

　わが国のあたらしい信託法の制定経緯について立法担当者は「信託に関する私法上の法律関係の通則を定めた基本法である旧法を全面的に見直し，最近の社会経済の発展に的確に対応した信託法制を整備する観点から，受託者の義務，受益者の権利等に関する規定を整備するほか，信託の併合および分割，委託者が自ら受託者となる信託，受益証券発行信託，限定責任信託，受益者の定めのない信託等の新たな制度を導入するとともに，表記を現代用語化し，国民に理解しやすい法制とするもの」と述べている[181]。旧信託法は，殖産興業のための資金調達の便を図るという観点とともに，明治後期以降，全国に多数設立された信託会社を規制することを目的として制定され，旧信託法と同時に業法として旧信託業法が制定されたが，今回も信託法と信託業法の二法が相次いで制定され，信託業法がひと足先に一新された。
　あたらしい信託法は旧信託法と比較すると多くの変更点がある。
　まず担保権を信託財産とすることが認められた（第3条1号）。次に委託者が同時に受託者をかねる「自己信託」を認めることを明らかにした（第3条3号）。さらに積極財産をもって信託を設定するとともに債務引受けをすることが可能とされた（第21条1項3号）。これは資産と債務という一種の事業そのものをもって信託を設定することができることを意味する（事業信託）。旧信託法には信託の併合・分割に関する規定はなかったが，あたらしい信託法はこれらに関する規定を設けた（第6章）。信託の併合はたとえばそれぞれ年金信託を設定している二つの会社が合併した場合に，両社の年金信託を統合する場合に利用が考えられ，また信託の分割も受託者が受託している年金信託を分けて，運用する場合が考えられ，いずれも委託する側の企業再編を前提にした制度である。立法担当者は信託の併合を「会社の合併における新設合併に相当

---

[181]　寺本昌広『逐条解説・新しい信託法』（商事法務，2007）3頁。

する」，また信託の分割を「会社の分割における吸収分割および新設分割に相当する」と説明している[182]。あたらしい信託法は限定責任信託も認めている（第9章）。これは「受託者が当該信託のすべての信託財産責任負担債務について信託財産に属する財産のみをもってその履行の責任を負う信託」をいう[183]。一般に，受託者が信託の本旨にしたがって信託事務を処理した場合は，受託者は信託財産とともに「一種の連帯責任を第三者に対して負う」とされているので[184]，受託者は無限責任を負うおそれがある。旧信託法のもとでは受託者の無限責任の可能性を回避するために，委託者と受託者のあいだで責任限定特約を結んでいたが，あたらしい信託法は法律で，限定責任信託を認めたのである。これも会社間の営業としての信託を想定したものと考えられる[185]。そのほか立法担当者が挙げた受益証券発行信託については旧信託法には規定がなく，貸付信託法のような特別法に定めがある場合を除いて，一般に信託の受益権が有価証券とされる例はないとされていたが，特別法に規定された分野以外でも，「受益権を有価証券化し，その流通性を強化することによって，受益権に対する投資を可能にし，信託を利用した資金調達を容易にするニーズ」があるとして[186]，あらたに設けられたものである。このほかの委託者が自ら受託者となる信託（自己信託）については未成年者の子のために親が委託者兼受託者となってそのサポートをするという目的での活用，受益者の定めのない信託（目的信託）についても地域住民がその地域の非営利活動に当てる資金を信託する場合など，民事的な利用が想定されているが，同時に自己信託については，自己信託を利用すると貸付債権者が変動しないため，債務者に抵抗が少ないことから金融機関による債権の流動化に利用されることなど多様なビジネス面での活用が想定されており，また目的信託についても，従来資産の流動化にあたって倒産隔離を徹底するために特別目的会社を設立するさいにケイマンのチャリタブル・トラスト（慈善信託）を利用していたが，目的信託はこの代用となる

[182) 寺本昌広『逐条解説・新しい信託法』（商事法務，2007）345，351頁。
[183) 寺本昌広『逐条解説・新しい信託法』（商事法務，2007）415頁。
[184) 四宮和夫『信託法（新版）』（有斐閣，1989）287頁。寺本昌広『逐条解説・新しい信託法』（商事法務，2007）88頁も同旨。
[185) 「個々の取引ごとに責任財産限定特約を締結するには煩雑であることから，一定の類型の信託については受託者の責任が信託財産に限定されることを法で定めてほしいという実務会の要望が強かった」という指摘がある（福田政之＝池袋真実ほか著『詳解・新信託法』（清文社，2007）32頁。
[186) 寺本昌広『逐条解説・新しい信託法』（商事法務，2007）385頁。

ことが想定されている。これらの事情を考慮すると，やはりわが国ではもっぱら営業としての信託を前提に信託法が構成されている。

2　フランス・フィデュシー法

　フランスのフィデュシー法の特徴は，フィデュシーを委託者と受託者の契約と構成し，受益者はこの契約の効果を受けるという消極的な地位に置かれていることである。わが国の信託法も委託者と受託者の契約である点は同じ構成であるが，受託者の権限違反行為の取消請求（第27条），損失補填請求（第40条），差止請求（第44条），受益権の譲渡（第93条）など受益者には多くの権利が認められている。この違いは，機能の違いに由来するものと推測する。すなわちフランスのフィデュシーは主として受託者が受益者となる担保目的フィデュシーを中心としているのにたいして，わが国信託は合同運用金銭信託のように委託者が受益者を兼ねる構成を中心としているため，受益者の利益を図る必要があり，さらに受益権が証券化されることを予定しているので（第8章），流通性を強化するためであると推測する。

　第二の特徴として，フランス・フィデュシー法は合計19条の規定にすぎない。わが国信託法は旧法でも75条，現行法はさらに充実して271条にわたる法律であり，立法担当者が自負するように「世界的にも最先端」ということができよう。フランス民法典が全部で2534条におよび，わが国民法が1044条であることを考慮すると，フランスがフィデュシーに割り当てている地位は相対的に低い。フランス法上，フィデュシーは所有権取得方法の一つとして契約などと同列に置かれているが，わが国では信託は民法と同列に置かれて民事法の一端を占めていることとの違いである。

　第三の特徴は，フランスのフィデュシー法制は頻繁に改正されていることである。2007年2月22日に施行されてからの2年半のあいだに少なくとも4回の改正があった。このような事態になった理由は，一つにはフィデュシーを認めた当初は，濫用を懸念してフィデュシー法制をきわめて制限的に設計したことであるが，もう一つの理由はフィデュシー法制が，担保法，倒産処理法と充分な調整をすることなく，制定されたためである。後者はいわば立法上の不手際というべきものである[187]。

---

187) R. Dammann, Réflexion sur la réforme du droit des sûretés au regard du droit des procédures collectives: pour une attractivité retrouvée du gage, *D.*, 2005, p. 2448; J.

第4章 信託法とフィデュシー法の規定

　次にこの二つの点を検討することにしよう。
　まず制限的な設計という問題である。2005年にマリニ議員がフィデュシー法案を提出したときには，すべての法人と自然人を委託者とし，期間も80年またはフィデュシー契約当事者の死亡から21年間と比較的広く設定されていた。さらに上院（元老院）法務委員会が検討し，上院総会に提出した法案では，先行していたイタリアの同種の制度を参考にして，フィデュシーの設定期間を99年とした。しかし上院の審議で修正され，上院が最終的に可決した法案は，委託者を法人税の課税対象法人に限定し，フィデュシー設定期間を33年に限定することとした。委託者から自然人を排除したことについて上院の法案説明は，英米でもトラストの90％は法人が委託者となっており，自然人が委託するケースは限界的であるとしていた。また下院（国民議会）の報告では，政府自体が自然人をフィデュシーの委託者とすべきでないとしたとしている。フィデュシーの利用を限定的にしたのは，従来からのフィデュシーの脱税目的利用への懸念に配慮したためであるが，自然人がフィデュシーの委託者となることを認めると，後述するようにフランスでは恵与目的フィデュシーを禁じており，これは個人の贈与・遺贈の手段であるから，恵与目的フィデュシーの禁止がそこなわれるおそれがあったためである。しかし当初マリニ議員が提出した法案が傷害者などの財産管理目的でのフィデュシーの利用を想定したこととはまったく逆の流れであった。上院が最終的に法案を決議した2006年10月17日に法務大臣は「限定的とはいえ，フィデュシーの法制化は国際的商事・金融取引の分野での大きな前進である」と述べているが，自然人への開放という問題を先送りしただけであった。また2007年の当初の法律はフィデュシーの委託者の資格をフランスの法人税の課税対象の法人に限定したため，外国会社もフランスで設定するフィデュシーの委託者となることができなかった。期間の制限についてはさほどではなかったが，とくに委託者の属性を限定したことについては実務界，学界から批判が集中した[188]。たとえばラルメ教授は「立法者のフィデュシーにたいする敵意を示すもので，フィデュシーの委託者の適格性が

　　Bertran de Balanda et A. Sorensen, La fiducie: un enfer pavé de bonnes intentions?- Essai d'analyse critique de la loi de février 2007 du point de vue des sûretés, *Revue Lamy Droit des affaires*, juin 2007, p. 36.
188) F.-X. Lucas, Fuducie aussi..., *Bulletin Joly Sociétés*, Mars 2007, Editorial; P. Crocq, Lacune et limites de la loi au regard du droit des sûretrets, *D.*, 2007, p. 1354; A.-N. Charvillat-Carrez, Introduction de la fiducie à la française, *Revue Lamy droit des affaires*, no. 15, 2007, p. 31; J. Rochefeld, Fiducie, *RTD civ.*, 2007, p. 415.

ない投資家は，フィデュシー法制上の適格会社を経由してフィデュシーの設定をしなければならず，いらぬ手間をかけさせられる。このような法律のどこに実用性があるか」と強く批判した[189]。

次に，当初のフィデュシー法制は前記のとおり，担保法の改正とは無関係に進められ，またフランスでは2005年に倒産処理法（商法典第6編危機事業編）が全面的に一新されているが，フィデュシー法制はこの改正とも無関係に進められた。倒産処理法と調整することなく，フィデュシーが法制化されたことは担保法との関係以上に深刻な問題を引き起こした。現代のフランス倒産処理法は債務者の事業再建を最優先し，債権者に相応の犠牲を求めている。一方，フィデュシー法制は担保目的フィデュシーを認めることになったが，これはわが国の譲渡担保に相当し，倒産処理法が予定していない担保であり，結果として，極めて高い実効性が認められる可能性があった。事業再建の倒産処理法の理念と実効性のある担保の新設のあいだには相互矛盾があり，混乱は必至であったのである[190]。

このためフィデュシーの法制化以降，次の改正が加えられている。

まず，2008年8月4日法[191]は，フィデュシーの委託者を法人に限るとした当初の第2014条を削除して，委託者の範囲をすべての法人・自然人に拡大した。すべての法人であるから外国法人も可能である。また受託者を金融機関に限定した第2018条を改正して，受託者として弁護士を追加した。さらにフィデュシーの設定期間を33年から99年へ延長した（第2018条2号）。これらはフィデュシー法の制限的性格を是正するものである。

次に倒産処理手続との調整である。これは主として担保目的フィデュシーにかかわることなので，詳細は第6章3項で取り上げるが，改正過程を略述すると次のとおりである。

倒産した債務者が結んでいた双方未履行の双務契約については，手続開始によって選任された管財人等に契約の履行と解除の選択権があるが，2008年12月18日オルドナンス[192]は担保目的フィデュシーについてもこの倒産処理法の

---

[189] Ch. Larroumet, La loi du 19 février 2007 sur la fiducie: Propos critiques, *D.*, 2007, p. 1352.

[190] グリマルディ教授らは「倒産処理法と担保法の関係は，対立と説明される」と述べているがそのとおりである（M. Grimaldi et R. Dammann, La fiducie sur ordonnances, *D.*, 2009, p. 674）。

[191] 経済の近代化に関する2008年8月4日法律第2008-776号。同法第18条はフィデュシーに関する民法典の規定を改正している。

第 4 章　信託法とフィデュシー法の規定

規定の対象とすることとし（第 27 条），債務者が現に担保の設定された財産を使用しているときは担保権の行使を制限することとした（第 32 条）。また 2009 年 1 月 30 日オルドナンス[193]では，所有権留保担保とともに譲渡担保を物的担保に加え（第 3 条，民法典第 2329 条），動産の譲渡担保に関する規定（第 5 条，民法典第 2372-1 ～ 第 2372-5 条）と不動産の譲渡担保に関する規定（第 7 条，民法典第 2488-1 ～ 第 2488-5 条）を定め，これら譲渡担保はフィデュシーの方法で行うことを明記した（民法典第 2372-1 条，第 2488-1 条）。フランス法のオルドナンスは議会の承認を要するので[194]，2009 年 5 月 12 日法[195]がこのオルドナンスを承認した。これらの改正を加えることによってフィデュシーと倒産処理法とを調整した。

この調整の結果，フィデュシーについては民法典「所有権取得の方法」編[196]でその一般規定が定められ，「担保」編で担保目的フィデュシーが規定されている。現在のフィデュシーに関する条文は末尾のとおりであるが，これを要約すると次のとおりである。

・第 2011 条はフィデュシーの基本構造についての規定である。フィデュシーは，単数または複数の委託者（constituant）が単数または複数の受託者（fiduciaire）に，現在または将来の財産，権利または担保権[197]（des biens, des droits ou des sûretés），あるいはこれらの総体を移転し，受託者が目的物を受託者固有のものとは別に管理し，単数または複数の受益者（bénéficiaire）の利益のために決められた目的で扱うオペレーション

---

[192] 危機にある事業の法律に関する 2008 年 12 月 18 日オルドナンス第 2008-1345 号。

[193] フィデュシーについての種々の手段に関する 2009 年 1 月 30 日オルドナンス第 2009-112 号。これはフィデュシー法制に関する抜本的な改正である。

[194] フランスの立法形式にはわが国の法律にあたるロア（loi）のほかにオルドナンス（ordonnance），デクレ（décret）がある。ロアは憲法 34 条に基づき議会承認を要する。オルドナンスは本来，法律によって立法すべき事項について，憲法 38 条に基づき，政府がその施策を遂行するために議会の許可を得て，一定の期間を限って，閣議決定によって立法することが認められるもので，成立後議会の承認を要する。デクレは首相単独または関係閣僚ないし大統領の連署によって行う。

[195] 法の明確化と手続の簡素化のための 2009 年 5 月 12 日法律第 2009-526 号。第 138 条を参照。

[196] フィデュシーも受託者が委託者から託された財産に所有権を取得する方法である。

[197] 移転の対象として，財産，権利とともに担保権が列挙されている。すなわち財産（動産または権利）受託者に移転し，移転された目的物に担保権を設定するというわが国で言う二段階方式ではなく，直接設定方式をとっている。

(*opération*) であるとしている。契約（*contrat*）という表現ではなく，オペレーションとしているが，これは将来の立法であらたにフィデュシーとして構成する取引を設ける可能性があることを考慮して，あえて契約とはしなかったとされている[198]。また，現在または将来の財産，権利または担保権，またはその全体をフィデュシーとして移転することが可能であり，この点は「財産の譲渡または担保権の設定」とするわが国信託法と異ならない。委託者から受託者への占有移転は要件ではない（*transfert sans dépossession*）[199]。移転される財産に付着した負債の移転も可能であり，また債務超過でもよいとされているので，ディフィーザンスも可能と考えられるが，異論もある。

・第2012条は，フィデュシーが契約的構成をとることを規定する。英米法のトラストとは対照的である。すなわちフィデュシーは法定または約定によって成立し，約定による場合はフィデュシー設定の移転であることの明示を要する（第2012条）。法定フィデュシーとは従来の無名フィデュシーを指し，法定とはいいながら，当事者の合意に基づくので，現時点ではフランスのフィデュシーはすべて契約によって成立することになる。この点はわが国信託法も原則として契約によるので[200]，同様である。シビル・ローでは物権と債権は区別されるため，わが国の信託と同様，フィデュシーは原則として委託者（*constituant*）と受託者（*fiduciaire*）の契約により設定される[201]。

・第2013条は，恵与目的フィデュシー（*fiducie-libéralité*）の禁止を規定し，この禁止は公序であるとしている。公序であるから委託者と受託者の契約によっても恵与目的フィデュシーを設定することはできない。フィデュシーとしては財産管理目的フィデュシー（*fiducie-gestion*）と担保目的フィ

198）2007年2月1日に下院（国民議会）に提出された法務委員会ド・ルー議員報告書を参照。
199）イギリスのIFLR誌は「占有移転をしない担保目的フィデュシーがビジネス上は委託者にもっとも関心を呼ぶだろう」とコメントしている（J. Leavy, Not much help to creditors, *IFLR*, February 2009, p. 54）。
200）立法担当者は「旧法の起草者（池田寅二郎博士）が採用し，旧法の制定初期から有力に唱えられてきた，いわゆる債権説」に立つと説明している（寺本昌広『逐条解説・新しい信託法』（商事法務，2007）25頁）。
201）最初の立法化の動きがあった時期から，フィデュシーとトラストの設定の構造の違いは認識されていた（Ch. Larroumet, La fiducie inspirée du trust, *D.*, 1990, chron. p. 119）。

デュシー（*fiducie-sûreté*）の二つだけが認められることになる。一方，わが国信託法は，いわゆる「後継ぎ遺贈型の受益権連続の信託」を認めている（第91条）。これは「受益者の死亡により，当該受益者の有する受益権が消滅し，他の者が新たな受益権を取得する旨の定めのある信託」であり，「生存配偶者その他の親族の生活保障の必要や，個人企業経営，農業経営等における有能な後継者の確保等のために，共同均分相続とは異なる財産の承継を可能にする手段としてのニーズ」があるために設けられている[202]。フランス法は恵与目的フィデュシーが共同均分相続を回避する手段となるために禁じているのであり，考え方がまったく逆である。ただし後述するように「後継ぎ遺贈」の方式は封建時代から近代までのわが国では伝統的な家産維持の手段であったが，その後，「後継ぎ遺贈」自体は民法上無効であるという意見が有力であったために，「後継ぎ遺贈型の受益権連続の信託」として継承すべき財産を所有権ではなく，受益権であると構成することで，民法上の問題を解決したものである。中小企業の事業承継という現代的なニーズに応えるものであるが，信託という枠組みを介することによって，封建時代の制度が再生させているのである。わが国とフランスでの相続にたいする基本思想の違いが反映している。

・第2014条は削除されている。2007年の当初の立法時には，フィデュシーの委託者をフランスの法人税課税の対象となる法人に限定していたが，2008年8月4日法で削除することとした（2008年8月14日法第18条）。この結果，現在は外国会社を含むすべての法人と自然人がフィデュシーの委託者となることができる。

・第2015条は，受託者の資格を定める。金融機関と弁護士が受託者になることができる。この点は英米法のトラストに比較すると制限的であるが，わが国でも営業として信託を行う場合には免許を取得する必要があること（信託業法第3条）と同じである。わが国の信託，フランスのフィデュシーはいずれも営業信託を念頭においている。

・第2016条は，フィデュシーの関係者の兼務関係の規定である。フィデュシーの委託者は受益者になることができること（自益信託）はわが国の信託や英米法のトラストと同じであるが，受託者は単独の受益者または複数の受益者の一人になることができるとしていることは，フランス・フィ

---

[202] 寺本昌広『逐条解説・新しい信託法』（商事法務，2007）258頁。

2　フランス・フィデュシー法

デュシー法制がわが国の信託や英米法のトラストと異なる点であり，担保目的フィデュシーを可能にするものである。また，兼務として認められるもののなかには，委託者が受託者をかねること（自己信託）は入っていない。

- 第2017条は，フィデュシーの保護人の選任を規定する。現行法には明示されていないが，法案の審議のさいには保護人（*protecteur*）と呼ばれ，英米法のトラストにあると説明されていた[203]。ただし英米法の *protector* はオフショア・トラストで利用されるので，かならずしもフィデュシー法制の保護人と同等とはいえないと考えられる。一方，わが国信託法は「信託監督人」（第131条以下）の制度を新設している。信託監督人は受益者が年少者，高齢者等である福祉型信託を想定し，「受益者のために」裁判上裁判外の行為をする権限を有する者である（第132条1項）。これにたいしてフィデュシー監督人は委託者の利益の保護を目的としており，制度趣旨が異なる。

- 第2018条は，フィデュシー契約を様式契約としている。フィデュシー契約では，移転対象の財産，フィデュシーの期間，委託者，受託者，受益者をそれぞれ明記し，受託者の任務を定めなければならない。なお，同2号でフィデュシーの最長期間は99年と規定されている。

- 第2018-1条は，2008年8月4日法によって追加された規定である。フランス商法には「生業の糧」（*fonds de commerce*）[204]という概念があり，事業者の不動産賃借権，商権などの営業財産全体を包括するもので，わが国でいう「商権」「のれん」に相当する。法典・法律には定義規定がないが，フランス商法典第1編第4部は，生業の糧の売買（同第1章），質権設定（同第2章），売買・質権（同第3章）を定め，さらに同第4章でその管理賃貸借（*location-gérance*），同第5章で商事賃貸借（*bail-commercial*）を認

[203) 2006年10月11日の上院（元老院）法務委員会ド・リッシュモン議員報告書を参照。
[204) フォン・ド・コメルスはそのまま訳せば「生業の基」，「事業の基盤」を意味し，法律にも用いられているが，概念は規定されていない。これは事業の遂行に要する営業用動産，在庫などの有形財産のほか賃借権（*pas de porte*），顧客（*clientèle*）などの無形財産を含み，商事法典は質権設定を認めている。18世紀に商業実務から生じた概念であり，共和暦9年テルミドール29日（1801年8月16日）のパリ控訴裁判所の判決は，フォン・ド・コメルスの譲受人と相続人が対立した事案で，フォン・ド・コメルスの売買の有効性を認めた。わが国における紹介としては，田中昭「フランス法に於ける営業財産保護に関する一考察」大阪経済大論集19号（1957年）96頁がある。

めている。フィデュシー法制の第 2018-1 条は，フィデュシー契約で生業の糧をフィデュシーの財産とした場合には，前記の第 4 章と第 5 章が適用されないと規定している。これはフィデュシーが賃貸借の規定に優先することを明らかにするものである。
・第 2018-2 条は，フィデュシーを利用した債権譲渡の対抗要件を規定する。委託者（債務者）または受託者（債権者）から第三債務者への通知を条件に，フィデュシー契約の日をもって第三者に対抗することができるものとしている。
・第 2019 条は，フィデュシーの登録義務を定め，第 2020 条は登録機関を予定している。これはわが国信託法にはない規定である。フィデュシーは契約後 1 か月以内にフィデュシー国家登録（Registre national de fiducie）に登録しなければならない。これは倒産処理手続に関する 2000 年 5 月 29 日欧州理事会規則に基づいた措置である[205]。機関の詳細は規則によって定めることとされ（第 2020 条），登録は国税庁（Direction générale des impots）のもとで行われ，現在は 2010 年 3 月 2 日デクレ第 2010-219 号[206]に基づいてコンピューター化されている。フィデュシー契約による受益権を譲渡する場合にも登録しなければならない（第 2019 条 3 項）。わが国信託法には，限定責任信託を除いて（信託法第 232 条），個別の信託契約を登記する制度はない。一方，わが国信託法は受益権の証券化を想定した規定を設けているが（第 185 ～第 215 条），フランスのフィデュシー法制では，受益権の証券化について規定していない。条文にはないが，フランスの証券化共有ファンド（FCT）を利用すれば実質的に証券化を行うことができると考えられる。またわが国信託法に規定はないが，一部の受益権者の権利には優先的に給付を受けられるものとし（優先受益権），その他を劣後するものとする（劣後受益権）ことは可能と解されている[207]。フランスのフィデュシー法も同様に規定はないが，譲渡担保としてフィデュシーを利用する場

---

[205] 倒産処理手続に関する 2000 年 5 月 29 日欧州理事会規則第 2000/1346/CE 号の第 2 条(g)は，倒産処理の対象財産について「公的登録」を求めているので，フィデュシーについて登録機関を設けた（R. Dammann et G. Podeur, Fiducie-sûreté et droit des procédures collectives: évolution ou révolution ?, D., 2007, p. 1360）。

[206]「フィデュシー国家登録」と呼ばれる個人的性格のデータの自動処理に関する 2010 年 3 月 2 日デクレ第 2010-219 号。この登録へのアクセスは，国税庁官吏と特別の認可を得た者に限られている（第 4 条）。

[207] 寺本昌広『逐条解説・新しい信託法』（商事法務，2007）388 頁。

合は優劣を付けることが可能とする意見がある[208]。
- 第2021条は，受託者がフィデュシーとして行うときはその旨を表示することを要し，移転に公示を要するものは公示をしなければならないとしている。わが国信託法は「受託者は，信託の本旨に従い，信託事務を処理」することを求めているが（第29条1項），とくに信託として行う旨を表示することは求めていない。一方，信託財産について権利の得喪と変更に登記・登録を要する場合には登記・登録を要することは同様である（第14条）。またわが国信託法では，受託者は受益者のために忠実に信託事務の処理をする義務を負い（第30条），受託者が法令，契約に反する行為をする場合には受益者による差止めを認めている（第44条1項）。フランスのフィデュシー法制では，受益者は受託者の解任を求めることはできるが（第2027条），受託者の個別の行為の差止めを求めることを認めていない。フィデュシーは委託者と受託者の契約関係であることから，このような構成になっているものと推測される。
- 第2022条は，受託者の報告義務を規定し，フィデュシー契約上で受託者の委託者および受益者にたいする報告の要領を明記することを求めている。わが国信託法も受託者の報告義務を定めているが（第36条），信託法は報告要領を契約に定めることまでは求めておらず，基本的には信託法第37条が定める内容になるものと思われる。
- 第2023条は，受託者の権限を定め，受託者は第三者にたいしては完全な所有権者とされている。ただし，受託者の権限が制限されているときは，その制限をもって当該第三者に対抗するときは，受託者は当該第三者がその制限を知っていたことを証明しなければならないとしている。
- 第2024条は，受託者について倒産処理手続が開始された場合を規定し，受託者について事業救済手続（商法典第620条），裁判上の更生手続（同第631条），裁判上の清算手続（同第640条）が開始された場合にも，この手続はフィデュシーの財産に影響を与えないとしている。したがって倒産処理手続での管財人の管理処分権はフィデュシー財産にはおよばず，また清

---

[208] R. Dammann et G. Podeur, Fiducie-sûreté et droit des procédures collectives: évolution ou révolution ?, *D.*, 2007, p. 1360. さらにこれを前提として，被担保債権を根担保型（rechargeable）とする場合は優先劣後の差を設けることはできないとする意見がある（I. Legrand, La fiducie-sûretés: le bilan d'une aventure législative de 3 ans, *Banque & droit*, no. 128, 2009, p. 21)。

第4章　信託法とフィデュシー法の規定

算手続がとられた場合もフィデュシーの財産が配当財団に含まれることはない。受託者について開始された倒産処理手続が裁判上の清算手続であるとき，また事業を廃止したときには，フィデュシー契約が終了する（商法典第641-12-1条）。わが国信託法も「受託者が破産手続開始の決定を受けた場合であっても，信託財産に属する財産は，破産財団に属しない」と規定し（第25条1項），民事再生手続，会社更生手続についても同様であり，いわゆる倒産隔離の機能がある。これはわが国では「信託の基本的な機能の1つ」と解されているが[209]，フランスでは受託者が固有の財産のほかに特別目的の別の財産を有することになるとして，伝統的なパトリモワン論との抵触として議論されている。

　わが国信託法は，受託者について破産手続の開始決定があった場合，受託者の任務は終了し（第56条1項3号），あたらしい受託者が選任され（第62条），信託契約自体は終了しない（第56条1項3号）。ただし委託者と受益者の合意で信託契約自体を終了させることも可能である（第164条2項）。受託者について再生手続や更生手続が開始された場合に，信託契約が解除されたときは，受託者の任務は原則として終了しない（第56条5号7号）。

　フランス・フィデュシー法は，受託者についてわが国の破産手続に相当する裁判上の清算手続が開始されたときには，フィデュシー自体が終了するとしているので（第2029条），契約自体は継続するとするわが国信託法と異なっている。

・第2025条は，原則として委託者の債権者はフィデュシーに移転した財産への追及権がないと規定する。ただし，フィデュシー契約以前に担保権が公示されている場合には，委託者の債権者は追及権を失わず，また委託者が債権者の権利を害する場合も同様であり，さらにフィデュシーに移転した財産の保管管理にともなう債権についても追及権がある。上記の場合にフィデュシー財産では不足する場合には，受託者の負担とする旨の特約がないかぎり，委託者の財産は債権の共通担保としてあつかわれる。さらに債権者が明示して承諾することを条件に，フィデュシーの債務限度特約を認めている。この条項に類似した規定はわが国信託法にもあり，信託財産に属する財産にたいする強制執行を行うことができないとしているが（第23条1項），これは受託者の債権者による強制執行の禁止であって，フラン

---

[209] 寺本昌広『逐条解説・新しい信託法』（商事法務，2007）99頁。2003年7月28日金融審議会「信託業のあり方に関する中間報告書」を参照。

ス法が委託者の債権者による追及を禁じていることと異なる。
・第2026条は，受託者の損害賠償義務はその固有の財産をもって行うことを定めている。わが国信託法は受益者の受託者にたいする損失補填請求権を規定するが（第40条1項），受託者に固有の財産から支払いをするとは規定していない。信託財産からではなく，受託者の固有の財産から損害賠償することは当然のこととされているものと推測する。
・第2027条は，受託者の解任請求について定めている。フィデュシー契約に特段の定めがないときに，受託者に義務違反がある場合，受益者の利益をそこなっている場合，あるいは受託者について倒産処理手続が開始された場合に，委託者，受益者または第2017条によって指定された第三者が裁判所に臨時の受託者の選任または受託者の交替を申し立てることができるとしている。臨時の受託者はわが国信託法にいう「信託財産管理者」に類似している（第63条1項）。受託者の解任はフィデュシーの終了原因ではない。裁判所が代替の受託者を選任したときは，従来の受託者は失権することになる。わが国信託法は，委託者および受益者がいつでも受託者を解任することができる旨を定めている（第58条1項）。またわが国信託法は，委託者と受益者の同意を条件に，受託者からの辞任を認めているが（第57条），フランス法には受託者の辞任について規定がない。
・第2028条は，フィデュシー契約の取消しを定め，受益者がフィデュシー契約を承諾しないときは，委託者はフィデュシー契約を取り消すことができることとしている。わが国信託法では委託者と受益者の合意によって信託を終了することができる（第164条）。フランス・フィデュシー法は受益者の単独の意思により，終了させることができ，わが国信託では委託者と受益者の合意を要する。フィデュシー契約の当事者は委託者と受託者であって，受益者は契約の当事者ではなく，本来，受益者には契約を終了させる権限はないはずである。受益者の終了権限の構成として，フランス法は「第三者のためにする契約」の法理で説明する。フランス民法典は「自身による場合以外に義務を負うことはない」としており（民法典第1119条），フィデュシー法はこの規定に忠実に規定されている。次の事件はフィデュシーに関するものではないが，フランスにおける第三者のためにする契約についての事件である。

第4章 信託法とフィデュシー法の規定

【参考裁判例】 フランス破毀院2000年12月19日民事第一部判決

　　NSM銀行はラランド社とのあいだで，分譲住宅の開発資金360万フランを当座貸越によって融資すること，住宅が売れたときにラランド社がNSM銀行に住宅の販売代金を支払うことを合意した。住宅9戸が販売され，公証人が不動産の所有権の移転を公証する者として必要な契約を作成することになった[210]。公証人は，売主・買主間の売買契約に加えて，売主（ラランド社）の義務として「売主（ラランド社）を売却代金の全額についてNSM銀行を受取人とする小切手を振り出」す旨を含む公正証書を作成した。ところが現実にラランド社が振り出した小切手は販売総額700万フランのうちの400万フランしかなかったため，公証人はラランド社に小切手を返還し，その後に同社について裁判上の清算手続が開始され，管財人が選任された。NSM銀行は，ラランド社が公証人の公正証書に反したとして，訴訟上の地位を継承した管財人を相手として損害賠償請求の訴えを提起した。原判決（パリ控訴院1998年1月22日判決）はNSM銀行の請求を認容したため，公正証書は第三者（この場合NSM銀行）のためにする契約であるが，これは補助的なものに過ぎず，また第三者は公正証書を承諾していないから，第三者にためにする契約自体有効でないと管財人は主張して上訴した。破毀院は，公正証書以前にNSM銀行とラランド社のあいだに合意があり，第三者のためにする契約として成立しているとして上告を棄却した。

　わが国の民法では第三者のために契約した場合，第三者が契約の利益を享受する旨を意思表示することを要するが（民法第537条2項），わが国の旧信託法は「信託行為により受益者として指定せられたる者は当然，信託の利益を享受す」ると規定していた（旧信託法第7条）。四宮教授は第三者のために設定する「他益信託設定契約については，『人情ト実際ノ便宜』を考慮して，受益の意思表示なくして第三者に『信託ノ利益』すなわち受益権が帰属する」と説明している[211]。わが国の信託法では受益者には諾否の権限はなく，「受託者は，受託者として有する権限に基づいて信託事務の処理としてすることができる行為であってこれをしないことが受益者の利益に反するものについては，これを固有財産又は受託者の利害関係人の計算でしてはならない」（信託法第32条1項），

---

[210] フランスでの不動産売買では，売買交渉，売買契約書（公正証書）の作成，代金支払いすべてに公務員である公証人が関与する。公証人制度は中世にさかのぼるが，現在，公証人の資格に関する1945年11月2日オルドナンス第45-2590号に定められ，1945年12月19日デクレ第45-0119号がその適用を規定する。

[211] 四宮和夫『信託法（新版）』（有斐閣，1989）102頁。

「受託者が法令若しくは信託行為の定めに違反する行為をし，又はこれらの行為をするおそれがある場合において，当該行為によって信託財産に著しい損害が生ずるおそれがあるときは，受益者は，当該受託者に対し，当該行為をやめることを請求することができる」と規定しており（第44条），信託契約そのものは有効としている。

- 次に第2029条はフィデュシー契約の終了を定める。フィデュシー契約は，委託者が自然人の場合はその死亡により，またはフィデュシーの設定期間の満了により，あるいは期間未了の場合もフィデュシー設定の目的が果たされたときにフィデュシー契約は終了するとしている。さらに受益者がフィデュシーの利益を放棄する場合も原則として終了し，受託者について破産手続が開始されたとき，解散または合併により消滅したときも，原則として終了するとしている。受託者に開始された手続が再建型倒産処理手続（事業救済手続，裁判上の更生手続）である場合には，フィデュシー契約は終了しない。委託者について倒産処理手続が開始された場合については規定がない。一方，わが国信託法の信託契約の終了事由は，信託の目的の達成，受託者が単独の受益者である期間が1年間継続したとき，受託者が不在の期間が1年間継続したときなどのほかに，委託者について倒産処理手続が開始されて，信託契約が解除されたときにも信託契約が終了するとしている（第163条）。ここでのフランス・フィデュシーとわが国信託の大きな違いは，フランスでは受託者が単独の受益者になることが通常のフィデュシーと理解されていることである。
- 第2030条は，フィデュシー契約終了時の財産の扱いを定め，フィデュシー契約の終了時に受益者がいないときは財産は委託者に戻るとしている。また委託者が死亡したときは相続財産となるとしている。わが国信託法は，英米法型をとり，信託が終了した場合には清算をすることとしている（第7章第2節）。

以上がフィデュシー固有の規定である。わが国信託法と比較すると，訴訟信託の禁止[212]をはじめとして，受託者の費用・報酬の請求権，受託者が二人以

---

[212] わが国信託法は「信託は，訴訟行為をさせることを主たる目的としてすることができない」と規定する（第10条）。フランス・フィデュシー法にはこのような規定がない。これは，受託者の資格を金融機関と弁護士に限っているので（第2015条），訴訟信託についてわが国ほど神経質でないのであろう。

第4章 信託法とフィデュシー法の規定

上の信託の特例，受益権，二人以上の受益権者があるときの意思決定方法，信託の併合・分割，受益証券発行信託など，多くの規定がない。わが国信託法は詐害信託の取消しと否認を規定するが（第12条，第12条），フランス倒産処理法には危機時期のフィデュシーの設定についての否認の制度がある（商法典第632-1条9項）。またわが国破産法には信託財産の破産手続の規定があるが（同第10章の2），フランス法にはフィデュシーの財産の破産手続という制度はない。

次にフランスのフィデュシー法制は，担保目的を中心とするので民法典担保法にもフィデュシーにかかわる規定があり，これはわが国信託法の知らないところである。以下のとおりである。

・民法典第4編第2部「物的担保」・総則：第2328-1条はセキュリティ・トラスティに関する新設規定である。同条は，物的担保について複数の債権者のために特定の者を指定し，被担保債権の債権者のために担保権の設定，管理，実行をゆだねることができるとしている。この規定によりセキュリティ・トラスティは担保権を設定することができ，わが国でいう直接設定方式をとり，担保目的物を移転をする方式ではない[213]。第2011条でフィデュシーの対象財産として担保権が認められており，セキュリティ・トラスティの設定が可能となっているが，本条はさらに担保管理を明記している。
・民法典第4編第2部「物的担保」・動産担保・第4章「動産所有権留保担保・譲渡担保」第2款「譲渡担保」：
  － 第2372-1条は，動産と権利の譲渡担保は，民法典2011条から2030条までの規定にしたがってフィデュシーにより行う旨を定めている。
  － 第2372-5条は，動産譲渡担保が根担保（*rechargeable*）の方法，担保権者の交代が可能であるとしている。

---

[213] クロク教授は，第2328-1条の規定には二つ問題があるとし，一つは，同条がもっぱら担保管理を規定し，それ以外の契約上のコヴナンツの管理が規定されていないこと，第二にセキュリティ・トラスティの名においてではなく，被担保債権者の債権者の名義で担保権を設定しなければならないことを指摘し，とくに第二点は上院の議員の誤解・知識不足があったのではないかと推測し，仮に立法者が実はセキュリティ・トラスティ名義での担保権設定を意図していたとしても，法律規定に反することはできず，フランスでのセキュリティ・トラストの利用が困難になると懸念している（P. Crocq, Lacunes et limites de la loi au regard du droit des sûretés, *D*, 2007, p. 1358）。

・民法典第4編第2部「物的担保」・不動産担保・第8章「不動産譲渡担保」：
- 第2488-1条は，不動産の譲渡担保は，民法典2011条から2030条までの規定にしたがってフィデュシーにより行う旨を定めている。
- 第2488-5条は，不動産譲渡担保が根担保（*rechargeable*）の方法，担保権者の後退が可能であることを規定する。なお，不動産の抵当権（*hipothèque*）の場合には抵当権の限度額の範囲内で担保されることになるが，不動産譲渡担保の場合にはフィデュシーとして移転された財産の限度までしか担保されない[214]。

　これらの規定によりわが国の譲渡担保に相当する担保目的フィデュシーが整備されたことになった。なお以前からフィデュシーにたいしては脱税目的で利用することが懸念されていたが，法案提出時には原則として税務上透明にする（*rendre l'institution totalement transparente sur le plan fiscal*）こととされ[215]，現にフィデュシー法制にともなって税法も改正されている。委託者が財産を受託者に移転した場合，法律上委託者は完全な所有権を得るが，税務上は委託者が引き続き権利者である。たとえば委託者が不動産を受託者に移転する場合，本来は不動産の売買譲渡は譲渡税（*droit d'enregistrement*）の課税対象となるが，この点は解決されたものと考えられる[216]。一方，受託者に移転された財産について付加価値税が発生する場合には受託者にたいして課税されるとされており，税目によって扱いが異なる。

　さて，フランスのフィデュシー法制は法案の提案趣旨にあったとおり経済のグローバル化の時代に充分な成果を上げることができるだろうか。

　この予想以前にフランスのフィデュシー法制化は必須であったのかという問題がある。たしかに大企業の実質ディフィーザンスの分野では，英米のトラストが利用され，取引が外国へ流出していたところであり，このような空洞化に対する対策は必要であったが，そのほか具体的にどの程度の実務上の需要があったのか疑問である。政府自身，フィデュシーが個人（自然人）によって利用されることは限界的であろうと予測していた。また当初の法案では財産管理

---

214) M. Grimardi et R. Dammann, La fiducie sur ordonnances, *D.*, 2009, p. 673.
215) 2005年2月8日のマリニ上院（元老院）議員が提出した上院へのフィデュシー法案趣旨による。
216) Cabinet F. Lefebvre, *La fiducie: Mode d'emploi*, 2e éd., Editions F. Lefebvre, 2009, pp. 39, 258.

第4章　信託法とフィデュシー法の規定

目的フィデュシーを中核においていたが，できあがった法制度は担保目的フィデュシーに比重が移っている[217]。現にフィデュシー法制化後に登録された最初の三件のフィデュシー契約は，すべて担保目的フィデュシーであった。報道によると最初のフィデュシー契約は，2008年2月6日に行われたもので，事業会社が税務当局との債務の特定調停手続を申し立て，その後，調停案に沿って租税債務の支払猶予の担保として，受益者を国税として受託者（銀行）に所有する不動産を移転したものである。これは担保目的フィデュシーである。第二号もフランス・ガスが委託者，貯蓄供託金庫が受託者兼受益者となった担保目的フィデュシー，第三号も裁判上の更生手続に入った合板メーカー・プイソロル社が債権者銀行のために集合動産（在庫商品）に担保を設定したものである（2009年10月29日付け日刊経済紙 Agefi を参照）。

これらのことを考慮すると，フィデュシーは担保手段としては成功するかもしれない。しかしフィデュシーの法制化にあたって言われた「フランス法の国際競争力の強化」[218]にはかならずしも資するものではない。担保制度はきわめてドメスティックな分野であるから，外国の会社がフランスで担保目的フィデュシーを利用することは考えにくい。財産管理目的のフィデュシーは，後方に追いやられた観があり，またフランス国外の会社にとって魅力的な制度でもない。フランスのフィデュシーは最近法制化されたばかりであり，裁判例の蓄積もなく，しかも法制度が設けられるとすぐに，研究者からはその不備や制限的な性格を批判された。そのために頻繁な改正を余儀なくされたのであり，コーポレート・ファイナンスの実務家から見ると，改正ばかりされているような法制度には魅力がないであろう。英米法のトラストではなく，あえてフランスのフィデュシーを利用するインセンティブは働かないのである[219]。またトラストは贈与を中心としているが，フランスのフィデュシー法制は贈与型のフィデュシー利用を禁じている[220]。

---

[217] R. Libchaber, Les aspects civils de la fiducie dans la loi du 19 février 2007 (2e partie), *Defrénois*, 17/07, p. 1198.

[218] 法案提出者マリニ上院議員の表現（P. Marini, La fiducie, enfin, *JCP*, éd. E, no. 36, 2007, p. 5）。

[219] ただし外国会社がフィデュシーの委託者となる場合には，二重課税の懸念があり，現実には欧州共同体加盟国またはフランスと租税条約を締結している国の会社に限られるとの指摘がある（I. Legrand, La fiducie-sûretés: le bilan d'une aventure législative de 3 ans, *Banque & droit*, no. 128, 2009, p. 20）。

[220] L. Romanet, La fiducie: bilan et perspective, *Banque & droit*, no. 125, 2009, p. 17.

3 担保目的フィデュシー

フィデュシー法の制定時の勢いは，こうした事情のまえに意気消沈せざるを得ない。フランスのフィデュシーは国内での金融取引に関連した担保目的フィデュシーの設定という地場金融取引に関連したものにとどまるものと予想される。

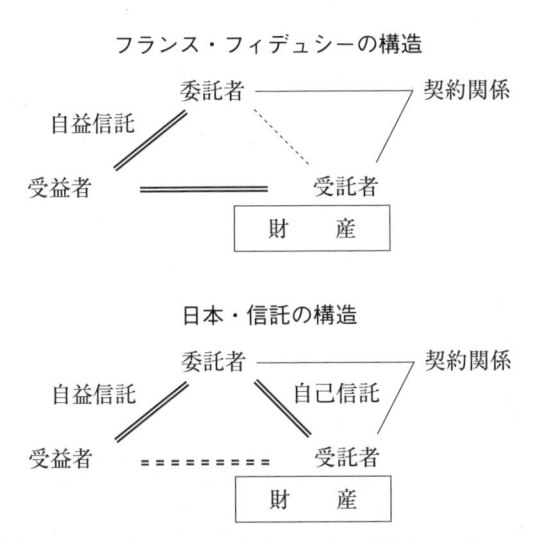

フランス・フィデュシーの構造

```
         委託者 ──────────┐ 契約関係
   自益信託 ╱╲              │
         ╱    ╲            │
      受益者 ══════ 受託者
                      ┌─────┐
                      │ 財 産 │
                      └─────┘
```

日本・信託の構造

```
         委託者 ──────────┐ 契約関係
   自益信託 ╱╲    自己信託 ╱│
         ╱    ╲       ╱  │
      受益者 ════════ 受託者
                      ┌─────┐
                      │ 財 産 │
                      └─────┘
```

（二重線は兼務可能，二重線の破線は制限的，破線は不可であることを意味する）

3 担保目的フィデュシー

① フィデュシーの担保目的利用

フランスのフィデュシーには担保目的フィデュシーと財産管理目的フィデュシーがある。これは法律上分けて規定されてはいないが，機能として分けられている。

英米法のトラストは担保目的で利用されることはない[221]。トラストは受託

---

221) トラストが担保目的で利用されることがないことについて，M. Elland-Goldsmith, Fiducie et trust: élement d'une comparaison, *Banque & droit*, no. 14, 1990, p. 241; P. Crocq, *Propriété et garantie*, LGDJ, 1995, p. 154; Ch. Larroumet, La loi du 19 février 2007 sur la fiducie, Propos critique, D., 2007, p. 1350; Cl. Witz, La fiducie française face aux expériences étrangères et à la convention de La Haye relative au "trust", D., 2007, p. 1370 を参照。

第4章　信託法とフィデュシー法の規定

者にコモン・ロー上の所有権，受益者にエクイティ上の所有権が分属するという財産権を意味するから，債務者（委託者）が債権者（受託者）に財産を担保目的で引き渡しても債権者は同時に財産の受益者になることはできないからである。一方，フィデュシーの場合には受託者が単独の受益者になることができるから，債務者（委託者）が債権者（受託者兼受益者）のために担保として財産を引き渡すことが可能である。英米法のトラストと異なり，フィデュシーが担保として機能することができるのは，フィデュシーが英米法のトラストではなく，古代ローマのフィデュキア（*fiducia*）を継承しているからである。

古代ローマのフィデュキアには「債権者とのフィデュキア」（*fiducia cum creditore*）と「友人とのフィデュキア」（*fiducia cum amico*）があった。「債権者とのフィデュキア」とは，債務者が債権者に債務の担保としてその所有物を引き渡し，債務が弁済された場合は目的物が債権者から債務者に返還されるが，債務者が債務を弁済しない場合には債権者が目的物から債権を回収するという手法である。「友人とのフィデュキア」は信頼する者に財産管理運営を依頼するものである。これらを現代フランスのフィデュシー法制は担保目的フィデュシー（*fidicie-sûreté*，フィデュシー・シュルテ）と財産管理目的フィデュシー（*fiducie-gestion*，フィデュシー・ジェスチオン）として再生させたのである。担保目的フィデュシーは債権者とのフィデュキアの復活である。フィデュシーは古代ローマのフィデュキアにならっており，英米法のトラストともわが国の信託とも異なっている。

フランス法の担保目的フィデュシーはわが国でいう譲渡担保と同じ構成をとる。四宮教授は「*fiducia cum creditore* は現在の譲渡担保に該当する制度である。やはり，通常，債務者は債権者より *locatio*（貸借）又は *precarium*（容假占有）によって物の占有を持続する。しかし，債務者は単なる所持人にすぎず，占有は *constitutum possessorium*（占有改定）によって債権者に移」るとしたとおりである[222]。

ただし，わが国では譲渡担保を信託と構成していない。フランスがフィデュシーによることとしたのはなぜだろうか。

フィデュシーも信託も委託者，受託者，受益者の三者と移転対象の財産を構成要素としている点は同じであるが，関係者の兼務の関係の違いがあるためである。わが国の信託法は，委託者が受益者を兼ねる自益信託と委託者が受託者

---

222) 四宮和夫「信託行為と信託㊀」法協59巻（1941年）法協59巻（1941年）1号46頁，47頁。1号48頁，50頁，51頁。

を兼ねる自己信託を認めているが，受託者が受益者を兼ねることについては制限している。現在のわが国の信託法は「受託者は，受益者として信託の利益を享受する場合を除き，何人の名義をもってするかを問わず，信託の利益を享受することができない」と規定し（第8条），複数の受益者がいる場合に受託者がその受益者の一人になることは認められるが，「受託者が受益権の全部を固有財産で有する状態が1年間継続したときには信託は終了する」としている（第163条2号）。これは信託においては，受託者が受益者を兼ねると，受託者を監督する者がいなくなるので適当でないと考えられているためである[223]。

旧信託法も同様の規定があったが，旧法の制定された当時，呉博士は「信託者（注：委託者）と受益者が同一人なる場合，即ち信託者が自己の為に授信行為を為す場合がある（信託法第1条）。また受託者と受益者とが同一人なる場合も想像しうる」が，この場合には「受託者は単独に受益者として信託財産より生ずる利益の全部を自己に帰属せしむることを得ない」のであり，「唯，共同受益者の一人として他の受益者と共に信託法上のを得るに過ぎないのである（信託法第9条）」が，これは「受託者が受益者たる自己の利益を図るに急にして，信託財産に対して行ふことあるべき不当なる処分を予防し，信託者が信託行為を為したる本来の目的を完成」するためと説明し，至当であると評していた[224]。わが国では委託者が受益者をかねる自益信託の合同運用金銭信託が信託の中核を占めている。

これにたいしてフランスのフィデュシーでは，委託者が受託者となることは認められていないが[225]，委託者が受益者を兼ねる自益信託を認め，受託者が唯一の受益者となることを想定している。この点は，わが国信託法との大きな違いである。複数の受益者の一つである場合といったわが国信託法の制限はない。このためにフランスのフィデュシーでは債務者が委託者としてその所有財産を債権者・受託者に移転し，債務者が債務を履行しないときには，債権者・

---

[223] 能見善久「シンポジウム：新信託法とその利用－担保的利用を中心に：総論」金融法研究24号35頁，四宮和夫『信託法（新版）』（有斐閣，1999）123頁。
[224] 呉文炳『日本信託会社論』（厳松堂，1922）218頁。
[225] ただし，有限責任個人事業に関する2010年6月15日法律第2010-658号および有限責任個人事業の危機にある事業と多重債務整理手続の調整に関する2010年12月9日オルドナンス第2010-1512号によって，個人事業主については実質的に自己信託が可能になっている。なお，前記オルドナンスの名は長いが，財産を分割することによって，個人事業主が倒産処理の場合，事業用処理手続（商法典）または個人用処理手続（消費者法典）の両方の適用の可能性があることを意味している。詳細は後述する。

受託者がその財産から回収を図るという譲渡担保の手段として利用することが可能である。わが国の譲渡担保とは構造が異なるのである。

② 担保目的フィデュシーと倒産処理

フランスでは担保目的フィデュシーに対する期待が大きかった。フランスの現代の倒産処理法は債務者の事業再建[226]を最優先させるという基本理念に立っており，同国法に規定された担保権が倒産処理手続において実効性を後退させられてきたため，ようやく倒産処理手続にも影響を受けない担保権が認められるようになったと理解されたのである。フィデュシーを担保目的で利用すればきわめて実効性が高いはずである。債務者が倒産した場合にも，担保目的フィデュシーの受託者として債務者の財産の引渡しを受けた債権者は，他の債権者を排して，圧倒的な優位に立つことも可能なはずである。担保目的フィデュシーは金融界から「担保の王」として評価されたほどであった[227]。しかし改正によって現実には担保の王にはならなかった。

制定当初のフィデュシー法制では，フィデュシーを担保目的で利用すれば，債務者について倒産処理手続が開始されても，他の債権者にわずらわされることなく，また管財人などの権限が及ぶこともなく，債権の回収にあてることができ，実効性が高い制度になっていた。債権者の期待通りであったのである。担保法の改正にあたって，譲渡担保はフィデュシー法制にゆだね，フィデュシーの法制化にあたっては，担保としての実効性を重視したためである。当時，併行していた倒産処理法の改正作業では，担保権者を犠牲にしての事業再建の優先を原則としており，いったい事業再建と担保の実効性のどちらを優先させるつもりか，と学界からは強い批判があった[228]。法制度を改正するにあたって周辺の法制度との調整を行わなかったことによるひずみであるが，このためにかえって担保の実効性と事業再建という問題が顕在化したことも否めない。担保法と倒産処理法の調整のため，倒産処理法の改正（2008年12月28日オルドナンス）[229]やフィデュシー法の改正によって，倒産処理が担保の実効性に優

---

226) 債務者の「事業」の再建であって，債務者の再生ではない。

227) A. Cerles, La fiducie, nouvelle reine des sûretés ?, *JCP*, éd. E, no. 36, 2007, p. 19; S. Esquiva-Hesse, L'utilisation de la fiducie dans le cadre des opérations de restructuration, *Journal des sociétés*, no. 55, 2008, p. 66.

228) P. Crocq, La réforme des procédures collectives et le droit des sûretés, *D.*, 2006, p. 1306.

229) 危機にある事業に関する法律を改正する2008年12月18日オルドナンス第2008-

3 担保目的フィデュシー

先することがあらためて明らかにされた。フィデュシー法制化によって事業再建優先の倒産処理手続の理念にいったんほころびが出たが，このオルドナンスがほころびをつくろったのである[230]。

わが国の信託は受託者が同時に単独の受益者になることを認めていないので（第163条2号），フランスのフィデュシーのように譲渡担保のように利用することはできない。わが国では信託を担保目的に利用することはほとんどない[231]。1973年6月に日本住宅金融株式会社が三井信託銀行を受託者として住宅ローン債権信託を設定した例は，設備信託による資金調達の方法にならったものであるが[232]，旧信託法の時代にはこのほかに社内預金引当信託[233]がある程度で，信託を担保的に利用する事例は少なかった。しかし信託を担保権の設

1345号。経済の近代化に関する2008年8月4日法律第2008-776号に基づく倒産処理法の改正であり，経済近代化法第74条1項9号は「裁判上の清算手続におけるフィデュシーと非占有担保などの担保の実効性を高めること，および事業救済と裁判上の更生手続での担保の効果の調整」を命じていた。

230) ルカ教授らはこのほころびを指摘し（F.-X. Lucas et M. Sénéchal, Fiducie vs Sauvegarde, il faut choisir, *D.* 2008, p. 29），改正後も「一方で倒産隔離の担保を設けながら，他方で事業救済を促進しようとする立法者の姿勢には一貫性がなく，担保型フィデュシーは事業救済の必要性を無視していた」と批判し，フィデュシー法制化でいったん担保権者の保護に傾斜しすぎたが，2008年改正が均衡させたとした（F.-X. Lucas, Fiducie vs sauvegarde, un arbitrage équilibré, *Bulletin Joly Société*, fév. 2009, p. 105）。グリマルディ教授らは，2008年の倒産処理法改正が担保との関係で有意な結果をもたらしたとする（M. Grimardi et R. Dammann, La fiducie sur ordonnances, *D.*, 2009, p. 674）。

231) 旧法下の信託の担保的利用については，今村和夫「信託と担保」星野英一＝鈴木禄弥ほか編著『担保法の現代的諸問題』別冊NBLNo. 10（1983年）224頁，松本崇「信託法と担保法との交錯する領域」判例タイムズ480号50頁，武藤達「信託の担保的利用の現状」米倉明＝清水湛ほか編著『金融担保法講座1巻』（筑摩書房，1985）79頁を参照。2001年に商事信託法要項が発表され信託法改正機運が高まってから担保目的の信託が議論され，2001年6月12日付けの金融法委員会「信託法に関する中間論点整理」では，退職給与信託，顧客分別金信託，実質的ディフィーザンス（債務者が債務とその返済に充分な資産を信託財産として切り離し，債務者のバランス・シートの圧縮を図ること），信託財産を引当として受益権に優劣を付す事例，住宅金融公庫の貸付債権担保債券の例を挙げている。

232) 設備信託は，動産設備や不動産設備の売買に信託銀行が関与し，ファイナンス・リース又は所有権留保条件付売買に類似する。本事例については，荒井良彦「住宅ローン債権信託を中心としたわが国の債権流動化」信託法研究15号（1991）3頁を参照。

233) 会社における社内預金の保全措置として賃金の支払の確保等に関する法律（昭和51年法律第34号）3条で貯蓄金の保全が求められていることが。社内預金引当信託の根拠である。

定の受け皿として利用することは可能である。たとえばクレジット債権・リース債権などの資産や不動産の証券化スキームでこれらの証券の裏づけとなる財産を移転する受け皿として信託は利用されており，これも一種の信託の担保的利用である。

具体的には，現在わが国で行われている ABL（*Asset Based Lending*）である。ABL は集合動産や将来債権に譲渡担保を設定することにより，資金を調達する方法であり[234]，伝統的なわが国民法の担保手法では対応できず，譲渡担保として設計されており，フランスの担保目的フィデュシーと同じ構造をとる。譲渡担保と倒産処理の問題については，第6章3項でとりあげる。

4 財産管理目的フィデュシー

わが国の信託法は「財産の譲渡，担保権の設定その他の財産の処分をする旨並びに当該特定の者が一定の目的に従い財産の管理又は処分及びその他の当該目的の達成のために必要な行為をすべき旨の契約」によって成立するものとされ，主として財産の管理を目的としている[235]。担保目的ではないことは前記のとおりである。

フランスのフィデュシー法も，委託者が受託者に財産を移転する契約であるから，財産管理を目的とするフィデュシーが可能であり，現に多様な利用方法が提案されてきた。たとえば，1990年にフィデュシーの立法化が検討されていたさいには経営者により会社の買収であるマネジメント・バイアウト，ディフィーザンス，資産の証券化などの取引で財産管理目的フィデュシーを利用することが提案されていた[236]。またわが国の投資信託のような集団的証券投資スキームとして活用することが可能であり，デット・エクイティ・スワップや受託者に売掛債権の回収をゆだねるファクタリングのような運用も可能である。また，セキュリティ・エージェントまたはセキュリティ・トラスティも可能である。すでに1990年に立法が試みられたさいにも，フランスにおけるシンジケート・ローンの問題として担保管理の集中が困難であることが指摘されてい

---

234) 2003年1月の経済産業省の企業法制研究会（担保制度研究会）報告書。2006年3月に同省アセット・ベースト・レンディング（ABL）研究会が報告書を出している。

235) 寺本昌広『逐条解説・新しい信託法』（商事法務，2007）13頁。

236) A. Pezard, Les divers application de la fiducie dans la vie des affaires, *Rev. dr. banc.*, mai-juin 1990, p. 108.

た[237]。

　財産管理目的フィデュシーについては二つの問題がある。一つはセキュリティ・エージェントに固有の担保の被担保債権との付従性の問題であり，もう一つは，財産管理目的フィデュシー一般の法主体の財産の単一性原理というパトリモワン論の問題である。いずれもシビル・ロー法原理との抵触であり，第5章で検討する。

　フィデュシーは委託者の財産が受託者に所有権が移転する契約であるから，委託者としては同時に受益者になって，自己の財産を債権者の追及から隔離する手段にもなる。つまり債権者の利益を害して，財産を疎開させる手段として使うこともできる。とくに危機的な状態にある債務者が近い将来の倒産処理手続開始を予想して，財産を隔離する手段になりかねない。債務者がその財産の一部を受託者に移転し，委託者が受益者となれば，フィデュシーの期間中，財産は受託者の所有することになるが，期間が終了すれば，財産は受益者に移転され，債務者が財産を確保することができ，しかもフィデュシーの財産は，委託者の財産ではないから，倒産処理手続の開始によって影響を受けない。倒産処理手続が終結したところで，契約を終了することにすれば，委託者が受益者として財産を回復することができる。しかも信託の設定は現在の財産，債権に限らず，将来の動産，債権でもよいとされている（第2011条）。

　わが国信託法は詐害信託について，債権者取消権を認め（第11条），委託者について倒産処理手続が開始された場合には，管財人等に否認権の行使を認めている（第12条）。フランス法上は，フィデュシー法制には規定がないが，倒産処理法上，裁判上の更生手続が債務者に危機時期のフィデュシーの設定の否認を規定している（商法典第632-1条9号）。また裁判上の清算手続がとられた委託者が唯一の受益者である場合には，フィデュシー期間にかかわらず，手続開始によってフィデュシーが終了し，その財産は清算手続のとられる委託者の財産に復帰することとされている（同第641-12-1条）。

　現実にフィデュシーの法制化以降の実例は，担保目的のフィデュシー利用だけであり，財産管理目的フィデュシーがどこまで利用されるか，予想は難しい。既述のとおり，わが国の信託は主として合同運用指定金銭信託として利用されているが，フランスでは投資資金の合同運用にはOPCVMとして会社型ファンドか共有型ファンドを利用しているから，投資の手段としてはフィデュシー

---

[237] M. Elland-Goldsmith, Fiducie et trust: éléments d'une comparaison, *Banque & droit*, no. 14, 1990, p. 243; C. Larroumet, Conclusion, *Banque & droit*, no. 15, 1991, p. 10.

にたいするニーズは低いといわざるを得ない。金融界からはファクタリングや債権回収などのビジネス目的での財産管理目的フィデュシーの利用も提案されているとはいえ，これもあえてフィデュシーを使うインセンティブがどこまであるか心もとない。残るのは法案の趣旨説明にあったように身体機能が衰えた人たちにたいして個人の資産管理を目的として財産管理目的フィデュシーを利用することであるが，このフィデュシーには個々の事案に応じて相当の配慮，考慮を要することになり，金融機関は一般に大量の定型的な事務処理には慣れているが，どこまで積極的に対応できるだろうか，やや悲観的にならざるを得ない。

5　恵与目的フィデュシーの禁止

　フィデュシー法制は恵与目的フィデュシー（*fiducie-libéralité*）を禁じている（第2013条）。条文の原文にある *libéralité*（恵与）とは一般に対価を得ることなく，財産を処分することをいい，生前贈与（*don*）と遺言による贈与（遺贈）（*legs*）の両方を指し，財産所有者による贈与一般を意味する。フランス民法典は原則として継伝処分（*substitution*）を禁止しているが（第896条)[238]，恵与目的フィデュシーは継伝処分の手段として使われるおそれがあるためにフィデュシー法制は明文でこれを禁じたのである。

　継伝処分とは生前贈与または遺贈において，贈与を受ける者を指定し，この被贈与者にたいして所定の条件が成就したときには，その指示するところにしたがって，別の者にこの贈与財産を引き渡すことを義務付ける法律行為をいい，原則として禁止されるが，例外として夫婦間・兄弟姉妹間での継伝処分（第897条）と後述の通俗的継伝処分（*substitution vulgaire*）は認められている（第898条)[239]。

　継伝処分には，通俗的継伝処分と信託的継伝処分（*substitution fideicommissaire*）がある[240]。通俗的継伝処分とは贈与を受ける者がこれを受けられない場

---

[238]　稲本教授の論文では，「補充指定」と訳され，民法典に先立ち，1792年10月25日＝11月14日のデクレによって廃止されたとしている（稲本洋之助『近代相続法の研究』（岩波書店，1968）240頁）。

[239]　M. Graziadei, The Development of Fiducia in Italian and French Law from the 14th Century to the End of the Ancien Régime, *Itinera Fiduciae-Trust and Treuhand in Historical Perspective*, Duncker & Humblot, 1998, p. 327.

[240]　大島俊之「フランス継伝処分法」信託研究奨励金論集12号（1991年）69頁。

合に，別の者に贈与される場合をいう。たとえばAがBに遺贈することにして，Bが遺贈を受けることができない場合には代わってCに遺贈するという条件で遺贈することにしたという場合を想定してみる。BがAより先に亡くなってしまうと，Bは遺贈を受けることができないので，条件どおり，Cに遺贈される。つまり通俗的継伝処分の場合，Bが遺贈を受けるか，Cが遺贈を受けるかは，Bの事情によって決まり，遺贈があるときは確定的に行われるものである。したがって継伝とはいうが，条件のうえで継伝があるだけで財産が二重に譲渡されることはない。

　これにたいして信託的継伝処分は財産の二重譲渡がある。たとえばDがEに財産を遺贈するものとし，さらにEが死亡する場合には，この財産をFに継承させることを遺言で指示する場合を想定してみる。この場合，Eがいったん贈与財産の受託者として財産を受領するが，その財産受領は確定的ではなく，Fに引き渡すまでの一時的な所有である。

　信託的継伝処分については次の裁判例がある。

【参考裁判例】　フランス破毀院1977年5月10日民事第一部判決
　アメリカ人男性Aは，女性Bとのあいだに子Cがあった。Aは以前から婚姻関係にあったDと離婚し，Bと婚姻関係に入り，そのうえでCを認知した。AはBとの婚姻前に夫婦財産契約を結んでおり，A，Bはそれぞれ固有の処分権限を有することとしていた。その後，Aはアメリカ国内でニューヨーク州法に基づいて遺言を作成し，その元の配偶者Dおよび兄弟Eに一定額を遺贈する，それ以外の財産をBとCに遺贈するとして信託的継伝処分（*fideicommis*）を行うこととして，アメリカ人のFとGの二人を継伝処分の受託者（*fideicommisssaires*）に指名した。ここまではアメリカ国内で行われたようである。
　その後，AはBとともにフランスに居住地を移し，今度は，Aは財産全額をBに遺贈する旨の遺言を作成した。そこでAの兄弟Eと信託的継伝処分の受託者FとGは，AとBの婚姻を無効であるとして，Aのフランスでの遺言の無効を確認する訴えを提起した。原判決（エクス控訴院1975年4月21日判決）はこの請求を棄却し，破毀院は上告を棄却した。

　この事件は，信託的継伝処分の受託者の訴えの提起であり，請求を認容することは継伝処分を有効とする結果を招くため，控訴審，破毀院ともにその請求を認めなかった。信託的継伝処分は，一般にローマ法にならってフィデ

93

イコミスム（*fideicommissum*）と呼ばれ，その受託者をフィデイコッミセール（*fideicommisssaires*）と呼んでいる。

　英米ではトラストを利用した継伝処分が認められていることは，上記の破毀院判決の示すところである。フランスのフィデュシー法制の審議中に提出された 2006 年 10 月 11 日の上院（元老院）法務委員会報告書[241]は，英米では自然人の相続にあたってトラストを利用した継伝処分がひろく行われていると述べている。同報告書は継伝処分の構造を「相続財産帰属の一般規則の外で，受益者に無償で信託された財産を所定の期日に引き渡すために，財産の管理を第三者に委託するものであると」説明しているが，「しかしながら，フランスでは最近，2006 年 6 月 23 日法[242]）が死因代理人制度（*mandat à effet posthume*）と残余財産恵与の制度を設けているので，継伝処分は不要である」と結論づけている。同法は民法典に死因代理人の制度を新設し，また恵与に関して相続規定を改正している。前者は委任者の死亡を原因として，特定された相続人のために相続財産に関する管理権限を付与するものであり，「重要かつ正当な理由がある場合に限る」とされ（2006 年法による改正後の民法典第 812-2-1 条 1 項），さらに期間を 2 年に限るなどきわめて制限的に運用することとされている[243]）。また後者の恵与の改正については，漸次恵与（*libéralité graduelle*）と残余恵与（*libéralité residuelle*）という二つの制度が設けられた。漸次恵与は一定の財産を死因により，漸次指定された者に恵与するものであり，残余恵与は相続分の一部を恵与するものである（民法典第 1048 条〜第 1061 条の改正）。従来，禁じられている恵与目的フィデュシーは，贈与者または遺贈者からいったん受領したものはその固有の意思によって財産処分が可能であったが，残余財産恵与ではいったん財産を受領するものの死亡を原因として，その意思によるものではない。相続法の改正により設けられたこれらの制度は，相続平等と遺留分保護という原理を覆すものではない。議会ではこうした相続周辺の制度が整備されているので，恵与目的フィデュシーは不要であるとしており，財産所有者が相続財産を恣意的に配分することは依然として禁止しているのである。

　ローマ時代のフィデイコミスムは，財産の相続にあたって，委託者が信頼に

---

[241]）2006 年 10 月 11 日上院法務委員会報告書（H. de Richemont 議員）（上院報告書第 11 号）。

[242]）相続と恵与の改正に関する 2006 年 6 月 23 日法律第 2006-728 号。

[243]）2006 年 2 月 8 日下院（国民議会）法務委員会報告書（S. Huyghe 議員）（下院報告書第 2850 号）。

値する第三者に財産を託し，この第三者が委託者の死亡を原因として（*mortis causa*），その意思に従って処分する制度であり，その基礎はフィデュキアと同じように受託者への信認（*fides*）である。当初のフィデイコミスムは委託者が信頼に値する第三者にたいして祈ることによって託するものであったが，クライディオスによって執政官（*fideicommissaire*）の制度が整備され，様式化されたとされている[244]。フィデイコミスムは，現在のフランスのフィデュシーには直接の縁戚関係はないが，英米法のトラストの前身であるイングランド中世末期のユース（*use*）は，フィデイコミスムと同様に相続財産の自由な処分を可能にするものであり，ユースそしてトラストの存在意義が相続・遺贈についての規制の回避であったことで，トラストとフィデイコミスムは共通しているのである[245]。

前述のとおり，わが国のあたらしい信託法は信託的継伝処分を認めている[246]。しかし一方ではフランス民法典と同様に法定相続，遺留分の制度を設けている。この両者は原理的には対立するはずであるが，その間の調整は図られていないので，法規定を潜脱する手段として使われないとも限らない。

---

[244] 四宮教授は，フィデイコミスムを「信託遺贈」と訳し，「被相続人が *fidiciarius*（受託者）にその死亡を原因として取得した物を第三者—*fideicommissarius*（信託受遺者）—に給付すべきことを懇願する死因処分」であって，「*Justinianus* によって遺贈と統一されてからは，*fideicommissarius* は *actio personalis*（人的訴権）および，所有権の譲渡の可能なるときは，さらに *actio in rem*（対物訴権）を與へられた。—これは *fiducia* 一般に関するものであるが，とくに *fiducia hereditatis*（包括的信託遺贈）は興味ある発展を示した。*fiducia hereditatis* は *fiduciarius* が被相続人から相続する総則財産の全部または一部を *fideicommissarius* に給付すべき旨を依頼するものであるから，それは遺贈本来の限界を越えて隠れたる相続人指定を包含するものといはねばならぬ。しかるに，法的にははじめ *fiduciarius* が被相続人の包括的承継人であって *fideicommissarius* の相続財産に対する関係は両者間の単なる内部関係」にとどまるが，「*fiduciarius* の所有権的地位は疑ない」ものの「問題なのは，*fideicommissarius* に追及権の與へられることである」として，「ローマ法においては，それにもかかはらず *fideicommissarius* の訴権は対人訴権と考へられた。後世の学者は，ローマ法において *jus ad rem* の認められた唯一の場合であるとし，ここに債権の相対的物権化をみようとするのであるが，この救済が不徹底のものだったことは *Justinianus* が喝破するところ」であって，「*fiducia* と *fideicommissum* は厳格法を回避せんがために発生し，厳格法が衡平法に推移して始めて法的保護を與へられ，立法時代に入って所期の目的を達した」と説明されている（四宮和夫「信託行為と信認㈠」法協59巻（1941年）1号55頁から63頁）。

[245] R. Helmholz and R. Zimmermann, Views of Trust and Treuhand: An Introduction, *Fiduciae-Trust and Treuhand in Historical Perspective*, Duncker & Humblot, 1998, p. 42.

[246] 寺本昌広『逐条解説・新しい信託法』（商事法務，2007）258頁。

第5章　トラストとシビル・ロー原理の抵触

シビル・ローの国がトラスト制度を導入する場合，シビル・ロー固有の法原理と抵触せざるを得ない。法原理の抵触という問題は，第一にトラスト・信託・フィデュシーを財産権としてとらえるか，契約ととらえるかという点にあらわれ，第二に近代市民社会の財産法原理を構成するとともに市民層の財産の保護を前提としているシビル・ローの物権法定主義や所有権の分属の禁止という原理と融通無碍なトラスト原理の対立としても顕現し，さらに近代法の原理であり，債権債務関係の基本である財団単一原理とトラストを設定することで法主体が別の財産をもつことができるという点にもあらわれる。さらに担保権の被担保債権との付従性原則との矛盾の問題もある。最後にフィデュシーに固有の問題ではないが，英米法が判例法という個別の現実の事案の解決を蓄積したものであるのにたいして，シビル・ローは近代市民社会のあるべき姿として構想された法原則そのものであって，個々の事案にたいしてはこの法原理を適用して解決し，このような事案へのアプローチの違いがひるがえって，上述の対立の源泉となっていると考えられる。次にこれらの抵触の問題点を取り上げてみよう。

1　契約的構成

①　シビル・ローと英国法の財産権

メイトランドはドイツ民法と比較するなかで，「英国法上も100枚のコインを持つこと（*iura in rem*）と100ポンドを受けとる権利があること（*iura in personam*）が異なることは他の国と変わらない」のであり，「英国法が法典として成文法化されれば，この区別が明確にされる」と述べている。しかしその一方で「英国法に物権法（*Sachenreht*）と債権法（*Obligationenrecht*）の区別はない」とも記している[247]。英国財産法は，シビル・ロー原理と異なり，物権と債権を峻別しない。その一方で，歴史的に不動産は重要な財産であり，封

---

247) F. W. Maitland, *State, Trust and Corporation*, Cambridge Univ. Press, 2003, p. 77（同書の Trust and Corporation から引用した。同論文の初出は1904年のドイツ語訳）。

建貴族の領地はその家産経営と威厳の源泉であるから，法律行為の客体である財産を重要な財産である不動産（*real property*）とそれ以外の動産（*personal property*）に分けている。不動産は重要な相続財産であり，所有権として完全所有権（*estate in fee simple absolute*）が認められ，ほかに賃借権（*leasehold*），用益権（*servitude*）が認められている。コモン・ローによるこれらの財産権に加え，衡平法による財産権が加えられている。トラストは，イングランド中世に成立し，発展したユースに起源を有するが，ユースの理論構成は，一つの財産について処分権と収益権があると構成し，前者に形式的な所有権を与えることによって封建領主の支配を逃れる一方で，受益者に後者の収益権を認め，所有権の形式と実質を区別したのである。この収益権は本来コモン・ローが認めるものではなく，衡平法によって根拠を与えられて成立する。このように英米法のトラストは，財産権そのものに重畳的な所有権の成立を認めるもので，衡平法上の権利も単に受託者にたいする請求権ではなく，物権的な権利であった。トラストは財産権なのである。なお，動産については所有権（*ownership*）が認められるだけであった。英米法では，財産を受託者の管理のもとに置くことによってトラストは成立する[248]。

　これにたいして，シビル・ローは法律行為の客体である財産について不動産，動産の両方に共通して所有権，占有権などの物権を認めて，これに排他的な権利を認め，対人的な請求権を債権として構成している。またシビル・ローは所有権の分割を認めない。フランス法上，「財産権は神聖不可侵」（1789年人権宣言第17条）であり，「所有権は，法律規則に禁じられて使用しない限りは，もっとも完全な方法でものを使用し処分する権利」である（民法典第544条）。自由で独立した人格は財産を持たなければならず，その財産に他人が掣肘することは個人の自由と独立の侵害である。このためにシビル・ロー系の国ではトラストのような法制度を導入する場合にはこれを財産権と構成することはできず，既存の財産権の法律構成を前提として，財産の受け皿，財産権を移転する方法とする以外に適当な方法がない。フランス法は英米法原理とは無縁のものであるから，これまでもトラストに類似した法制度を導入することが試みられるたびに，シビル・ロー原理との抵触が問題となった。この点はわが国も共通である。物権法と債権法を峻別するシビル・ロー系の国ではトラストに類似する行為の成立を法律上どのように構成するかが問題となる。

---

248) J. E. Penner, *The Law of Trust*, 4th ed., Oxford Univ. Press, 2004, p. 221.

1 契約的構成

　この点については，すでに四宮教授が「わが私法学は19世紀のドイツ法を継受するとともに信託行為といふ法的技術をもこれから学んだ。信託行為は所有権の譲渡と信託目的によるその債権的制限との結合として構成せられ，その結果，経済的には自己の財産に属する物に対して信託者は薄弱なる債権を持つに過ぎぬという不衡平を生じたのであるが，わがローマ法的法体系に制約せられて，学者はその救済をためらふのである」と記している。また「この状態は*trust*の移植を目的とする信託法の制定によっても克服せられなかった。*trust*は所有権の絶対性も物権債権の峻別も知らざるイギリスにおいて，しかも衡平によって育成せられた制度だけに，きはめて衡平に適する法的効果と法的構成をもつものであり，信託法はその法的効果をほとんどそのまま採用したのであるが，わが国の通説は信託行為を信託から峻別して依然不衡平の状態に放任するのである。しかも，かくして両者を峻別にするにもかかはらず，通説はこのゲルマン法系（注：サリカ法典のサルマン起源という趣旨）にはぐくまれた信託に信託行為と同一のローマ法的構成を與へる。かかる通説に対して，信託行為をも信託法の恩典に浴せしめんとする見解が一部の学者によって強く主張せられ，また近時信託のローマ法的構成を疑ふ学者をみるに至った。ひっきょう信託行為と信託との関係はわが私法学界にとってひとつの謎である」と書いている[249]。

　このなぞは四宮教授の論文から70年を経ても，なぞのままなのだろうか。

　わが国のあたらしい信託法は，信託が原則として「特定の者との間で，当該特定の者に対し財産の譲渡，担保権の設定その他の財産の処分をする旨並びに当該特定の者が一定の目的に従い財産の管理又は処分及びその他の当該目的の達成のために必要な行為をすべき旨の契約を締結する方法」によって設定されるとしている（第3条1号）。同条にいう「その他の財産の処分」とは，いわゆる信託的譲渡が典型的であるとされており，そのほかにも「担保権や地上権を受託者に設定し，これを信託財産に帰属させること（いわゆる設定的移転），つまり，ある土地を所有する者（委託者）が受託者に対して当該土地の地上権を取得させ，あるいは，抵当権を取得させることが可能であること（なお，これは，受託者が既に有する地上権や抵当権を受託者に信託的に譲渡することとは異なるものである）」と説明されている[250]。信託は委託者・受託者の契約関係であり，委託者の単独行為ではなく，また物権的な行為でもない。

---

249) 四宮和夫「信託行為と信託（一）」法協59巻（1941年）1号32頁。
250) 村松秀樹「新信託法の解説」信託230号66頁。

第5章　トラストとシビル・ロー原理の抵触

　わが国の信託法は，信託は委託者と受託者の契約として構成しているが，その一方で，「自己信託」（付則第2条参照）も認めることにした（第3条3号）。「自己信託」とは委託者自身が受託者となるもので，英米法では「信託宣言」（*declaration of trust*）と呼ばれて認められているが，旧信託法にはこれについて規定はなく，また否定的な見解が通説であった[251]。法制審議会・信託法部会では自己信託（信託宣言）は「財産権の移転も占有移転もなく，名義も変わらず，受託者として他人を立てる必要もないということで，手間もコストもセーブでき，信託の普及には都合がいい上に，名義が変わらないのでサイコロジカルにも受け入れやすい」一方で，「財産隠匿のおそれが高いということで，否定論も強」いとされてきたが，規制緩和の流れの中で「資産流動化に資するために信託宣言を許容すべきであるとの要望」があったとされている[252]。ここでいう財産隠匿とは，例えば「債権者から強制執行をされた債務者が，当該執行対象財産は債務者が無資力状態になる前に自己信託されたものであるなどと偽ることで，債権者からの強制執行を不当に免れる状況」などをいうとされている[253]。同部会の会議では，信託は「自分の大事な財産を，信じて他人に託すことであ」り，信託宣言がなくても，特にニーズとして挙げられていた流動化に十分対応でき，信託への「信頼を崩すような信託宣言（自己信託）というのを何で今ここで導入しようということなのか」という意見も述べられていた[254]。結果として，自己信託も信託の本質に反するものではないこと，自己信託にはいろいろな有益性が想定できることを考慮して，自己信託の導入が決定され[255]，詐害的な自己信託を防止するために自己信託を要式行為とし（第3条3号），登記登録制度をもうけ（第14条），自己信託の信託財産にたいする強制執行の可能性を認め（第23条2項），自己信託の方法では受益者の定めのない信託を設定することはできないとするなど（第258条1項），債権者を詐害することがないように制約を課している。

　立法関係者は自己信託の利用方法として「会社が，特定のプロジェクト（事業部門）から上がる収益を引当てに資金調達をしようとする場合に，当該プロジェクトに必要な資産を自己信託し，その受益権を投資家に販売することが

---

[251] 寺本昌広『逐条解説・新しい信託法』（商事法務，2007）38頁。
[252] 法制審議会・信託法部会 2004年10月1日第1回会議議事録参照。
[253] 村松秀樹「新信託法の解説」信託230号68頁。
[254] 法制審議会・信託法部会 2005年2月25日第10回会議議事録参照。
[255] 寺本昌広『逐条解説・新しい信託法』（商事法務，2007）38頁。

1　契約的構成

可能になれば，子会社への従業員の転籍・出向といった問題や技術的なノウハウの外部流出の危険等を避けつつ，資金調達を行うことが可能となる」，「会社が自己の債権等を流動化して資金調達を行おうとする場合に，自己信託が可能になれば，債権者が変更することへの債務者の心理的抵抗感を回避しながら流動化を行うことが可能になるとともに，第三者を受託者として利用する場合と比べ，費用等を縮減しながら流動化を行うことが可能となる」と説明している。さらに，自己信託にはケイマンなどの慈善信託に代わる手段としての機能も期待されている。不動産などの証券化スキームでは，資金調達を要する者（オリジネーター）はその所有財産を真正売買として譲渡する方法に加えて，信託を設定する方法で譲渡（信託的譲渡）する方法をとることができるが，信託的譲渡の場合にはオリジネーターと受託者に資金的・人的な関係が認められた場合には，この信託的譲渡が担保目的での信託設定であるとして，信託法が規定する倒産隔離の効果が認められないおそれがある。このために受託者の株主として慈善信託を利用し，オリジネーターの影響がわが国の特別目的会社に及ばない構成としている。自己信託にはこの慈善信託に代替する機能が期待されている。

　自己信託は英語ではまた「ビジネス・トラスト」とも呼ばれており，ビジネス志向の信託である。日本経済新聞2006年11月15日は「リース会社が貸出債権を自らに信託し，債権の回収金を受け取る権利（受益権）を投資家に販売することを認める。これまで受託者は信託銀行が一般的だったが，自己信託なら低コストで債権を現金化できる利点がある」としている。

　ところでわが国信託法上，信託契約は契約によるとされ，契約とは「相対立する数個の意思表示が合致すること（合意）」を要件とする[256]。信託は原則として契約によって成立するものであり，二者以上の法主体のあいだで行われる必要がある。一つの法主体は，単に意思表示（宣言）するだけであって，契約ではない。現行の信託法で自己信託は英米法の信託宣言と同様，単独行為と構成されている。

　フランス・フィデュシー法も原則として「フィデュシーは契約によって成立する」と規定している（第2012条）。法定のフィデュシーも予定されているが（第2012条），これはフィデュシー法制以前に無名フィデュシーとして認められた金融取引および今後，フィデュシーを適用して行う無名フィデュシーを想

---

[256] 我妻栄『債権各論・上巻』（岩波書店，1954）54頁。

定したものであり，全体としてはフィデュシーは当事者の合意という契約により設定される。さらにフランス法は契約構成を厳格に適用し，委託者が受託者を兼ねる自己信託を認めていない。フィデュシーは委託者と受託者の契約により所有権を取得する方法の一つであるから，委託者が受託者をかねると契約が成立せず，またフィデュシーの構造は所有権の移転を前提としており（第2011条），財産の移転がなければフィデュシーが形成されないのである[257]。委託者が受益者となる自益信託，受託者が受益者となることは認められるが，委託者が受託者になることはできない。ただし，フランスでも2010年6月15日法によって，有限責任個人事業制度という名の一種の自己信託を制度化したことは前述のとおりである。この点は本章3項で詳述する。

② 契約的構成と倒産処理

信託を契約によって形成されるものとすると，英米法のトラストにはない問題が生じる[258]。わが国の破産法は「双務契約について破産者及びその相手方が破産手続開始の時において共にまだその履行を完了していないときは，破産管財人は，契約の解除をし，又は破産者の債務を履行して相手方の債務の履行を請求することができる」と定め（破産法第53条1項），民事再生法第49条，会社更生法第62条に同趣旨の規定がある。一般に「双方未履行の双務契約」と呼ばれる問題である。倒産処理手続は債務者の財産関係の整理手続であり，わが国倒産処理法は清算型手続に限らず，再建型手続であっても債務者の契約を整理の対象とし，債務者が結んだ双務契約については破産手続の場合には破産管財人に，再生手続の場合には原則として再生債務者にこの契約の解除または履行の選択権があるとしている。破産管財人，再生債務者が契約の履行を選択した場合，契約相手方は倒産処理手続が開始されていても契約の履行をせざるを得ないが，その代わりに代金等の請求権を優先的な債権（破産の場合には財団債権，民事再生の場合には共益債権）とされ，保護されている。信託契約も委託者が財産の譲渡等の行為を行い，受託者が財産管理などの行為を行う契約であるから，双務契約であり，信託契約の契約当事者について倒産処理手続が開始されたときに「双方未履行」になっていると，信託契約が解除される

---

[257] R. Libchaber, Les aspects civils de la fiducie dans la loi du 19 février 2007, *Defrénois*, 2007, p. 1009.

[258] J. Bertran de Balanda et A. Sorensen, La fiducie: un enfer pavé de bonnes intentions ? - Essai d'analyse critique de la loi de février 2007 du point de vue des sûretés, *Revue Lamy Droit des affaires*, juin 2007, p. 38.

1 契約的構成

可能性がある。

　この問題には，受託者について倒産処理手続が開始される場合と委託者について開始される場合の二つがある。まず，受託者について開始される場合，わが国の信託法は，受託者が破産手続の開始の決定を受けたときは，受託者の任務は終了し（第56条1項3号），あらたに受託者が選任されることとしている（第62条1項）。この場合に，信託契約が双方未履行の双務契約の状態にあれば，破産法第53条1項の規定によると，受託者の破産管財人が信託契約を履行するように請求するか，解除するか，その選択をすることができるはずであるが，信託財産は受託者の破産手続開始の影響を受けることはなく（第25条1項），したがって信託契約も受託者の破産の影響を受けず，破産管財人にはこの履行・解除の選択権がないのである[259]。信託は本来，委託者・受託者間の信認に基礎を置く契約関係であり，この点ではシビル・ローの民法にいう委任に類似する。わが国民法は，委任者または受任者について破産手続開始決定があったときは委任は終了すると規定しており（第653条），信託の関係も同趣旨と思われる。一方，わが国の旧信託法は破産者は受託者になることができないと規定していたが（旧法第5条），現行の信託法では破産者も受託者になることができる（第7条）。わが国の旧破産法，現行の破産法はいずれも破産者について財産の管理処分権を喪失させるが（第78条1項），信託法は，破産者が管理処分権を失うのは破産者当人の固有の財産であるとして，信託財産には及ばないとしたのである[260]。次に，受託者について開始された手続が民事再生手続または会社更生手続という再建型の倒産処理手続である場合は，民法上委任関係が終了することはなく，信託契約も終了しない（第56条5項，7項）。信託財産は受託者の民事再生手続には影響されないので（第25条4項7項），再生債務者や更生管財人には信託契約の解除・履行の選択権はないと考えられる。

　フランスの倒産処理手続としては，支払いを停止する前に開始され，倒産を予防するための事業救済手続と支払停止後に開始される再建型手続である裁判上の更生手続とわが国の破産手続に相当する裁判上の清算手続の三つの手続がある。フィデュシー法は，受託者について裁判上の清算手続が開始された場合は，フィデュシー契約にそれと異なる規定がない限り，フィデュシー契約は終了すると規定している（第2029条2項）。受託者について事業救済手続または裁判上の更生手続が開始された場合については規定がない。裁判上の清算手続

---

[259] 寺本昌広『逐条解説・新しい信託法』（商事法務，2007）101頁。
[260] 寺本昌広『逐条解説・新しい信託法』（商事法務，2007）50頁。

は，債務者の財産管理処分権を喪失させる手続であるから，受託者としての資格を失うのは当然であるが，事業救済手続と裁判上の更生手続では債務者の事業は存続するから，フィデュシー契約は終了しない。

　一方，委託者について倒産処理手続が開始された場合，わが国信託法は倒産処理法の規定を前提としているので（信託法第163条8号），この場合は管財人等が信託契約の履行・解除の選択権を有することになる。

　フランスのフィデュシー法制は委託者について倒産処理手続が開始された場合を規定していない。特定の財産について担保型フィデュシーを設定しようとする債務者は債権者である受託者にこの財産を移転させないうちは，債権者が与信を供与しないから，委託者に倒産処理が開始される場合には，委託者に未履行の債務はないと考えられている。そうすると双方未履行の双務契約にはあたらないので，担保型フィデュシーの委託者が倒産しても管財人等には契約の解除または履行の選択権がなく，原則としてフィデュシー契約は継続することになる。一方，賃料債権のように定期的に生じる債権について担保型フィデュシーを設定しているときに，債務者である委託者について倒産処理手続が開始された場合には，フィデュシー契約を締結したときに，賃料債権の受領権限は債務者の手を離れて，債権者である受託者に移転していると考えられるので，委託者に未履行の債務はないことになり，双方未履行の双務契約には該当しないことになる[261]。さらに債務者が委託者として事業に必要な機械・備品等に担保目的フィデュシーを設定していることがある。2008年12月8日オルドナンスは，委託者である債務者について倒産処理手続が開始された場合，原則として管財人等に契約の解除・履行の選択権はないが，債務者（委託者）が現に使用しているときは，この選択権を有することにしている（改正後商法典第622-13条，第631-14条，第641-11-1条を参照）。

2　物権法定主義と所有権の分属

①　フランスの事情

　英米法のトラストは，一つの財産にコモン・ロー上の所有権（*legal ownership*）と衡平法上の所有権（*equitable ownership*）の二重領有を認め，財産の所有権が分属すると構成している。一方，シビル・ローでは財産の所有権

---

[261] R. Dammann et G. Podeur, Fiducie-sûreté et droit des procédures collectives: évolution ou révolution ?, *D.*, 2007, pp. 1359, 1361.

2 物権法定主義と所有権の分属

は法定されており，コモン・ローと衡平法という複数の法原理はなく，また財産権は神聖不可侵であるから一の財産に複数の権利が分属することはない。ボルガーは，トラストは受託財産の所有権についてコモン・ロー上の権利と衡平法上の権利に分けるが，(1) ローマ法および現代のシビル・ローは，所有権の分割を認める制度を排除しており，(2) 所有権の登記原則によって，物権法定主義があるので（*numerus clausus*），トラストの法理をそのままでは採用することができないとしている[262]。英米法のトラストをシビル・ローの国が導入するときには，つねに所有権の処理が問題となる。

　まず，物権法定主義の問題がある。

　シビル・ローでは物権と債権は峻別され，わが国民法は「物権は，この法律その他の法律に定めるもののほか，創設することができない」と規定している（第175条）。物権は「一定の物を直接に支配して利益を受ける排他的権利」[263]であり，債権とは「他人をして将来財貨または労務を提供させることを目的とする権利」[264]である。川島教授は近代的所有権として「一つの物には所有権（およびそれに由来する他の物権）は一つしか存在しない」とする一物一権主義が妥当し，「一つの物の部分には所有権は成立し得ない」，「独立な物の総体のの上には特別の独立の所有権は成立し得ない」とした[265]。債権的な法律関係については個々人が自由に法律関係に入ることができる（契約の自由，当事者の自治原則）。近代以前の社会では身分によって人の行為能力は制限されていたが，近代社会では，すべての個人は自由な主体とされ，その自由意志によって法律関係に入ることができるからである（身分から契約へ）。原則として個々人の契約に国家が制限を課すことはなく，消費者や労働者など相対的弱者の保護の観点から私的自治，契約自由原則に制限が課せられる程度である。一方，物権については権利者が排他的な権利を有し，国家が権利者を保護することを想定したものであり，個人が勝手に物権を創設することはできない。物権は民法その他の法律で定められているものに限られる。物権法定主義はシビル・ローの原則である。

---

262) V. Bolgár, Why No Trusts in the Civil Law ?, 2 Am. J. Comp. L. 204 (1953). ボルガーは，この二つはかならずしもローマ法に妥当しないとし，第三者の利益を図る *fiduciary transactions* のひとつであるフィデイコミスムについても，コモン・ロー上の権限と衡平法上の権限は分離しているとする。
263) 我妻栄『物権法』（岩波書店，1952）9頁。
264) 我妻栄『新訂・債権総論』（岩波書店，1964）1頁。
265) 川島武宜『所有権法の理論』（岩波書店，1949）178頁）。

第5章　トラストとシビル・ロー原理の抵触

　一方，英国の財産法は一つの対象に重複的な財産権を認めている。この複雑な構成は，封建時代の不動産の所有権・利用権の重畳的構成に由来するが，英国法では財産権の重複という既成の事実に法制度を適合させ，一方，シビル・ローは財産権の神聖不可侵という理念に現実を適合させる努力をしてきた。

　しかし物権法定主義は不動産だけが重要な財産であった時代には貫徹することができたが，近代化にともなってその維持が困難になっている。我妻博士はつとに，近代に入って経済活動が活発化したことにともなって，社会はあたらしい種類の物権を必要とするようになり，固定的・制限的な物権法定主義ではこの需要に応じきれなくなり，物権法定主義を維持することが困難になっていると指摘したが[266]，この指摘のとおりである。物権には担保物権が含まれるが，わが国では民法その他の法律に定める担保権以外に譲渡担保などがあり，「その経済的作用において重要な分野を占めるだけでなく，その法律的構成においても，今や判例法上ほぼ確立した形態を与えられ」，「担保物権の一種類として独立の地位を認め」られてはいるが，「物権と債権とを峻別する民法理論の下で構成される譲渡担保理論では，その経済的作用を合理的に営ませることが困難」になったのである[267]。物権法定主義のもとでは立法的解決が必要になるが，現在まで譲渡担保に関する基本法は制定されておらず，またそのほかのファイナンス・リースや所有権留保売買についても同様に判例によって担保物権として認められるにいたっている。

　シビル・ローの中核であるフランス法も事情は同じである。次のフランス憲法院判決は所有権の絶対・不可侵を明らかにしている。

　【参考裁判例】 フランス憲法院（憲法評議会）1998年7月29日判決
　　フランス憲法院は，議会を通過した法律について大統領の審署のまえに両院議長，60人以上の国民議会議員，上院議員の申立てによって法律の合憲性の事前審査を行うことを機能の一つとしているが[268]，本判決は社会的排除対抗措置法[269]に関する合憲審査であり，当時の野党から審査が申し立てられた。
　　同法は，90年代の景気後退期に失職などによって弱者となった者を救済することを想定した社会的立法であるが，同法案には不動産にたいする強制執行に

---

266) 我妻栄『物権法』（岩波書店，1952）23頁。
267) 我妻栄『新訂・担保物権法』（岩波書店，1968）13頁。
268) 1958年10月4日の第五共和制憲法第61条に規定されており，また憲法院に関する1958年11月7日オルドナンス第58-1067号で細則が定められた。
269) 社会的排除の対する措置に関する1998年7月29日法律第98-657号。

ついて弱者保護の観点からの規定があった。フランスの民事執行手続については，1991年に法律第91-650号として新民事執行法典が制定され，その後1992年7月31日省令第92-755号が新民事執行規則を定め，新民事執行法典は1993年1月1日に施行されているが，不動産執行制度についてはこの改正の対象にならなかったため[270]，事件当時は旧民事執行法典の規定が適用されていた。旧民事執行法典の第706条は居住者の退去に関する規定であるが，社会的排除対抗措置法の第107条はこの第706条の規定を廃止することとしていた。憲法院は判決で，1789年人権宣言の第17条の規定，すなわち「所有権は不可侵，神聖な権利であり，法的に証される公的必要性，明らかな必要性があるとき，正当かつ事前の補償を条件としてでなければ，なんびとも奪われることはない」と規定していることを挙げ，社会的排除対抗措置法第107条は違憲であると判断した。

フランス民法典は「所有権とは法律規則によって禁じられた使用をしない限り，もっとも完全な形でものを利用し，処分する権利である」と定め（第544条），「財産上には所有権，収益権，用益権を有することができ」るとしている（第543条）。法律上このほか担保物権として質権，抵当権を，留置権，先取特権を認めているが，判例などによって法律に規定のない物権を創設することを認めていない。

次の破毀院判決の事件は，物権法定主義の典型的な事例である。

【参考裁判例】　フランス破毀院2006年12月19日商事部判決[271]

　　フォーラム不動産は1992年1月7日の契約書でCGER銀行から資金を借り入れ，商業センターの所有権を取得した。フォーラム不動産は借入金の担保として商業センターの賃料債権すべてを債権者のCGER銀行に譲渡することとした。その後フォーラム不動産について1995年6月27日に裁判上の更生手続（再建型倒産処理手続）が開始された。その後，CGER銀行は1997年5月30日に貸金債権と担保をパリ北部相互信用金庫に譲渡し，譲受人がフォーラム不動産に債権譲渡の事実を通知した。テナントの一つのディヴァ社は賃料をフォーラム不動産に支払っていたため，相互信用金庫（原告）がディヴァ社（被告）を相手に賃料支払いを求める訴えを提起した。原判決（パリ控訴院2005年3月2日

---

270) 不動産執行法は2006年4月21日オルドナンス第2006-461号，2006年7月27日デクレ第2006-936号によって全面改正された。その内容については，山本和彦「不動産執行法の改革（2006年）」日仏法学25号（2009年）266頁を参照。

271) Cass. com. 19 déc. 2006, note Ch. X. Delpech, *D.*, 2007, p. 76.

判決）は1992年1月7日の契約書による賃料債権の譲渡は，借入金の担保の目的であることを明示しているから，CGER銀行はこの債権を取得し，この債権は1997年5月30日に相互信用金庫に譲渡されているとして，ディヴァ社に賃料12万ユーロおよび利息の支払いを命じたが，ディヴァ社はフォーラム不動産の債権譲渡は担保目的であり，同社の財産（*patrimoine*）から逸出するものではないとして上告した。破毀院は，フォーラム不動産の債権の譲渡は債権質であるとして，原判決を破毀，差し戻した。

債権質であるとすれば，依然として賃料債権者はフォーラム不動産であるから，ディヴァ社は同社に支払わなければならない。これはフィデュシーの法制化の直前の事件の判決である。わが国の譲渡担保に当たる担保目的フィデュシーが法制化されたのは2007年2月であり，この事件の債権譲渡は1992年に行われており，判決もフィデュシーの法制化直前の2006年12月であった。当時，借入人が担保目的で債権を債権者の金融機関に譲渡する方法として，ダイイ譲渡（*cession Dailly*）があったが，フォーラム社はこの方法をとっていなかったので，物権法定主義に基づくと，債権の譲渡担保であるとは認めることができず，民法典に規定されている債権質（*nantissement*）であると判断せざるを得なかった。債権譲渡担保は法定された物権ではなかったのである。前述のように2003年に開始された担保法の改正の検討委員会草案では所有権留保と譲渡担保の両方が提案され，担保法の改正で所有権留保担保は制度化されたが，譲渡担保の法制化はフィデュシー法にゆだねられていたので，債権の譲渡担保はいわばエアー・ポケットに入った状況にあったのである。こうした事情のもとで，所有権を移転させることによって担保を設定するという担保目的フィデュシーの必要性が認識され，フィデュシーを一部に限定することなく，一般実体法規定である民法典に盛り込むことが期待されていたのである[272]。本判決は当時審議されていたフィデュシー法との関連で，多くの批評が発表された。たとえばダマン弁護士らは流質契約（*pacte commissoire*）そのものは有効であるとしても，事件は倒産処理手続にかかわるものであり，流質契約は倒産処理に対抗できないという趣旨であり，破毀院は成文法のみが債権の譲渡担保の効力を定めることができると示したものと説明している[273]。またラルメ

---

[272] F.-X. Lucas, Fiducie aussi....., *Bulletin Joly Société*, mars 2007, éditorial.
[273] R. Dammann et G. Podeur, Cession de créances à titre de garantie: la révolution n'a pas eu lieu, *D*., 2007, p. 319.

2　物権法定主義と所有権の分属

教授は議会で審議されているフィデュシーに基づく債権の譲渡担保を無視するものであるとこの判決を批判し[274]，デルペッシュ助教授は本判決の射程を限られたものであるとした[275]。エネス教授は，フィデュシーの法制化により本判決は意味を失ったとした[276]。この判決は経済取引の実態を無視するものと批判が集まり，そのためかえってフィデュシーの法制化の要求が高まって，立法が促進される結果となった。

現にフィデュシーが法制化されたあとの2010年の下記の判決では，破毀院は異なった判断をしている。

【参考裁判例】　フランス破毀院2010年5月26日商事部判決[277]

　　建設工事会社のGOBTP社は，1990年12月27日にオーベルフィ社に不動産取得資金を貸し付けたが，そのさいにオーベルフィ社は取得した不動産にGOBTP社のために抵当権を設定するとともに，当該不動産の賃料債権を担保目的で譲渡した。GOBTP社は不動産のテナントに賃料債権の譲渡を通知し，テナントは賃料をGOBTP社に支払っていたところ，1999年9月30日に借入人のオーベルフィ社について裁判上の更生手続の開始が決定され，裁判所はXを債権者代表に選任した。その後，更生手続が係属した裁判所は事業再建は不可能であるという判断にいたり，2000年6月22日に手続は裁判上の清算手続に移行し，Xが清算人に選任された。手続の開始後，賃料は清算人に払われたため，GOBTP社が清算人のXを相手にこの支払いを求める訴えを提起した。

　　原判決（パリ控訴院2009年2月17日）は，GOBTP社の請求を棄却したが，破毀院はオーベルフィ社は担保として債権譲渡をしたとして，原判決を破毀，差し戻した。

譲渡担保は担保目的フィデュシーとして法制化されたので，物権法定主義との抵触の問題はなくなったことを示す判決である。

もう一つ，所有権の分属の問題がある。

フランスのフィデュシーでは，受託者が財産にたいする所有権を取得するが，受託者は「受益者のために特定の目的で」財産を管理する（第2011条）ので，受託者による財産の所有権の取得は特定の目的ための一時的なものであ

---

[274] Cass. comm., 19 déc. 2006, note: C. Larroumet, *D.*, 2007, p. 344.
[275] Cass. comm., 19 déc. 2006, note: X. Delpech, *D.*, 2007, p. 76.
[276] L. Aynès, La cession de créance à titre de garantie: Quel avenir ?, *D.*, 2007, p. 962.
[277] Cass. comm., 26 mai 2010, note N. Borga, *D.*, 2010, p. 2201.

る。英米法のトラストは所有権の分属を前提に成立するが，フランスでは所有権の絶対原理から所有権の分属に否定的である。フランス民法典は「用益権 (*usufruit*) は第三者が所有権を有する財産を使用する権利である」(第 578 条) として，一財産について物権として所有権と用益権を認め，用益権のある財産の所有権を虚有権 (*nue-propriété*) といい，ある財産に用益権が認められている場合，権利は所有権者と用益権者に分属することになるが，これは法律が想定した分属であり，それ以外の分属を認めていない。

たとえば次の事件がある。

【参考裁判例】　フランス破毀院 2009 年 1 月 28 日判決[278]

フランス民法典は用益権者 (*usufruitier*) の死亡の場合，用益権は消滅すると規定している (第 617 条)。

X 氏は不動産を所有し，その母親に用益権を認めていた (X 氏は不動産の虚有権者)。2001 年 4 月 13 日，X 氏は用益権者 (母親) が死亡した場合に，Y 氏がそれから 4 か月以内に買取オプションを行使することを条件に，虚有権を売り渡す旨の公正証書を作成した。2004 年 5 月 25 日に X 氏が死去し，X 氏夫人が Y 氏を相手に売買の無効の確認を求める訴えを提起した。一方，2006 年 1 月 2 日にその母親が亡くなり，代理人が Y 氏に死亡の事実を知らせ，Y 氏が 2006 年 5 月 7 日に買取オプションを行使し，不動産の虚有権ではなく，完全な所有権の強制執行を求めた。原判決 (エクサンプロバンス控訴院 2008 年 1 月 10 日判決) は，X 氏が売却した権利は虚有権にすぎないので，Y 氏の請求は認められないとして棄却した。これにたいして破毀院は，用益権者の死亡によって虚有権は完全な所有権に復帰するので，原判決は民法典違反 (第 617 条) であるとして破毀した。

ところで，2005 年に上院に提出されたフィデュシー法案は民法典に「受託者所有権」(*propriété fiduciaire*) というあらたな物権を設けることを予定していた。受託者所有権とは英米法のトラストのコモン・ロー上の所有権 (*legal ownership*) にならった概念であり，受託者が財産にたいして有する所有権を意味する。法案提出者のマリニ議員はフィデュシー法成立後の論文で，フランス法に英米法のトラストにならって所有権の分属を導入することを予定していたと述べているが[279]，法案では，物権法定主義と所有権分属の問題を慎重に

---

278) Cass. Civ. 3e, 28 jan. 2009, No. 08-12. 649, *D*., 2009, p. 2309, note B. Mallet-Bricourt et N. Reboul-Maupin.

2　物権法定主義と所有権の分属

考慮して，受益者の権利は物権ではなく，受託者にたいする請求権であると構成し，受託者所有権というあたらしい概念も民法典の物権法定主義に反するものではなく，また所有権の分属を招くものでものでもないと説明していた[280]。その後の両院での法案審議の過程では「受託者所有権」という表現は消え，この点はあいまいにされた。現行のフィデュシー法制では委託者と受託者の契約として構成され，委託者が引き渡した財産の所有権は受託者にあり，受益者は契約上の権利を有すると構成されている[281]。フィデュシーの設定された財産は，受託者について倒産処理手続が開始されてもその影響を受けないので（民法典第2024条），受託者の財産であるとしても「形式的」であることは確かであるが，その一方，受託者は財産の管理処分権を有し，フランス民法典では，管理処分権を有するのは通常の所有権者であるから[282]，受託者の権利は不明確なままである。

　ところがフィデュシーの法制化のあとに，いったん葬ったはずの「受託者所有権」という表現が法案によみがえったことがある[283]。受託者所有権を提案したのはフィデュシー法案と同じ上院のマリニ議員である。この法案は2008年のリーマン・ショック後の世界的景気後退のなかで中小企業対策として提案されたものである。2008年秋以降，金融機関が融資に慎重な姿勢に転じたことは，わが国もフランスも同じであり，わが国では2009年12月に中小企業者等に対する金融の円滑化を図るための臨時措置に関する法律（平成21年法律第96号，金融円滑化法）が成立したが，フランスでもほぼ同時期に金融機関の貸し渋り対策として2009年10月19日法（中小企業金融円滑化法）[284]が定められた。この法律のなかに「受託者所有権」ということばがあったのである。当初の法案には規定がなかったが，2009年5月27日に上院（元老院）の財務委

---

279) Ph. Marini, Enfin la fiducie à la française !, *D.*, 2007, 1347; Ph. Marini, La fiducie, enfin, *JCP*, éd. E, no. 36, 2007, p. 5.
280) 2005年2月8日のマリニ上院（元老院）議員が提出した上院へのフィデュシー法案趣旨による。
281) フィデュシー法成定以前にルカ教授が指摘した。F.-X. Lucas, *Les transferts temporaires de valeurs mobilières pour une fiducie de valeur mobilières*, LGDJ, 1997, p. 300.
282) H. de Vauplane, La fiducie avant la fiducie: le cas du droit bancaire et financier, *JCP*, éd. E, no. 36, 2007, p. 9.
283) スクーク債券を使った証券化について L. Romanet, La fiducie: bilan et perspective, *Banque & droit*, no. 125, 2009, p. 15 を参照した。
284) 中小企業の資金調達の円滑化と金融市場の機能の改良のための2009年10月19日法律第2009-1255号。

III

第5章　トラストとシビル・ロー原理の抵触

員会マリニ議員は，同法案に関する報告書を提出し，そのなかで中小企業の資金調達の手段として，あらたにフランス国内でのスクーク債券（sukuk）の発行を認めることを提案した。フランス国内にはイスラム教徒（ムスリム）が500万人以上在住し，中小企業の事業主も多いが，スクーク債券とはイスラム法を遵守した債券であり，一種のアセット・バックト・セキュリティーズである[285]。イスラム金融の問題の一つは，利息の法律構成である。イスラム法（シャリア）は金利の徴収を禁じているから，投資家への配当を金利と構成することはできない。そこで中小企業が発行したスクーク債券を保有する投資家は発行者の財産に所有権を有することとし，投資家は財産の拡大の配当を受けるという構成をとることで解決することとした。フランス国内市場でスクーク債券をムスリムやその他の投資家に販売して，資金調達の手段にしようとしたのである。マリニ議員の趣旨説明は「スクーク債券のスキームにはフィデューシーが最適である」が，現行のフランス・フィデューシー法はこの点で不十分であり，本法律で受託者の権利を受託者所有権と構成することで，「受託者は財産上の法律上の所有権を取得し，受益者は当該財産上に経済的な所有権を得る」ことができるとして起案した[286]。この「受託者所有権」という表現があらためて憲法院の段階で問題となったのである。

【参考裁判例】　フランス憲法院（憲法評議会）2009年10月14日判決[287]
　　中小企業金融円滑化法第16条は「受託者がフィデューシー契約の規定に従い，受益者のためにフィデューシーの財産を構成する財産についてのフィデューシー所有権を行使する」と規定していた。これは英米法のトラストの legal ownership に類似した概念を形成するものであった。社会党の国民議会議員らの申立てを受けて，憲法院は同法案の事前審査を行った。そして，2009年10月14日の判決で憲法院は法案の第16条は中小企業の金融調達の円滑化とはなんら関係がないとして，憲法違反であるとし，このため同法案は16条を削除して公布された。なお，イギリスではイスラム金融がすでに行われているが[288]，スクーク債券の

285）スクーク債券の現物財産の裏づけ（アセット・バック）手配の方法として，ムラバハ（所有権留保売買またはファイナンス・リース）の形式をとる場合（*Mourabaha-sukuk*）やイジャラ（セールス・アンド・リースバック）の形式をとる場合（*Ijara-sukuk*）などがある。
286）2009年5月27日提出の上院・財務委員会・マリニ議員報告書第442号を参照。
287）Cons. const., 14 oct. 2009, no. 2009-589DC, *D*., 2009, p. 2412, note. A. Lienhard.
288）イギリスでは2004年8月に Islamic Bank of Britain に営業認可が与えられてから，イスラム金融を提供する専門銀行が設立され，2007年11月時点では既存銀行を含め

2 物権法定主義と所有権の分属

発行はトラストのスキームを利用して行われている。

マリニ議員は，フィデュシー法案で英米法のトラストにならった所有権の分属を想定したが，果たせなかったため，イスラム金融のスクーク債券において，再度フィデュシーについて所有権の分属を導入しようとしたのである。憲法院は受託者所有権という概念を憲法違反とした。この結果，所有権の分属という考え方は排除されたことになる。

この憲法院判決はスクーク債券に関する技術的な問題を取り上げたのであり，イスラム金融そのものを禁じる趣旨ではないと理解されているが[289]，この判決はフランスで物権法定主義の遵守と所有権分属の否定の意識が強いことを示している。学界からはそもそも「受託者所有権」という概念を明確にしないまま，法律に導入することに批判があった。リブシャベール教授は2007年の当初のフィデュシー法について所有権が不明確であることを指摘した[290]。エネスとクロク両教授は，受託者の所有権が「受託者所有権」と限定されると，担保目的フィデュシーの受託者である債権者は正当な所有者とはみなされなくなるおそれがあり，担保としての実効性に疑念を生じると指摘した[291]。担保目的フィデュシーでも占有を移転しないときには，担保目的物に他の債権者が別途，担保権を設定した場合，担保としての効力に問題が生じるという問題があったのである。マレ・ブリクー教授は，受託者の所有権という概念がフィデュシー法制の中核であり，法律上受託者の所有権を明確にしないままに放置することは民法の所有権概念の混乱を引き起こすとして，所有権の分属の許容が必要であるとした[292]。グリマルディ教授は，「受託者所有権」は期間が限定された所有権ではあるが，絶対性があり，一種の経済的所有権であるとまとめている[293]。カズマレク博士も受託者所有権の概念について疑問を呈しながら，

て25～30行がスクーク債券などのイスラム金融を行っている（M. Ainley, Banques islamiques au Royaume-uni, *Revue Banque*, no. 696, 2007, p. 34)。

289) A. Lienhard, Fiducie et finance islamique, *D*., 2009, p. 2412.

290) R. Libchaber, Les aspects civils de la fiducie dans la loi du 19 février 2007, *Defrénois*, 2007, 1094 et 1194, no. 7.

291) L. Aynes et P. Crocq, La fiducie préservée des audaces du législateur, *D*., 2009, p. 2559.

292) B. Mallet-Bricout, Le fiduciaire propriétaire ?, *JCP*, éd Entreprise, no. 25, 2010, p. 13.

293) M. Grimaldi, L'introduction de la fiducie en droit français, *Annales du droit luexmbourgeois*, 2009, p. 43.

フィデュシーは民法典では契約的関係とされる一方，民法典では「所有権の取得方法」の部に規定が置かれている点を指摘した[294]。物権法定主義を徹底するのであれば，なんらかの法的な措置を必要としよう[295]。

わが国ではフランスの担保目的フィデュシーに相当する譲渡担保については判例で認められた担保物権として理解されている。わが国とフランスでは物権法定主義にたいするアプローチに大きな違いがあることになる。これは判例を判例「法」と解するのか，それとも一事件についての裁判所の判断と解するかの違いといえる。フランスでは，革命で古法時代の「裁判官の政府」（*gouvernement de juges*）の体制を廃した経験から，裁判所よりも立法機関にたいする信頼感が強いことのあらわれということができる。

わが国で判例法上形成された担保権については次の事件がある。

【参考裁判例】　東京高判平成19年3月14日（上告審判決とともに民集62巻10号2600頁）

　これは最高裁平成20年12月16日判決の原判決である。

　リース会社とユーザーが飲食店の什器施設のファイナンス・リース契約を締結していたが，ユーザーについて民事再生手続開始の申立てがされ，リース会社がリース契約を解除したとして，ユーザーに返還されていなかったリース目的物の返還を所有権に基づき求めるとともに，所有権侵害による不法行為に基づく損害賠償を請求した。裁判所は「本件のようなフルペイアウト方式によるファイナンス・リース契約は，リース期間満了時にリース物件に残存価値はないものとみて，リース業者がリース物件の取得費その他の投下資本の全額を回収できるようにリース料が算定されているもので，その実質はユーザーに対して金融上の便宜を付与するものであり，リース料債務は契約の成立と同時にその全額について発生し，リース料の支払が毎月一定額によることと約定されていても，それはユーザーに対して期限の利益を与えるものにすぎず，各月のリース物件の使用と各月のリース料の支払とは対価関係に立つものではないものである。そして，債務者がリース料債権の支払を遅滞したときは，リース業者は，リース契約を解除してリース物件の利用権を消滅させ，利用権による制約のない完全な所有権に基づきリース物件の返還を求めることができることにして，

---

294) L. Kaczmarek, Propriété fiduciaire et droits des intervenants à l'opération, *D.*, 2009, p. 1847.

295) フィデュシー立法以降の受託者所有権概念については，B. Mallet-Bricout, Fiducie et propriété, in *Liber amicorum Christian Larroumet*, Economica, 2010, p. 297 を参照。

実質的にはリース物件の利用権をリース料支払債務の担保にしているということができる」として，リースの目的物にユーザーは所有権を有するのではなく，単に利用権を有するだけであるとした。

わが国の裁判例では，リースは所有権と利用権が分離する取引と理解されている。わが国の民法の債権に関する規定については現在改正作業が続けられており，ファイナンス・リースについても規定が設けられる予定であるが，改正案は，ファイナンス・リースをリース会社が，リース契約の目的物の所有権を供給者から取得し，目的物をユーザーに引き渡し，ユーザーが目的物をリース契約で定める期間のあいだ利用することを受忍する義務を負い，ユーザーがその調達費用等を元に計算されたリース料を支払う義務を負う双務契約であるとしている（債権法改正の基本方針第3.2.7.01を参照）。リース会社はユーザーの使用収益を受忍する義務を負うので，所有権と利用権が分離することになる。改正案は「ユーザーは，目的物の使用および収益に際しては，契約およびその目的物の性質によって定まった用法に従わなければならない」としているが（同3.2.7.03），所有権の分割について特段の説明はない。

所有権留保については次の事例がある。

【参考裁判例】 最高裁昭和50年2月28日第二小法廷判決・民集29巻2号193頁
　　A社は自動車のディーラーであり，B社はその傘下のサブディーラーである。A社がB社にたいして自動車一台を管理させていたところ，当該自動車を個人Cが購入して，CはB社に自動車の代金の全額を支払い，B社は自動車を引き渡した。この間，A社はB社とCのあいだの売買契約の円滑な履行に協力した。その後，A社はB社がCに販売した自動車を所有権留保条件付で，B社に売却することとしたが，B社が代金の支払いを滞ったため，A社が当該自動車の引渡しを求める訴えを提起した。最高裁はA社が売買契約の履行に協力しておきながら，その後B社とのあいだで締結した「自動車の所有権留保特約付売買について代金の完済を受けないからといつて，すでに代金を完済して自動車の引渡しを受けた被上告人に対し，留保された所有権に基づいてその引渡しを求める」ものであり，「権利の濫用として許されない」とした。

次の事件も自動車の所有権留保条件付売買の事例である。

【参考裁判例】 最高裁平成22年6月4日第二小法廷判決
　　A社は自動車の販売会社，B社は自動車ローンを提供する会社である。個

第5章　トラストとシビル・ロー原理の抵触

人のCはA社から自動車を一台購入することとし，B社が代金をA社に支払い，B社は当該自動車の所有権を留保しつつ（名義上はA社に留保），自動車をCに引き渡す旨の三者間の契約を結んだ。その後，Cについて個人再生手続の開始決定があったので，B社は所有権留保条件に基づいて，所有権に基づきCに自動車の引渡しを求めた。原審は，B社がA社に立替払いしたことにより，弁済による代位が生ずる結果，A社が残代金債権を担保するために留保していた所有権は，法律上当然にB社に移転するとして，B社の請求を認めた。最高裁は，本件取引はB社が立替金等債権を担保するために，A社から本件自動車の所有権の移転を受け，これを留保することを合意したものであるが，「再生手続が開始した場合において再生債務者の財産について特定の担保権を有する者の別除権の行使が認められるためには，個別の権利行使が禁止される一般債権者と再生手続によらないで別除権を行使することができる債権者との衡平を図るなどの趣旨から，原則として再生手続開始の時点で当該特定の担保権につき登記，登録等を具備している必要」があり（民事再生法第45条），B社にはその登記，登録がないとして原判決を破棄した。

② わが国の譲渡担保の法律構成

フランスの担保目的フィデュシーはわが国の譲渡担保に類似した構成である。では，わが国の譲渡担保は信託なのだろうか。

わが国では譲渡担保は担保手段として明治時代から行われてきた，きわめて長い歴史がある担保手法である。わが国の民法は，ドイツ・スイスの近代的物的担保制度を導入したとされているが，約定担保物権である抵当権，質権は「担保のために構成された特殊の制限物権」とされている。一方，英米法では制限物権のかたちではなく，「権利移転の形態をとる」物的担保の制度が著しく発達したとされているが，譲渡担保も債務者から債権者に財産の所有権を移転する担保形態であるから，英米法の方式ということもできる。しかし前記のドイツ・スイス型の制限物権としての担保物権という近代的な物的担保制度が確立する以前にすでに古代ローマの時代には「権利移転の構成として」の担保，すなわちフィデュキアが存在したのであり[296]，譲渡担保をフィデュキアまたは信託として構成することができるはずである。

ここでわが国での譲渡担保と信託の関係について検討することにする。

---

296) 以上の記述は，我妻栄『新訂・担保物権法』（岩波書店，1968）7頁を参考にしている。

2 物権法定主義と所有権の分属

　わが国ではかつては譲渡担保ということばと「売渡抵当」(東京控訴院明治34年10月18日判決は「買戻条件付売買」とした) ということばが同義的に使われたことがある。その後，譲渡担保は債務者が財産を担保目的で債権者に譲渡する方式を意味するようになった (大審院大正5年9月8日判決は使用収益権の譲渡担保の事件で，その成立を認めなかった)。譲渡担保の法律構成については，すでに大正期に信託として構成する意見もあった。たとえば細谷教授は大正13年の論文で，譲渡担保の法律構成について「わが国における信託思想と信託的取引は主として売渡担保 (売切抵当，売券担保，譲渡担保などとも称せらる) として古くより行われ，債務者がその債権者にたいし債権担保の目的をもって財産権を売却する形式をもって行われ」たとし，「土地の抵当に関して最も多く利用せられたる上記の方法は次第に有価証券にたいしては勿論，各種の動産，電話使用権にすら応用せられ，かつて売買の形式をもってせるものも不要因的財産権移転の形式をもって行わるるにいたり，実際取引上においても判決例においても信託譲渡による担保，信託担保などと称せられ」たとしているのである。すなわち譲渡担保では債務者がその財産を債権者に担保目的で譲渡するが，これを信託的な譲渡であるとする意見があったのである。しかし同教授は「学説判例共にその法律上における性質効力に関し幾多の議論を生じ，ある時代にありてはその無効論も相当に存在した」が，「法律上の性質効力決定に関する準拠規定につきかならずしも議論の一致を見ず，ある者はしひてわが現行私法の正面規定にその準拠を求めんとして牽強付会の議論となり，もって当事者の真意に反する場合多く，当事者の真意を解することなくいたずらにすべての場合をもって買戻条件附譲渡，再売買予約付譲渡または解除条件付譲渡等の法律行為をもって解すべからざるは理の当然である。あるいはまた契約自由の原則をもってその法律行為の有効を是認し，しいて現行私法の正面規定にその準拠を求むることなく，一種の有効なる無名契約とし英米における信託の原則を藉り来り，これを処理せんとし，信託に関する基本法制を存せざりしわが国においていつしか信託的取引として容認せられ法律的基礎に於てははなはだ曖昧たるを免れなかった」と指摘した[297]。譲渡担保を法律的に信託と構成しても，「牽強付会」におちいる可能性があり，信託に類似したものとするにとどめ，その法律構成については「曖昧」なままに残したのである。

　譲渡担保を信託的に構成すると，債務者が委託者として財産を債権者である

[297) 細谷祐治「信託法理及信託法制概論㊂」法協42巻 (1924年) 10号1806頁。

受託者に引き渡し，受託者は同時に受益者として万一債務者に債務不履行があれば担保目的物の財産から優先弁済を受けるということになる。しかし上記の判決がいうように，旧信託法と旧信託業法は「わが国における信託思想の先駆をなした売渡担保（譲渡担保）は，債権者たる受益者が同時に受託者たる場合は信託の原則に反するものとし，英米における立法例にならい，これを信託関係から除外した」のである。このときから，わが国の譲渡担保は信託的構成をとることができなくなった。また，大正時代には譲渡担保を債務者・債権者という内部的な関係では財産の所有権は依然として債務者のもとにあるが，当事者以外の第三者にたいする外部的関係では財産の所有権は債権者に移転しているとする関係的所有権または権利の関係的帰属の理論によって説明されたことがある（大審院大正13年12月24日連合部判決）。関係的帰属の理論は，財産の所有権を外部的と内部的という側面から二分するもので，トラストのコモン・ロー上の所有権と衡平法上の所有権の分け方とは異なるが，一つの財産の所有権を分有させる点では共通した。その後，昭和初期の大審院判例では，すでに譲渡担保固有の法理が形成され，譲渡担保は信託ではないとして，信託的構成が排されていた。事件は次のとおりである。

　【参考裁判例】　大審院昭和19年2月5日判決・民集23巻2号52頁。
　　土地建物を購入した債務者が資金を融資した債権者のために，資金の返済と公租公課・保険料等の完済を買戻しの条件として，当該土地建物につき譲渡担保を設定し，所有権移転登記を行った。当該建物には賃借人がおり，賃借料を前記の貸金債権の利息に充当することとされていた。その後，債務者が資金を返済しようとしたが，債権者は公租公課等の支払いに不足するとしてその受領を拒み，債務者は不足はないばかりか超過しているとして，所有権移転登記を求めた。第一審，控訴審いずれも債権者に所有権移転登記に応じる義務があるとした。債権者は上告理由で，本件譲渡担保は債務者から債権者への土地建物の信託譲渡であり，債権者たる受託者が信託の利益を享受することは（旧）信託法第9条に違背するので，本件譲渡担保契約は無効であると主張した。大審院は，信託財産は「受託者に絶対（的）に移転する」が，譲渡担保では「第三者に対する外部関係においてのみ」移転するので，譲渡担保は信託法上の信託ではないとして，上告を棄却した。

　現在，わが国ではこの理解が一般的であると考えられる[298]。我妻博士は，

---

298) 我妻博士は「譲渡担保は，判例と慣習法とによって構成されつつある特殊の物的担

2 物権法定主義と所有権の分属

譲渡担保の「担保権者は，目的物の所有権を取得しているけれども，実質的に把握しているのは被担保債権の額だけ」であり，「債務不履行の生ずるまでは，担保権者はそれ以上の価値を把握していない」とされ，「その反面，債務者（設定者）は，目的物の所有権を移転した後にも，その譲渡が担保のためであることの結果として，目的物の価値の被担保債権の価額を越える部分は，なおこれを保留」しており，「要するに，目的物の所有権は担保権者に帰属し，設定者の許ではゼロになっているが，その目的物の有する価値は，担保権者と設定者とに分属している」，「いわば所有権の価値の分属である」と説明された[299]。すなわち所有権そのものが分属するのではなく，財産の金銭的価値が債務者と債権者に分属していると構成された。

譲渡担保は，財産の所有権を債権者に移転する担保手法であるが，あくまでも担保であるから，移転された財産の価値が被担保債権の額を超える場合には，その部分には及ばない。次の裁判例がある。

【参考裁判例】 最高裁判所平成5年2月26日第二小法廷判決・民集47巻2号1653頁

事業を行うA社は，個人のBから所有する土地を賃借し，その上に建物を建設し，C損害保険会社と当該建物の火災保険契約を結んだ。またA社はD共済組合とも建物構成共済契約を結んだ。A社は取引先の実質倒産のあおりを受けて業績が悪化し，前記の建設の所有権をBに移転し，その旨の登記を行い，Bから資金の借り入れた。それからしばらくしてA社は実質的に倒産状態になり，そのときに当該建物が火災により炎上した。そこで，A社はC損害保険会社にたいして保険の支払いを，D共済組合に共済金の支払いを求め，D共済組合は支払ったが，C損害保険会社は支払いに応じなかったので，A社はC損害保険会社に対して保険金の支払いを求める訴えを提起した。C損害保険会社は，当該建物はA社の所有物ではないと主張し，仮に譲渡担保であるとしても，同一物件についての保険であるから重複保険である（旧商法第632条，第633条，現行保険法第20条）であると主張した。最高裁は「譲渡担保が設定された場合には，債権担保の目的を達するのに必要な範囲内においてのみ目的不動産の所有権移転の効力が生じるにすぎず，譲渡担保権者が目的不動産を確定的に自己の所有に帰させるには，自己の債権額と目的不動産の価額との清算手続をすることを要し，他方，譲渡担保設定者は，譲渡担保権者が右の換価処分を完結す

保」であると説明される（我妻栄『新訂・担保物権法』（岩波書店，1968）607頁）。
299) 我妻栄『新訂・担保物権法』（岩波書店，1968）599頁。

るまでは，被担保債務を弁済して目的不動産を受け戻し，その完全な所有権を回復することができる」と判示した。

英米法の信託は担保の手段として利用されることはない。しかし英米法でも財産権を移転することによって担保を設定するというわが国の譲渡担保に類似した構成をとる担保がある。モーゲージ (*Mortgage*) である。これは不動産にたいする英米法上の担保の手法であり，不動産の所有権を譲渡する担保方式である。債務者に不履行があれば債務者の財産の受戻し請求権の喪失手続 (*foreclosure*) を経て，債権者が不動産の所有権を取得する手続であったが，これでは複数の担保の設定ができないことから，英国では1925年の財産権法 (*Law of Property Act*) で制限物権として構成されるようになった（第87条を参照）。

③　わが国での所有権の分属の議論

わが国では判例により非典型担保を認めてきたために，フランスのような物権法定主義の制約は比較的少ない。しかし，所有権の分属という問題は共通である。

旧信託法の立法の中心となった池田博士は，信託の所有権の構成については二重領有説と債権的権利説があるとし，二重領有説とは「ひとつの権利，二つの主体」を認めるもので，受託者は権利を運用する権能を，受益者はその権利の運用の利益を取得する受益的権利を有し，受託者は「形式的外形的権利」を，受益者は「実質的内容的の権利」を有し，「二重領有（Double ownership）」が形成されるとする考え方をいい，債権的権利説とは「権利は名実ともに名義人（受託者）」に属するものと構成する考え方で，「名義人（受託者）が他人（受益者）のためにその権利を行使するを要するはその他人（受益者）とのあいだにおける債務関係によるに過ぎず，他人（受益者）は直接の権利者にあらず，権利者（受託者）にたいして自己のためにその権利の適法なる行使を要求する債権を有するにとどま」り，この場合「処分権を有する者（受託者）は受益権を有する者（受益者）のためにその権利を行使することを要する」というものであるとした。英国ではこの対立について議論があるが，英国法では権利を運用する受託者（権能的権利者）と権利運用の利益を取得する受益者がそれぞれ権利を有する二重領有（double ownership）と構成して，権利者の行為または法律の規定により分離して別の者に属することをトラストとしているが，「二重領有の観念はわが民法の原則に重大なる変革を及ぼすものにして，特別の必要に

迫らざる限り，これを避くるを可とす」300)としていた。民法原則にたいする重大な変革という懸念に加えて，さらに池田博士は，英国法と同時にドイツの学説も調査したうえで，基本的構成を英米法のトラスト理論によるが，受益者の権利については「受託者は信託財産を享有し，受益者のためにこれを管理処分するの債務を負う」ものであるとして，旧信託法案を起草するにあたって二重領有説をとらずに債権的権利説を採用したと述べている。

また，旧信託法の制定の当時，呉博士は「信託行為の効果として，信託財産は物権的に受託者の所有に帰し，同時に受益者は受託者に対して信託行為に基く債権的請求，即ち信託法上の債権を取得する」とし，受益者は信託法上の諸権利，信託業法上の諸権利（受託者破産の場合の供託金からの優先弁済権と不足額責任主義）と民法上の権利（債権的請求権）を有すると説明していた301)。

わが国の信託では，受益者の権利は受託者にたいする債権と構成されているが，フランス同様に明確とはいいがたい。たとえば，第三者が信託財産を侵奪した場合，所有権に基づく物権的請求権を行使する者は受益者ではなく，受託者である。仮に受託者が物的請求権を行使しないのであれば，受益者は受託者にたいしてその行使を請求することになるが，これは債権的な関係である。このような構造は，債務者がその債権を行使しない場合に，債務者の債権者が債務者に代わって行使する債権者代位権（民法第423条）の構造，役員に会社にたいする損害賠償責任があるが会社が損害賠償の請求をしない場合に，株主が当該役員を相手に提起する株主代表訴訟（会社法第847条）の構造に類似しているが，受益者に受託者に代わって物権的請求権を行使する権利を認める規定がないから，構造は類似しているが，受益者に代位訴訟は認められないことになる。

こうした受託者の権利と受益者の権利の関係も四宮教授にならった表現を使えば，「なぞ」である。この点については古くからさまざまな議論があった。池田博士は債権的権利説をとられたが，宮本教授も「わが国法上にあってはもとより英法に見るが如き，法律二重性（*The Dual System of Law*）を認むることを得ず，且つ信託法第20条・第25条等によれば受益者・受託者間の関係を債権関係と認めたるもののごとく，すくなくとも形式論としては受益権を債権と解するのほかな」いとしている。ただし，同教授は「一度単純なる形式論を去って信託関係の実質を考察するときは債権説に依ることが果たして，よく

---

300) 池田寅二郎「信託法案ノ概要」法協38巻（1920）7号845頁。
301) 呉文炳『日本信託会社論』（厳松堂，1922）218頁。

信託制度の目的に適合するや否やはなお研究の余地」があるとも付記していた[302]。細谷教授は信託契約の当事者は委託者と受託者であり，受益者はその利害関係者であると構成した[303]。一方，河合教授は英米法のトラスト本来の機能をふまえて，わが国の信託を単に債権的に構成することを問題点を指摘され，理論的なアプローチよりも実際的なアプローチをとるべきであるとした[304]。四宮教授は，わが国のように債権的な構成をとる信託を「信託行為」と名づけ，英米法の物権的な構成のトラストと区別し，英米法のトラストの場合には「法律行為の内容と当事者がこれにより達せんとする経済上の目的とは正しく一致」しているが，わが国の信託行為の場合には「当事者は外部に対してはその経済上の目的を秘し，権利譲渡の一般普通の場合と同一の法律上の取扱を受くることをもって，かえって取立の目的，担保の目的を達するに便宜なる手段」になっているが，担保目的で所有権を移転するというように外見と実質がくいちがうとし，こうしたわが国の「信託行為」としての構成は「わが国に信託の観念をはじめて紹介しまた信託法の立法に参画した池田博士によって，受益権の本質に関する学説として債権説が採用せられたことに基く」もので，「信託を財産権の完全なる移転と債権による目的制限とによって構成したのは，日本民法のローマ法的法体系がこれを要求したことに原因」があるが，「ローマ法的法体系においては，所有権は絶対性を有して数人の間に分属することを許さず，またこれを実質的に制限する物権はきはめて制限せられる（物権限定主義）。しかも，物権と債権とが峻別せられる結果，所有権の制限は債権の途を撰ぶよりほかない」からであると記している[305]。柚木教授はわが国民法第175条の物権法定主義に基づいて，所有権の分有を認める理論を批判された[306]。

あたらしい信託法の制定にさいしても信託の設定を物権行為とするのか，債権行為とするのかがあらためて検討されたところである。結局，「旧法の起草者（池田寅二郎博士）が採用し，旧法の制定初期から有力に唱えられてきた，いわゆる債権説」に立つことになった[307]。現行法の立法担当者によれば，債

---

302) 宮本英雄「英米信託法に於ける受益権の発達及び性質(一)」論叢13巻（1925年）3号316頁，318頁（一部ひらがなにした）。
303) 細谷祐治「信託法理及信託法制概論(一)」法協42巻（1924）8号1360頁。
304) 河合博「信託の定義（四・完）」法協52巻（1934年）2号102頁。
305) 四宮和夫「信託行為と信託(一)」法協59巻（1941年）1号34頁，46頁（一部ひらがなにした）。
306) 柚木馨『担保物権法』（有斐閣，1958）395頁。
307) 寺本昌広『逐条解説・新しい信託法』（商事法務，2007）25頁。

権説とは「信託によって受託者が信託財産の完全な所有権を取得する一方で，受益者は，受託者に対し，信託の目的に従った信託財産の管理・処分を行うことについての債権的請求権を取得するという考え方であり，物権と債権とを峻別する大陸法を基本とする民法体系との整合性を重視したもの」である。

信託の受益者の権利を所有権という物権ではなく，債権的権利と構成することは，本来のトラストの構成と異なる。このために受益者の権利については別に法的な説明が必要となる。現行の信託法の立法担当者は「信託財産に関する財産は，形式的には受託者に属するが，実質的には受益者のために管理・処分されるべきものであり，信託の利益は受益者に帰属する」と説明しているが[308]，これによるとわが国の民法上，所有権に「形式的所有権」と「実質的所有権」という二つが存在することになる。四宮教授は「受益者は信託財産に対する給付請求権すなわち債権を有するが，そのほか信託財産（構成物）に対する物的権利をも有する」とされながら，「物的権利といっても」，「信託財産に内在する目的的制限が受益者に反映して形成された特殊なもの」であって，信託財産は「受託者個人とは別個の，それ自体独立した実質的法主体性を仮定することが可能」として，信託財産が超個人的な性格を持つとされている[309]。わが国の信託法では受益権は，受託者にたいする債権であって，受益者は信託財産について物権的請求権が認められるものではないが，実質的所有権と説明されている。この点についてそれ以上の説明がない。

④ 用益権的構成の是非

フランスのフィデュシー法制は，古代ローマのフィデュキアを再生させるものである。一方，古代ローマには所有権の分属のかたちとして，使役権（*servitus*）とともに用益権（*ususfructust*）が存在した。用益権を利用してトラストと同様の所有権の分属の効果を生じさせることはできないだろうか。後述（第7章2項）するようにトラストの起源をさかのぼるとローマ法の使用権（*usu*）にいたると考えられ，現にブラックストンもトラストの前身であるユースの起源についてローマ法の用益権と信託遺贈の二つの可能性があるとしていた。

まず財産所有者が債務者として，当該財産の処分権（*jus abustendi, droit de disposer*）を留保して，当該財産の用益権（*jus etendi et fruendi, usufruit*）を債

---

308) 寺本昌広『逐条解説・新しい信託法』（商事法務，2007）97頁。
309) 四宮和夫『信託法［新版］』（有斐閣，1989）69頁，76頁。

権者に認めるという構成が考えられる。この場合，債権者は当該財産が産み出す収益・果実から債権回収を図ることになり，所有者の権利は虚有権（*nu-propriété*）となる。担保目的のフィデュキア・フィデュシーと類似した効果があるとはいえ，債権者としては自らの作業の結果である財産の果実を債権回収に充てるというのでは，いかにも迂遠な感がする。それよりも財産そのものの所有権を得ることのできるフィデュキアのほうが債権の担保としては手っとり早いであろう。

では，財産の所有者が債務者として当該財産の処分権を債権者に移転させ，債務者が用益権を留保するという構図も考えられる。この場合，債権者としては，財産処分によって債権を一挙に回収することが可能であるから，上記のような問題点はない。しかし債務者にしてみれば，財産の処分権の譲渡は，あくまでも債権担保のためであるから，債務者が債務を完済した場合には，処分権を回復しなければ意味がない。フィデュキアであれば，担保目的フィデュキア（*fiducia cum creditore*）としては制度は公認されているが，用益権と分離した処分権の担保は公認の制度ではないから，債務者の救済という点で問題がある。

次に，財産管理型を想定する。財産管理目的フィデュキア（*fiducia cum amico*）の場合，受託者は財産の産み出す果実・収益を受益者でもある委託者に引き渡さなければならない。用益権として構成する場合，財産所有者が処分権を留保して，用益権を財産の管理にあたる第三者に渡したのでは，この第三者が果実・収益を収得してしまうので，財産管理の目的を果たすことができない。また逆に，処分権を財産管理者に渡したのでは，上記担保目的の場合と同じ問題が生じる。マローリーとエネス両教授は，所有権を虚有権と用益権に分離することがフィデュキア・フィデュシーと類似した構造であることを認めながら，「フィデュシーの場合には受託者が所有権そのものを全体として享有している」が，「果実・収益については受託者に権利が及ばない」という二点を挙げて，両者の違いを説明している[310]。用益権は財産の使用価値に着目した権利であるが，フィデュキアは財産の交換価値を活用した制度である。担保と財産管理という二つの目的には，フィデュキアが妥当であったと考えられる。

---

310) Ph. Malaurie et L. Aynès, *Droit civil, les biens, la publicité foncière*, 4e éd., Cujas, 1998, p. 241.

3　財産の単一性原理

①　パトリモワン論

　フランス民法典は「個人として義務を負う者はだれであれ，現在及び将来の動産および不動産のすべてをもってその債務を履行しなければならない」と定めている（旧第2092条，現第2284条）。さらに「債務者の財産はその債権者の共通担保とし，法的優先権がない限り，債権者間で平等に配分する」とも定めている（旧第2093条，現第2285条）。法主体である個人はそれぞれ固有の財産を有し，他の主体と法律関係に入り（債権），法律行為の客体である財産を所有するが（物権），個人は財産がなければ，独立した人格として債権債務関係に入ることができないのである[311]。

　フランスではフィデュシー法制が議論されるたびに法主体の財産の集合体である財団（*patrimoine*）との関係が議論されてきた。わが国では旧信託法の制定時にまた現行の信託法の制定時にもとくに取り上げられていない問題である。パトリモワン論は，法主体は単一の財団を有するとする理論であるが，フィデュシーを設定することは受託者が固有の財産とは別にフィデュシーとして引き渡された財産を所有することになり，委託者としては債権者の共通担保とならない財産を恣意的に形成することができるので，パトリモワン論の立場からは，フィデュシーには議論があった。

　ところでパトリモワン論自体は比較的あたらしい法理論であり，19世紀中期にドイツからの輸入理論としてフランスに入ったものである[312]。ただし，ドイツ固有の理論というわけでもない。もともとパトリモワン論は，フランスの1804年民法典が現在のドイツの一部で1810年に施行されたことに由来する。ドイツ・ハイデルベルグ大学のザカリア教授（Karl Salomo Zachariae von Lingenthal, 1769-1843）は1808年に二巻のフランス民法典に関する教科書を発表，1811年に4巻の改訂版を刊行し，そのなかで提唱した理論である。同書はフランス・ストラスブール大学のオーブリーとローの両教授によって1839

---

[311] 我妻博士は「債務者の一般財産は債権者の最後の守り」として，フランス法が定めわが国民法に採用されている債権者代位権と債権者取消権の根拠とされている（我妻栄『新訂・債権総論』（岩波書店，1964）157頁）。

[312] D. Hiez, *Etude critique de la notion de patrimoine en droit privé actuel*, LGDJ, 2003, p. 3.

年にフランスで翻訳出版され，ザカリア教授の理論が紹介された。その意味ではフランスからドイツに入った民法典がその裏づけとなる理論をドイツで生み出し，フランスに逆輸入されたことになる。オーブリーとローの両教授は「人の財産の全体は財団を構成し，したがって，財団の要素は，財産としての性質を考慮された，民法の対象」であり，「人の民事上の権利の全体を財産という」としている[313]。各法主体は単一（*unique*），普遍的（*universal*），不可分（*indivisible*）な財産の集合体である財団（パトリモワン）を有し，法主体が法律行為を行い債務を負担する場合，この財産が債権者に対する共通担保となると説明するものである。したがってパトリモワン論は債権法，担保法，倒産処理法の基盤となる原理である。たとえばフランス民法典は債権者代位権（間接訴権）（第1166条）[314]，債権者取消権（廃罷訴権）（第1167条）[315]を規定しているが，債務者が債権者にとっての共通担保である自己の財産を毀損する場合，債権者は債務者に代位して権利を行使し，あるいは債務者の行為を取り消すことができるのは，債務者の財産が債権者の共通担保であるからであり，債権者は担保の維持のために代位権や取消権を行使すると構成される。また民法典が定める担保物権のうち一般の先取特権（*privilèges généraux*）は，債務者の特定の財産と結びつくものではなく，債務者の共通担保である一般財産を見合いにするとはいっても担保権であるから，一般の先取特権者も一般の普通債権者に優先する（第2331条）。債務者の財産状態が悪化して破産手続が開始されるときに一般の先取特権者が優先的破産債権者となるのは，共通担保にたいする優先的な弁済受領権があるからであり，担保権のない一般債権者でも配当にあずかることができるのはその債権が破産者の財産を共通の担保としているからである。

　パトリモワン論を否定することは，このような債権法，担保法などの法原理の根底を揺るがしかねないから[316]，単一の普遍的な不可分な財団を分裂させ，

---

[313] Aubry et Rau, *Cours de Droit civil français d'après la méthode de Zacharie*, tome II, 6e éd., Marchal & Billard, 1935, p. 8（初版は1869年）.

[314] フランス民法典第1166条は「前条の規定にかかわらず（*néanmoins*），債権者はその債務者のすべての権利および訴権（*les droits et actions*）を行使することができる。ただし，一身に専属するものを除く」と定める。訴権とは契約の無効取消の訴え，返還請求の訴え，保証人に対する訴え，債務者の財産に関わる訴権，強制執行の訴え，損害賠償の訴えなど債務者財産に関わる訴権である（Terré, Simler et Lequette, *Droit civil-les obligations*, 7e éd., Dalloz, 1999, p. 956）.

[315] フランス民法典第1167条1項は「債権者はまた，その名において，債務者によってなされたその権利を損なう行為の無効を求めて訴えることができる」と定める。

[316] D. Hiez, *Etude critique de la notion de patrimoine en droit privé actuel*, LGDJ, 2003,

別の財団の形成を認めるフィデュシーは脅威なのである。フランスのフィデュシー法は「受託者について事業救済・裁判上の更生・裁判上の清算手続が開始されても，フィデュシーの財団に影響を与えない」としている（第 2024 条）。わが国の信託法も受託者について破産手続などの倒産処理手続が開始されても，信託財産に属する財産は手続の対象の財産とならないと規定する（第 25 条）。いわゆる倒産隔離であるが，これは受託者の固有財産とフィデュシーの財産を分離することを意味する。フィデュシーは契約によって成立し，受託者はフィデュシーの財産に所有権を有するから，委託者も債権者の追及を免れる財産を持つことができる。これまでのパトリモワン論が否定されることになるのである。2005 年 10 月にフィデュシー法案が提出されたあとに発表された 2006 年 10 月 11 日の上院・法務委員会の報告書は「所有権の絶対の原理とパトリモワン原理というフランス民事法の原理がフィデュシー法制の成立を妨げてきた」と述べている。後述するようにフランスのフィデュシーは古代のローマ時代のフィデュキアを再生するものであるが，フィデュキアの場合には委託者が受託者に財産を移転するとこの財産は受託者の固有の財産と一体化するとされ，倒産隔離の問題は生じることはなく，当時はパトリモワン論はなかったが，仮にあったとしても問題が生じることはなかった。したがってフィデュシー法制によって初めてフランスでパトリモワン論との抵触が問題となったのである。

② 法主体の多様化と一人会社

しかし現にフランスでも法主体の財団は単一，普遍，不可分ではなかったのであり，フィデュシーのパトリモワン論との抵触はやや的外れの感があったというべきであろう。

一つは法主体の多様化である。パトリモワン論は個人が唯一の法主体として国家を形成する要素であるとするフランスの共和国原理を前提にする限り，妥当するが，現実には国家には個人以外の多くの団体・法主体が形成されており，団体を構成する者の拠出によって団体が固有の財産を所有しているからである。

その典型が会社である。個人という社会における本来の法主体以外に法人格を与えられるものが存在しているからである。

フランスでは長いあいだ会社制度にたいする敵意が存在した。顔が見えないからである。その一方，現在では，政策的にさまざまな法人制度，財団制度が

---

pp. 33, 237. イエズ教授は，債権者間にも優劣があるので，パトリモワン論もかならずしも絶対的ではないとしている。

第5章　トラストとシビル・ロー原理の抵触

作られている。経済のグローバル化を背景としているものであるが，ここで会社にたいする見方の変化をたどることにしよう。

　ヨーロッパの会社制度は，9世紀または10世紀にイタリア商業都市に設けられたソキエタス・マリス（societas maris）とコンパニア（compagnia）にさかのぼる。前者は資金提供者と現に航海に出て商業に従事する者の二つによって構成される会社で，資金提供者をコレガンチア（collegantia），コンメンダ（commenda）またはソキウス・スタンス（socius stans）などと呼び，一方，事業者をトラクタトル（tractator），ポルタトル（portator）またはコンメンダタリウス（commendatarius）などと呼んだ。利潤は資金提供者に四分の三，商人に四分の一の割合，損失は商人が無限に責任を負い，出資者は委託した資金の返還を求めることができなかった。有限責任を負ったのである。ジェノヴァの公証人ジオヴァンニ・スクリバの記録（1155-1164）は400件以上，マルセイユの公証人アルマリクの記録（13世紀）には360件のソキエタス・マリスが記録されている[317]。これは無限責任社員と有限責任社員から構成されており，今日の合資会社または匿名組合に相当する。コンパニアはフィレンツェ，ルカ，シエナ，ピストイアなどの内陸都市で発生し，出資者間で利益もリスクも共有し，出資者はソキエタスの営業に関する限りは，全員が無限連帯責任を負うものであった。現代の合名会社に類似する。ここまでは人的会社であったが，社員が有限責任しか負わない株式会社が成立したのは1602年のオランダ・東インド会社が最初であり，1612年にイギリスにも東インド会社が設立され，1628年にはフランスではカナダ会社を設立した（フランスの東インド会社は1604年に認可されたが機能せず，1664年に別途設立された）。大事業に必要な資本の蓄積が必要とされたためである。1673年にルイ14世治世の時代にジャック・サヴァリーが起草した商事王令（Ordonnance de commerce）は，合名会社（société générale）と合資会社（société en commandite）を認めたが（第4章），現実にはそれ以外に匿名会社（株式会社）（société anonyme）と株式合資会社（société en commandite par actions）[318]があった。匿名会社は全員が有限責任社員，株式合資会社は出資者（commanditaires）は有限責任，経営者（commandité）は無限責任を負うものとし，経営者に規律を求めたのである。近代のフランス法はフランス革命の高揚した精神の産物である。革命の精神は，

---

317) F. Braudel, *Civilisation matérielle, économie et capitalisme*, Paris 1979, tome 2, p. 514-520.

318) 現在もミシュランは株式合資会社（société en commandite par action）である。

3　財産の単一性原理

社会の構成要素を国家と個人という両極の二つに限定し，教会などの中間団体（*corporation*）を徹底的に排除した。原則として財産所有の主体，契約関係の主体を個人に限定し，複数の個人による所有としては共有だけが認められたのである[319]。このため会社は制限され，1804年の民法典には法人に関する規定はなかった。一方，民法典とは別に制定されたフランス1807年商法典も会社については第18条から第46条までのわずかな規定しかなく，営利目的の会社の設立は認められたが，これは出資者間の契約であるとされ，法人格は認められなかった。また匿名会社は政府の免許を要するものとされていた（第37条）。

フランスでは会社制度にたいする懐疑が強かったのである。たとえば，1788年10月29日の商事裁判所の文書は匿名会社について「会社の関係者が外部から分からない匿名会社は怪物（*monstre*）のようにしばしば破滅を生じさせる」と述べていた。会社に法人格が認められずに契約として構成されている限りは，会社の財産・負債は出資者に還元されるから，パトリモワン論との抵触はない。しかし19世紀初頭の民法典，商法典の制定時とは異なり，経済主体として会社制度が発展すれば，これに法人格を認めざるを得ない。この時点ですでにパトリモワン論が妥当性を喪失したことは否めない[320]。2005年のフィデュシー法案の提出者であるマリニ議員は，受託者の固有財産とは別の「分離された財団」（*patrimoine séparé*）が形成され，その財団には契約で目的が設定されるので，法主体の財団は単一ではなくなるが，各財団が独立して債権者の引き当てとなると説明して[321]，パトリモワン論との整合性を維持しようとしているが，現実はずっと先に進んでいた。

次に，会社の法人格が認められていることよりもより重大な点は，一人会社がさまざまなかたちで公認されてきたことであり，これがパトリモワン論に引導を渡したということができる。

一人会社制度についてみることにする。

まず1985年7月11日法[322]によって一人有限会社（*Entreprise unipersonnelle*

---

[319] R. Saleilles, *De la personnalité juridique*, Ed de la mémoire du droit, 2003, p. 5（初版は1910年）．

[320] Malaurie et Aynès, *Droit civil- les biens, la publicité foncière*, Cujas 1998, p. 16.

[321] 2005年2月8日のマリニ上院（元老院）議員が提出した上院へのフィデュシー法案趣旨からの引用．

[322] 一人有限会社と有限責任農業事業に関する1985年7月11日法律第85-897号。同法は会社に関する1966年7月24日法律第66-537号の第34条などに一人有限会社の規定を設け，1966年法が商法典に再編されるにともない商法典第223-1条以下に規定が移

129

第5章　トラストとシビル・ロー原理の抵触

à responsabilité limitée, EURL）が認められた。有限会社（*société à responsabilité limitée*, SARL）は，1925年3月7日法[323]でドイツから GmbH の制度を輸入するかたちで法制化されたあたらしい形態であるが，有限責任社員の出資によって設立され，経営者（*gérant*）が経営にあたる。従来，有限会社制度では社員数の上限のみが規定され（当初は50人以下，現在は100人以下），最少数の規定はなく，一人会社も考えられないではなかったが，会社の設立には一般に，会社設立の共同意思（*affectio societatis*）の存在が前提になると考えられていた。会社設立の共同意思とは民法第1832条が法人について「法人は利益を分かち合い，そこから生じる経済的利益を享有するために財産または事業を共通の事業にあてる旨の契約によって二人以上複数のものによって設立される」という規定に基づく法理である。有限会社法に明示はなかったが，共同意思の存在を要件とするならば，一人社員の設立は問題があると考えられてきた。しかしその一方，起業の促進という経済的な必要性があった。パトリモワン論を貫いていると，個人事業主が起業しようとしても，仮に事業が失敗すれば，個人としての生活を営むための財産までも失いかねない。それならば個人の生活用財産とは別に事業用の財産を別の財団として設けることができれば，事業が失敗しても個人生活に及ぶことを危惧することなく事業を行うことができる。こうした観点から一人有限会社が制度化されたのである。つまり，一人有限責任会社の社員の財団と一人有限会社自体の財団は別物であり，有限責任社員個人の債権者は有限会社の財産にたいして差押えをすることはできず，有限会社の債権者は社員個人にたいして有限会社の債務の支払いを求めることもできないのである。

　さらに1994年1月3日法[324]は，簡易株式会社制度を新設したが，そのなかで一人簡易株式会社（*Société par action simplifiée unipersonnelle*, SAS Unipersonnelle）を認めた。簡易株式会社とは大会社が特定部門を担当する子会社を設立するさいに機関決定やガバナンス組織を簡易な形式とする株式会社の制度化を求めたものであるが，現在では，合弁会社のように2社あるいは3社の親会社によって設立される複数株主簡易株式会社（*Société par action*

された。
323）有限責任会社を設ける1925年3月7日法。
324）簡易株式会社を創設する1994年1月3日法律第94-1号。同法は会社に関する1966年7月24日法律第66-537号の第262-1条以下に簡易株式会社の規定を設けたが，1966年法が商法典に再編されたさいに商法典第227-1条以下に規定が移った。

3 財産の単一性原理

simplifiée pluripersonnelle）と一人簡易株式会社が認められている。

　このほかにも特別目的財団（patrimoine d'affectation）の創設を促進する制度が設けられている。

　まず2003年8月1日法[325]は，前述の民法典旧第2092条，旧第2093条の規定にかかわらず，個人事業主がその財産のうちの特定のものを抽出して，差押禁止財産と宣言することを認めている（同第8条による商法典第526-1条の改正）。主として個人事業主の住宅を想定したようである。この宣言を行う事業主は，商業登記をしていることが必要であり，この差押禁止宣言を登記することを要する。ただしこの差押禁止財産宣言は，職業上の債権者にのみ対抗できるものである。この制度では，住宅のように生活用と職業用が混じっているときには，対象財産を分割することになり，現実的でないとされた。

　さらに2010年6月15日法[326]は有限責任個人事業制度（entreprise individuelle à responsabilité limitée, EIRL）を設けている。これは個人事業主について事業用財産と個人用財産の区別を認めたものである。従来は，特別目的財団を認められるものは一人有限会社，一人簡易株式会社形態をとるものであったが，今度は個人事業主にも特別目的財団の創設を認めたことになる。EIRLは2011年1月1日に施行されており，個人事業主（entrepreneur individuel）を対象としたもので，「財団の単一性原理を放棄したという意味で，フランス財産法原理における決定的段階を記すもの」と評されている[327]。前記の差押禁止財産宣言の制度が，個人事業主の住宅のように生活に必要な財産を抽出したのにたいして，EIRL制度は，器械備品，在庫，契約および「生業の糧」（fonds de commerce）などその事業の遂行に必要な財産を特別目的財団とするものである点が異なる。特別目的財団とされた財産の評価額総計は3万ユーロ以上であることを要し，また商業登記を行う必要があることは上記と同じである。在庫など変動のある財産についても設定が可能である。仮に個人事業主について倒産処理手続が開始されると，職業上の特別目的財団については商法典に規定された倒産処理手続が適用され，非職業用財団については，消費者法典に規定された個人の債務整理手続が適用されることになる。これではパトリモワン論

---

325) 経済的イニシアティブに関する2003年8月1日法律第2003-721号。
326) 有限責任個人事業に関する2010年6月15日法律第2010-658号。同法は商法典第526-6条以下に規定を新設する法律である。
327) 2011年2月18日の大阪大学におけるモンセリエ＝ボン教授の講演を参照（M.-H. Monserié-Bon, La protection de l'entrepreneur individuel par la connaissance de patrimoine d'affectation: l'example français）。

第5章　トラストとシビル・ロー原理の抵触

がとなえてきた財団単一性原理は完全に放棄されたことになる。また，これは従来のフランス・フィデュシー法が認めてこなかった，一種の「信託宣言」を認めたことになる。すなわちフィデュシー法は，フィデュシーを契約的に構成し，自己信託は契約にならないから，これを認めていなかったはずであるが，EIRL 制度は信託宣言，自己信託そのものである[328]。問題は，債務者の恣意的な EIRL の設定である。債権者の追及を逃れるために，危機的な時期に財産を移転することが懸念される。この対策としては 2010 年 12 月 9 日オルドナンス[329]は，裁判上の更生手続が開始された個人事業主にたいして，危機時期の EIRL 設定について詐害行為否認を定めることによって対応している（同第4条による商法典第6編第 632-1 条の改正）。

　この点については，わが国では自己信託の詐害的設定として問題となる。わが国の信託法は「信託財産に関する財産は，形式的には受託者に属する」とされており[330]，委託者にたいして強制執行や倒産処理手続がとられても，信託が設定された財産は委託者の財産ではなく，これらの手続の効力は及ぶことはない。また，信託法は信託財産が受託者の固有財産からも独立したものであるとし，受託者の財産にたいする民事執行の対象にならず（第 23 条 1 項），受託者について倒産処理手続が開始されてもその手続から信託財産は隔離される（第 25 条 1 項）。信託財産はすでに委託者の財産ではなくなっているので，委託者が自らを受託者としてその財産に自己信託を設定した場合，委託者（かつ受託者）について倒産処理手続が開始されても，自己信託の対象財産は倒産処理手続の対象にならない。したがって委託者はその財産を差押えや倒産処理から隔離するために，自己信託の方法を濫用する可能性がある。わが国の信託法は，自己信託の効力発生時期を不正に遡らせ，民事執行手続や倒産処理手続を逃れる手段に使われることを防ぐため，自己信託の効力は，①公正証書又は公証人の認証を受けた書面等によってされる場合にはこれらの作成の時から，②これら以外の書面等によってされる場合には受益者となるべき者として指定された第三者（複数の者を指定する場合にあっては，そのうちの一人）にたいする確定日付のある証書による通知がされた時から生ずるとしている（第 4 条）。また自己

---

[328] この点を指摘するものとして，P-M. Le Corre, L'heure de vérité de l'EIRL: le passage sous la toise du droit des entreprises en difficulté, D., 2011, p. 96 がある。

[329] 危機にある事業と有限責任個人事業制度（EIRL）の法の調整に関する 2010 年 12 月 9 日オルドナンス第 2010-1512 号。

[330] 寺本昌広『逐条解説・新しい信託法』（商事法務，2007）97 頁。

信託の方法をとり，50人以上の者が当該信託の受益権を有価証券として，あるいは組合や匿名組合などの方式を使って取得する場合には，信託業法の一般的な規制に加えて，内閣総理大臣の登録を要するとしている（信託業法第50条の2，信託業法施行令第15条の2）。自己信託については，「自己信託を営業として行ったとしても，信託業に該当することはなく，信託会社としての免許・登録を取得する必要はないが，多数の者を相手方として自己信託を行う場合には，改正信託業法第50条の2第1項の登録を取得する必要があるし，信託業を営む者であっても，多数の者を相手方として自己信託を行う場合には，改正信託業法第50条の2第1項の登録を取得する必要がある」とされている[331]。

このようにフィデュシー法制とは別に，個人という法主体にその固有の財団のほかに，特別目的の財団を認める制度が存在し，その制度が多様化されてきたのである。フィデュシーに限ってこれを制限するということは，時代の流れに反したということができる[332]。

③　事業信託

フランスにおけるフィデュシーとパトリモワン論の抵触という問題は，わが国ではとくに議論にならなかった。わが国では合同運用金銭信託のように委託者が受益者をかねる自益信託が活用されてきたから，委託者の財団の分離に意味があり，わが国では事業信託について委託者が信託を設定するときに，財産ではなく債務を移転することができるかということが議論された。この点についてわが国信託法は「信託の対象となる財産は積極財産に限られ，消極財産（債務）自体が信託財産に含まれるものではないが」，「信託の設定時において，信託行為の定めをもって，ある事業の積極財産を信託するとともに，委託

---

331) 小出卓哉・及川冨美子「改正信託業法の概要」信託230号107頁。

332) X. de Roux, La création d'un patrimoine d'affectation, *La Documentation française*, 2008, p. 11; R. Libchaber, Les aspects civils de la fiducie dans la loi du 19 février 2007 (a), *Defrénois*, no. 15-16, 2007, p. 1113. シャンポー名誉教授らは，オーブリー＝ローの原理を「『共和国的』迷信である」と表現し，フィデュシーの法制化にたいする政府の躊躇を「死手法の影に怯えている」と表現している（C. Champaud et D. Danet, Sociétés et autres groupements, *RTDcom*., 2007, p. 729)。同教授らもフランスにおける一人会社の許可を上げて，財団の単一性原理を時代遅れ（*obsolescence*）としている。法主体の財団の単一性や所有権の絶対は，一定の財産を有し，一定の判断能力と一定の法律知識を備えた完全な法主体を前提とした市民法原理であって，強力な資本の集中，独占的地位を得た経済的な主体が登場する時代や，あらたな経済的弱者の存在や判断能力を欠くものや知識を欠くものの存在を前提とする時代にはかならずしも適合しないことは明らかである。

者の負担する（当該事業に関連する）債務を信託財産責任負担債務（信託財産に属する財産をもって履行する責任を負う債務）とすることができる」としている（第21条1項，2項）[333]。信託財産には積極的な財産のみを信託として設定することができるが，一定の限度で債務を信託財産に含めることが認められたのである。

　財産とそれに付帯する債務によって信託を設定することができることになると，法人格の有無ということを除くと，信託の機能と会社の機能にほとんど差がないことになる。すでにメイトランドはこの点について「トラストとコーポレーション制度は古くから親密である」と記していた[334]。わが国の信託法の立法担当者は「信託制度と法人制度とは，いずれも財産の拠出者（信託では委託者，法人では出資者）がその有する財産を自己の有するその他の財産から切り離した上で，これをある者（信託では受託者，法人では理事，取締役等）に管理・処分させながら，一定の目的を達成」する点などで類似することを認めたうえで，「多様化する社会のニーズに対応するために，信託制度と法人制度とを並存させることとしている」とし，「法人は，1つの権利主体として，自然人と同様に取引社会において独立の活動を行うことが予定されており，そのため，法人には，理事その他の期間が必要であるし，法人の登記制度が用意されている」一方，「信託においては，信託財産は，受託者に帰属するものであり，一つの権利主体として行動することはなく，あくまでも受託者の名義の下で管理・運営されていくことになる。そのため，当該信託のためにあらたに理事その他の機関を設定する必要もなく，従業員を新規に雇用する必要もない」，「そこで，信託を利用するのと法人を利用するのとをあえて比較すれば，一般的には，信託には，設定や運営が簡便かつ柔軟であるという利点があるのに対し，法人には，組織や運営が安定的であるという利点があるということができる」と説明している[335]。

　フランス・フィデュシー法制では，資産と関係のない債務の移転は認められないが（第2011条は財産，権利，担保権と列挙している），資産に付帯した債務であれば移転が認められると考えられる。この点についてフィデュシー法制には規定されていないが，2008年4月3日会計規則委員会規則第2008-01号は，

---

333) 寺本昌広『逐条解説・新しい信託法』（商事法務，2007）88頁。

334) F. W. Maitland, Trust and Corporation, *State, Trust and Corporation* (edited by D. Runcimnan and M. Ryan), Cambridge, 2003, p. 122（原典初版は1911年）。

335) 寺本昌広『逐条解説・新しい信託法』（商事法務，2007）33頁。

フィデュシーに関して会計準則第99-03号を改正し，改正規則付則第1-b条は，移転対象は資産と負債であること，移転された財産は特別の財団を形成すること，資産が負債を上回る場合，負債が資産を上回る場合のいずれも可能としている[336]。法律ではないので一抹の不安定要因があるが，わが国の信託財産責任負担債務と同じである。

4　担保の従属性

①　セキュリティ・トラストの有用性

わが国であたらしい信託法の制定にあたって，パトリモワン論が議論の対象になることはなかったが，その代わりに担保権を信託することの可否が議論された。担保権の信託をセキュリティ・トラストと呼び，この場合の受託者を一般にセキュリティ・トラスティと呼んでいる。セキュリティ・トラストは担保権の設定を目的として財産を移転する信託ではなく，担保権を管理するための信託である[337]。

セキュリティ・トラストは英米法のもとで慣行として利用されてきた。その事務は具体的には，担保権設定書類の保管，担保権の実行と債権者への配当などである（具体例を末尾に添付した）。ウッド教授は「シンジケート銀行団のように複数の債権者にたいして担保権が与えられた場合は，債権者共通の利益のために担保権を管理するトラスティの設定が有利であり，多数債権者が関与する債券発行や融資の場合に個々の債権者が担保権を設定することは現実的ではない。またモニタリング，担保権の実行，債務者の保証条項の管理を共通にすることができる」とし，さらに「担保権行使の対価を債権者間に適正に配分することが容易で管理可能になる」としてその有用性を高く評価している。また「セキュリティ・トラスティはコモン・ロー系の国では認められているが，フランスなどでは一般に認められておらず」，「ローマ法に由来するトラストにたいする敵意があり，債権者を欺瞞するおそれへの違和感がある」としている[338]。

---

336) L. Kaczmarek, Propriété fiduciaire et droits des intervenants à l'opération, *D.*, 2009, p. 1847.

337) 現在わが国でのセキュリティ・トラストについては，債務者が委託者，担保権者を受託者，被担保債権の債権者を受益者として「担保権を設定する信託の方式」（直接設定）によっている。いったん担保権を設定したうえでこの担保権に信託設定する方式（二段階設定）ではない。詳細は谷笹孝史「セキュリティ・トラストに関する実務上の諸論点」NBL907号（2009）48頁を参照。

第5章　トラストとシビル・ロー原理の抵触

次の事例は英国の事例であるが、多数の債権者が関係する金融取引でのセキュリティ・トラストの機能を示している。

【参考裁判例】　英国最高裁判所 2009 年 10 月 9 日判決[339]
　　シグマ・ファイナンスは、ミディアム・ターム・ノート（MTN）を発行したり、金融機関から借り入れることで資金調達し、資産担保証券（ABS）や金融派生商品などに投資する金融商品投資会社（SIV）であった。同社のすべての財産には担保権が設定されており、ドイッチェ・トラスティがセキュリティ・トラスティとなっていた。また担保権を証する証券としてトラスト・ディードが発行されていた。世界的な金融危機の影響は同社のような金融会社にも当然影響を及ぼし、同社は資金調達が困難になって、英国の倒産処理手続（*administrative receivership*）が開始された。同社の負債は 62 億ドルであったが、流動資金は 4 億 5 千万ドルにすぎなかった。同社が設定した担保の被担保債権の種類が複数であったため、セキュリティ・トラスティが倒産処理手続上、配当資金をどう処分すべきかが問題となった。原判決は、期日順に優先度を付けて配当することとしたが、担保権者から配当はすべての債権者に同順位（*pari passu*）で行うべきであるという理由から上訴された。最高裁判所は、原判決を破棄し、同順位での配当とするとした。

この事件は倒産処理手続で、契約上の特約を過剰に重視することへの警鐘とも理解されているが、種類の異なった債権が被担保債権となっている場合、セキュリティ・トラストがあることが迅速な処理に向いていることを明らかにしている。仮にセキュリティ・トラスティがなかったとしたら、MTN 保有者、金融機関など多くの債権者が存在し、また債権者の権利が必ずしも同一でないという本件のような場合には、倒産処理手続を迅速・公平に進めることは難しかったに違いない。セキュリティ・トラストに関する事件ではないが、次のわが国の事件は、倒産債権者間で権利の種類が異なった事例である。

---

338) Ph. Wood, *Comparative Law of Security and Guarantees*, Sweet Maxwell, 1995, p. 107.

339) In Re Sigma Finance Corporation (in administrative receivership) and In Re The Insolvency Act 1986 (Conjoined Appeals) judgement given on 29 October 2009. 英国では 2005 年憲法改正法（*Constitutional Reform Act 2005*）の第 3 部に最高裁判所（*the Supreme Court*）が規定され、2009 年 10 月 1 日に運営が開始されたが、本判決は最高裁判所が機能を開始してから早々に行われた判決である。

4　担保の従属性

【参考裁判例】　最一判平成 17 年 1 月 27 日民集 59 巻 1 号 200 頁

　　住宅金融公庫（原告・被控訴人・上告人）はエルカクエイ社に長期資金を融資し，そのさいに日本長期信用銀行（被告・控訴人・被上告人）が当該借入金債務について連帯保証し，さらに後日になって，エルカクエイ社はその所有する不動産に住宅金融公庫のために抵当権を設定し，登記が完了した。抵当権の被担保債権総額は 20 億円余であった。その後 2000 年 2 月 15 日にエルカクエイ社は会社更生手続の開始を申し立て，その直後の同年 2 月 18 日に日本長期信用銀行は住宅金融公庫にたいしてエルカクエイ社の借入金残額と利息として 16 億円余を代位弁済し，抵当権登記の一部変更登記を行った。エルカクエイ社の会社更生手続は同年 5 月 12 日に開始決定され，更生管財人が選任されたが，抵当権の目的物である不動産の販売代金額の配分について住宅金融公庫と日本長期信用銀行のあいだに争いがあるとして，更生管財人は 2001 年 4 月 25 日，原告に 3 億円余（被担保債権から代位弁済された金額を控除した金額），被告に 16 億円余（代位弁済額）を支払う旨の覚書を作成し，両者も合意した。その後 9 月 1 日に更生計画が確定し，抵当権の目的物の売却代金を更生担保権者に弁済すると定められたが，当該不動産の売却代金は，被担保債権総額を大幅に下回ったので，更生管財人は覚書のとおり双方に支払った。この扱いにたいして住宅金融公庫は「登記簿上の順位が同一であっても，実体法上の優劣関係がある場合には，これに従い弁済されるべき」であり，日本長期信用銀行に不当利得があるとしてその返還を求めた。第一審（東京地判平成 15 年 8 月 1 日）は原告の請求を認容した。日本長期信用銀行が控訴し，控訴審（東京高判平成 16 年 2 月 24 日）はこれを棄却した。一方，最高裁は「不動産を目的とする 1 個の抵当権が数個の債権を担保し，そのうちの 1 個の債権のみについての保証人が当該債権に係る残債務全額につき代位弁済した場合は，当該抵当権は債権者と保証人の準共有となり，当該抵当不動産の換価による売却代金が被担保債権のすべてを消滅させるに足りないときには，債権者と保証人は，両者間に上記売却代金からの弁済の受領についての特段の合意がない限り，上記売却代金につき，債権者が有する残債権額と保証人が代位によって取得した債権額に応じて案分して弁済を受けるものと解すべきである」として原判決を破棄し，差し戻した。

　　この事件では，連帯保証人である日本長期信用銀行が保証債務を全額弁済しなかったために，一つの抵当権について日本長期信用銀行の有する求償権と住宅金融公庫が有する貸金債権が並存することになった。本事件では債権者数が限られているので，セキュリティ・トラスティがあったとしても，事件に伴う

第5章　トラストとシビル・ロー原理の抵触

手間が軽減されることはなかったと思われるが，担保権の管理に慣れたトラスティが存在することは，手続の進行を予測する上では充分な機能があると考える。また本事件では異なる種類の更生債権者のあいだでの弁済の配分が問題となっており，この点はシグマ・ファイナンス事件と類似する。

　わが国のあたらしい信託法を検討した法制審議会では「一般の債権についても，信託のスキームを用いれば，債務者を委託者，担保権者を受託者，債権者を受益者とすることが可能であるということが解釈上認められている」と述べられていた[340]。現実には旧信託法のもとではわが国ではセキュリティ・トラストはほとんど利用されなかったが，これは「信託法上の多数決制度の欠如，登記制度，執行制度などの関係法制・手続の不備のため」とする意見もあるが[341]，法律が明らかにしていない行為をビジネスとして行うことにはリスクがあったからであると考える。

　ただわが国でも従来からセキュリティ・トラストにたいする関心はあった。これは英米の金融市場の手法がわが国に入ってきたことによるものである[342]。英米の金融手法とは，シンジケート・ローン（協調融資）方式のファイナンス，コミットメント方式の導入[343]，個別交渉による融資契約の作成，融資契約中のネガティブ・プレッジやコブナンツなどの条件設定などであり，プロジェクト・ファイナンスもここに入れることができる。

　セキュリティ・トラストはプロジェクト・ファイナンスには便利な機能である。これは事業推進者のコーポレートとしての一般資金から元利が払われる

---

340) 2004年10月15日法制審議会・信託法部会第3回会議・議事録から。
341) 2005年8月31日に全国銀行協会が法務省民事局参事官室に提出した意見書を参照。
342) 井上聡「信託業務の多様化―知的財産の流動化，セキュリティ・トラスティなどを題材に―」信託216号75頁，江口直明「日本におけるプロジェクト・ファイナンスの立法課題」ジュリ1238号38頁，樋口孝夫「セキュリティ・トラスティ制度の日本導入に当たっての指針」NBL787号（2004年）25頁，788号69頁。
343) このほかにコミットメント・フィーの問題もあった。金融機関の融資は金銭消費貸借契約であるが，わが国民法は消費貸借を「金銭その他のものを受け取ることによって，その効力を生ずる」（第587条）として要物契約としている。一方，ユーロ・ローンでは金融機関が融資を約する（コミットメント）ことで成立する諾成契約とする場合がほとんどである。ユーロ・ローンでは金融機関はコミットすることにより，その後に生じる他の融資機会を奪われるために，融資を約した相手方からコミットメントの対価として手数料（フィー）を得る。わが国では融資のための手数料として利息制限法第3条あるいは改正前の出資法第5条6項の「みなし利息」に該当する惧れがあったが，特定融資枠契約に関する法律（平成11年法律第4号）第3条で対象外とされ，解決された。

のではなく，元利はプロジェクトのキャッシュ・フローから支払われる。また融資も事業推進者にたいするリコース（債権回収請求権）はなく（ノン・リコース・ローン），融資のリスクはプロジェクトそのものであるから，プロジェクトにかかわる権利全体に債権者は担保権を設定する。この担保には，プロジェクト・キャッシュ・フローの譲渡担保，プロジェクトの不動産にたいする抵当権，不動産・動産に保険がかけられている場合には保険金請求権に質権を設定するなどさまざまなものがある。また，プロジェクト・ファイナンスは一般に金額が大きいため，シンジケート・ローン方式をとることが多い。担保が不可欠であり，またその種類が多様で，そのうえ，債権者が多くなりやすいので，プロジェクト・ファイナンスにはセキュリティ・トラストがきわめて有効である[344]。もちろんプロジェクト・ファイナンスでなくても，セキュリティ・トラストは有益なことが多い。

　わが国ではプロジェクト・ファイナンス，シンジケート・ローンいずれもこれまでは活発ではなかった。2003年1月に産業経済省の企業法制研究会・担保制度研究会が「『不動産担保』から『事業の収益性に着目した資金調達』へ」という副題の報告書を発表し，そのなかで「事業収益に着目した資金調達手法」，「事業の生み出すキャッシュフローに着目したファイナンス」であるプロジェクト・ファイナンスについて，「他の諸外国との比較の見地からも，我が国の金融機関によるプロジェクトファイナンスに対する取り組みは未だ十分とは言えない」と指摘していた。プロジェクト・ファイナンス自体は世界的にも比較的あたらしく1980年代から石油採掘，製油所建設など資源関連や不動産建設に関連してさかんになった金融手法である。一方，シンジケート・ローン方式には長い歴史がある。もともとシンジケート・ローン方式は，20世紀初頭のアメリカ資本主義が急速な発展を続け，鉄道・電話網など大資本を必要としたことから生まれた金融技術であるが，その後オイル・マネーの還流を必要とした1960年代以降にユーロ市場に導入された。わが国でも以前から旧日本輸出入銀行などの政府系金融機関が融資を行う場合には，民間銀行との協調融資で行われており，かならずしもシンジケート・ローンの方式になじみがなかったわけではないが，政府系機関が関与しない場合に民間の金融機関がシンジケート・ローン方式を採用するようになったのは最近のことであり，シンジ

---

344) ウッド教授は，とくにプロジェクト・ファイナンスでのセキュリティ・トラスティの有益性を述べている（Ph. Wood, *Project Finance, Subordinated Debt and State Loans*, Sweet　Maxwell, 1995, p. 32）。

ケート・ローン方式はあまりさかんではなかった。従来のわが国の金融慣行では，金融機関と借入人が銀行取引約定書を取り交わし，期間が短い場合には約束手形による貸付（手形貸付）を行い，中長期借入れに場合に金銭消費貸借契約証書を作成した上で貸付（証書貸付）を実行する方式がとられてきた。証書貸付の場合にもあらかじめ金融機関が一定の書式を用意し，これに金額や期間，金利を書きこむ方法がとられ，また債権者金融機関が貸金債権を譲渡することはまれであった。これまではセキュリティ・トラストが有益であり，利用する必要性はなかったのである。

　現在，とくにセキュリティ・トラストが求められるのは，貸付債権の流動化の必要性からである。とくにローンのアレンジャーにとっては，シンジケートのメンバーとして貸付債権を維持して定期的な利息収入を得るよりも，アレンジャーとしてアレンジング・フィー収入に期待する[345]。アレンジャー案件を次々に取り上げることが収入増になるから，いったん引き受けた貸金債権はなるべく早く処分（債権譲渡）するほうがよいのである。このときセキュリティ・トラスティがあればいちいち担保権の移転登記を行う必要がないので，有利である。つまりセキュリティ・トラストにたいする期待の前提は，シンジケート・ローン債権の流動化，セカンダリー市場が拡大することである。金融機関はバブル経済崩壊後，貸付債権の流動化を進めていたが，2002年10月30日に発表された「金融再生プログラム」では，「貸出債権取引市場の創設」が重要な課題として取り上げられ，2003年3月28日には全国銀行協会・貸出債権市場協議会が報告書を取りまとめた。この報告書にはセキュリティ・トラストのことばはないが，2004年3月19日に閣議決定された規制改革・民間開放推進3か年計画は「シンジケートローン等において，1人の債権者が他の債権者の債権も含めた被担保債権の担保権者となり，その担保権の管理を行うことができるようにすべきであるとの指摘があることから，信託の在り方を見直す中で，制度の整備の必要性を検討する」と述べ，2004年10月1日の法制審議会・信託法部会の第1回会議では，事務局側からこの3カ年計画に触れて「シンジケート・ローン等において，一人の債権者が他の債権者の債権も含めた

---

[345] シンジケート・ローンではコミットメント・フィーなどを得ることができ，またジュリアン弁護士はローン債権を維持することは自己資本比率の改善に資さないので，いったんシンジケート・ローンに参加しても金融機関は売却・譲渡したがるものであるとしている（F. Julien, Financements bancaires syndiqués et transfert d'engagements-Aspect de droit français et anglais, *Banque et droit*, no. 109, 2006, p. 19）。

4 担保の従属性

被担保債権の担保権者となり，その担保権の管理を行うことができるようにすべきであるとの指摘がある」と説明している。セキュリティ・トラストを利用することができれば，担保権の登記の移転等の手続が簡単になるため，債権流動化を側面支援する手段としてセキュリティ・トラストが期待されたのである。産業政策としてもセキュリティ・トラストは注目され，経済産業省の審議会である産業構造審議会は，その産業金融部会の2005年7月28日の第13回の議事で，「シンジケート・ローンにおいて，債権者が多くいる場合，セキュリティ・トラストの活用により，担保付ローンの流動化が円滑に行われるようになることが期待される」旨が報告されていた[346]。

ところでセキュリティ・トラストを導入するにあたって，わが国では担保付社債信託法（明治38年法律第52号）の存在と担保の被担保債権への付従性が重要な問題となった[347]。この問題については次項で検討する。

フランスでは，わが国で信託として構成している分野について，財産権の共有，財産処分の委任，他人の財産権の不当利得の返還請求などの伝統的な民法法理によって対処してきた。あたらしい金融手法が英米の市場で開発されるとそれをフランス国内で導入する場合には，民法典そのものを改正するのではなく，特別法によって対応してきた。そしてフランスでもシンジケート・ローンにセキュリティ・トラストが有効であることは認識されていたが，既存の法理では対応に限界があった。

パリはユーロ・ドルの揺籃の地である[348]。シンジケート・ローン（*crédits*

---

[346] 一般に，ローン債権の譲渡の方法には二つの方法があり，シンジケート・ローン自体が当初から債務者に債権者金融機関が明示されている場合とリスク・パーティシペーションまたはバック・ファイナンス型である。後者は債務者にはパーティシペーションが明らかにされない。さらにその流動化にも債務者に通知する場合と通知されない場合がある。債務者にたいする通知の有無によってパーティシペートする金融機関の立場が異なり，つねにセキュリティ・トラストが有用であるわけではない。

[347] 2005年1月4日付け金融法委員会「セキュリティ・トラスティの有効性に関する論点整理」を参照。

[348] ユーロ市場の名は，第二次大戦後1948年にパリに設立されたBanque Commerciale pour l'Europe du Nord（北欧銀行）に因んでいる。同行は，旧ソ連が西側ヨーロッパで資金調達，資金運用を行う窓口としての機能を与えられた銀行の一つで，冷戦の深刻化に伴い，1960年代には同行はアメリカ国外に流出したドル資金をアメリカ国外で運用する金融機関に転じた。同行は，ヨーロッパの金融市場ではドル資金の供給源であった。さらにアメリカのドル防衛策として金利平衡税の導入，アメリカの対外直接投資，対外貸付規制の導入に伴い，ヨーロッパにアメリカから独立したドルの市場が形成され，ここに，先駆者たる同行の別名Eurobankをもじって，ユーロ・ドル市場が出現した。

consortiaux, crédits syndiqués, pools bancaires）はわが国よりも早く 1970 年代には国内の金融機関に広く一般化していたのであり，現在もシンジケート・ローンの市場としてアメリカに次いで第二位という報告もある[349]。フランスの判例では，シンジケート・ローンの参加金融機関は匿名組合（*société en participation*）を構成するとされている。

> **【参考裁判例】** フランス破毀院 2001 年 3 月 27 日商事部判決
> CIC 銀行がアレンジャー・エージェント（*chef de file*）となり，シンジケート・ローンの形式でパリ南郊の不動産開発融資が行われ，BIC 銀行（その後 BRED 銀行に再編された）が参加した。その後，債務者の業況が悪化したため，私的整理が行われ，BIC 銀行の反対にかかわらず，CIC 銀行は債権を一部放棄する条件の私的整理に応じた。BIC 銀行は，CIC 銀行による私的整理への同意は委任権限を踰越するものであるとして，ローン参加契約の解除と CIC 銀行による融資金の返済を求めた。原判決（パリ控訴院 1998 年 9 月 8 日）は，BIC 銀行の請求を棄却したが，破毀院は CIC 銀行に権限の踰越があったとして，原判決を破毀，差し戻した。

匿名組合には法人格がない。フランスではアレンジャー・エージェント（*chef de file*）がシンジケート・ローンの融資条件を取りまとめ，参加銀行を募り，契約関係書類のドキュメンテーションを担当することになる。これはアレンジャー・エージェントであって，セキュリティ・トラスティではない。シンジケート・ローンが担保付の場合，アレンジャー・エージェントは担保管理や債務者の元利払い（*debt service*）の管理を行うが，アレンジャー・エージェントは「受任者」（*mandataire*）（民法典第 1984 条）にすぎず，担保が抵当権である場合，シンジケート・ローン参加各金融機関は個々にその名前で抵当権設定登記をしなければならない。さらにシンジケート・ローン債権を担保とともに譲渡する場合は，抵当権の移転登記を要し，仮にシンジケート・ローンの借入人について倒産処理手続が開始された場合は，参加各行が個々に倒産債権を届けなければならない。アレンジャー・エージェントが単独で債務者との債務整理の合意をしても他の参加金融機関を拘束するものではない。

---

[349] E. Bouretz, *Crédit syndiqués-transfert et partage du risque entre banques*, Reveue Banque, 2005, p. 21.

4 担保の従属性

【参考裁判例】 フランス破毀院 1986 年 6 月 17 日商事部判決

ソシエテ・ジェネラル銀行がビヨー商会に対するシンジケート・ローンのアレンジャー・エージェント[350]として案件を組成し，債務者の債務について同社の関係者二人から個人保証を得た。その後，ビヨー商会について倒産処理手続が開始されたため，ソシエテ・ジェネラル銀行が保証人二人に融資金額全額について保証債務の履行を請求して，訴えを提起した。原判決（グルノーブル控訴院 1983 年 12 月 21 日判決）はシンジケートには法人格はなく，ソシエテ・ジェネラル銀行は受任者にすぎないので，同行だけでは保証債務の全額の履行を請求することはできないとして請求を棄却した。破毀院はソシエテ・ジェネラル銀行の上告を棄却した。

上記の事例では，シンジケート・ローンの担保が保証債務である場合，その履行を裁判上で請求するには，シンジケートの参加金融機関が共同原告として訴えを提起しなければならないことを示している。この場合にシンジケート参加金融機関はソシエテ・ジェネラル銀行に訴訟の委任状を差し入れることで対応が可能とも考えられるが，少なくともアレンジャー・エージェントが単独で訴訟を追行することはできないとされたのである。抵当権担保付きのシンジケート・ローンの参加金融機関がその貸金債権を他行に担保ともども債権譲渡する場合には，事務的にも金銭的にも多大な手間・コストが発生することは前記のとおりである。フランスにセキュリティ・トラスト制度がないために，本来はフランス国内でシンジケート・ローン案件をまとめ，参加金融機関を募るべき案件についても，ロンドン市場に流れる事例は多く，フランスにとって金融市場の空洞化を招きかねない状況であった。フィデュシーがないためにディフィーザンス・オペレーションがアメリカなどに流出したことと同じ問題があったのである。こうした問題の対策としてシンジケート・ローン参加銀行は契約上に連帯債権 (*solidarité entre les créanciers*)（民法典第 1197 条）と明示することで対応することも可能であった。わが国民法にいう連帯債務（第 432 条）は多数の債務者の関係であるが，連帯債権とは「多数の債権者が，一人の債務者に対して，各自給付の全部を請求する権利を有するが，一人の債権者が受領

---

[350] フランスにおけるシンジケート・ローンのエージェントについて，F. Julien, Arrangeur, agent: devoirs et responsabilités, Aspect de droit français et anglais, *Banque & Droit*, no. 94, 2004, p. 18 et no. 95, p. 15 を参照，またわが国については，清原健＝三橋友紀子「シンジケート・ローンにおけるアレンジャーおよびエージェントの地位と責務」金法 1708 号 7 頁を参照。

するとその範囲において全債権者の債権を消滅させる多数債権者の関係」をいい，「わが民法はこれについて特別の規定を設けないだけでなく，民法の他の規定からかような関係を生ずる場合もない」とされ[351]，わが国では存在しない法理である。

連帯債権として次の例がある。

【参考裁判例】　フランス破毀院2001年3月20日商事部判決

　ソシエテ・ジェネラル銀行とサントラル銀行は，それぞれ50％ずつ融資する条件で連帯債権であることを明示してタイヤ会社に総額70万フランを融資し，代表取締役が債務者会社の債務について連帯保証した。タイヤ会社について裁判上の清算手続（破産手続）が開始されたため，両銀行は代表取締役に保証債務の履行を求める訴えを提起し，タイヤ会社の清算手続にあたってソシエテ・ジェネラル銀行がサントラル銀行から委任を受けて，両銀行の債権届けを行った。第一審の判決はソシエテ・ジェネラル銀行の請求を認め，保証人の代表取締役に35万フランの支払いを命じたが，サントラル銀行の請求を棄却したため同行が控訴した。控訴審での係属中に，サントラル銀行は解散し，その事業はソシエテ・ジェネラル銀行が継承した。控訴審（グルノーブル控訴院1998年2月4日判決）は第一審判決を変更し，タイヤ会社の代表取締役に保証債務の全額70万フランの支払いを命じた。このため敗訴した代表取締役が控訴審でのソシエテ・ジェネラル銀行の当事者適格などを争って上告した。破毀院は，連帯債権の場合，各銀行はそれぞれ債権届けをする必要があり，訴えも共同で行う必要があると判示して，本件では原告側に問題はないとして上告を棄却した。

　この事例は，債務者の倒産処理手続における債権届けにあたって，各債権者金融機関がそれぞれ独立して行うことになるが，受任されていれば代理することができる旨を示している。ただし倒産処理手続での債権届けは，通常の融資案件管理とは別であるから，特別に債権届け目的の委任が必要となる。倒産処理手続における債権届けについては次の事件もある。

【参考裁判例】　フランス破毀院2001年1月26日大法廷判決

　フェカン信用金庫がアレンジャー・エージェントとして，ウーヴナゲル社に対するシンジケート・ローンを組成したが，その後，債務者について裁判上の更生手続（わが国の民事再生手続に相当）が開始された。フェカン信用金庫は参加銀行全体の債権を更生債権として届け出たが，更生管財人はこれを認めず，

---

351) 我妻栄『新訂・債権総論』（岩波書店，1964）378頁。

他の債権者も債権届けについて異議を述べた。原判決（ルーアン控訴院1994年7月13日判決）はこの更生債権を認めた。これを不服として更生管財人と債権者代表が上訴した。破毀院1996年12月17日商事部判決はシンジケート・ローンの参加金融機関の団体に法人格はなく，債権は個々の参加銀行が行うものであるとして，フェカン信用金庫の債権相当分の債権届けは認めたが，他の参加銀行分は認めず，原判決を破毀し，アミアン控訴院に差し戻した。

差戻審のアミアン控訴院1999年3月8日判決はシンジケート・ローンの参加金融機関は書面ではないが，アレンジャー・エージェントに代理権を与えていたことを認めて，フェカン信用金庫が行った債権届けを適法であるとしたが，その上告審である破毀院2001年1月26日大法廷判決は「債権届けは司法上の要求であり，第三者の債権を届け出るものは，弁護士でなければ，書面での特別の委任状を要す」として，原判決を破毀し，ふたたびパリ控訴院に差し戻した。

フランスでは，アレンジャー・エージェントを受任者とする既存の構成では，英米の市場で発展したシンジケート・ローン型融資には支障があったのである。とくに担保権の管理と債務者について倒産処理手続が開始された場合の管理が問題であることは認識され，フランス民法典の規定ではシンジケート・ローンに対応できないことが問題視された[352]。イギリスであればセキュリティ・トラスティの名において，しかもシンジケート・ローンの参加銀行でない機関も担保権者となることができるのにたいして，フランスでは各参加銀行の名で担保を設定する必要があり，フランス法はイギリスよりも遅れていると評された[353]。シンジケート・ローンの参加者が貸金債権を譲渡した場合には，委任の形式をとらざるを得ず，ローン債権の流動化の足かせになっていた。貸金債権の流動化の需要はわが国だけの固有の事情ではなく，フランスも同様であったのである。そこでフィデュシーの法制化にあたって「現在または将来の，財産，権利または担保権あるいは財産，権利または担保権の全体を，一ないし

---

352) J. Bertran de Balanda, Crédits consortiaux: quelles règles du jeu ?, 2. Les sûretés, *JCP*, éd. E, no. 51-52, 1994, p. 573: le même auteur, Crédit syndiqué et sûretés, *Banque & droit*, no. 52, 1997, p. 3.

353) クロク教授は，セキュリティ・トラスティ類似の制度の欠缺を委任によって埋め合わせしてきたが，ローン債権譲渡の場合に委任では対応できないことが明らかであったとし，民法典2328条の1で対応したが，物的担保だけを対象とし，保証を対象外としていること，登記，管理，実行を対象とし，設定はシンジケート参加者の名において行うことを要すると理解されることという二つの問題があるとしている（P. Crocq, Lacunes et limites de la loi au regard du droit des sûretés, *D.*, 2007, p. 1358）。

複数の受託者に移転することを約することによって成立する」と定められ（第2011条，第2012条），担保権の移転がフィデュシーの対象財産であることが明記された。さらに，2008年8月4日法[354]で民法典に「有体物の担保は，この義務を証する文書のなかでこの目的に指定された者によって保障された義務の債権者の勘定のために管理され実現される」という規定を追加した（第2328-1条)[355]。フィデュシー法案の提出者であるマリニ議員によれば，この規定は担保目的フィデュシーに関するものではなく，英国法のセキュリティ・トラスティに関する規定であるとしている。これは担保権の管理であって，担保目的物を管理しているのではない。

　フランスでもセキュリティ・トラストを認める規定が設けられたことでローン債権の流動化が進むという意見が多い[356]。その一方，フィデュシーは第三者対抗要件として1か月以内の登録を義務付けているため（第2019条），参加銀行が少ない場合にはともかく，大型のシンジケート・ローンの場合，この登録期間の制限を遵守することができるかと問題視する意見もある[357]。

② 担保の付従性・随伴性

　わが国であたらしい信託法を検討するさいセキュリティ・トラストを認めることについて歓迎の意見が支配的であったが，問題としては担保付社債信託法

---

354) 経済の近代化に関する2008年8月4日法律第2008-776号。同法第18条はフィデューシーに関する民法典の規定を改正している。

355) Ph. Dupichot, Opération fiducie sur le sol français, *JCP*, éd. E, no. 11, 2007, p. 6; Ch. Larroumet, La loi du 19 février 2007 sur la fiducie-Propos critique, *D.*, 2007, p. 1352.

356) J. Bertran de Balanda, Crédits consortiaux: quelles règles du jeu ? 2. les sûretés, *JCP*, éd. E, No. 51-52, 1994, p. 573; F. Julien, Financements bancaires syndiqués et transfert d'engagements-Aspect de droit français et anglais, *Banque et droit*, no. 109, 2006, p. 18; R. Libchaber, Les aspects civils de la fiducie dans la lis du 19 février 2007 (1), *Defrénois*, 2007, p. 1198; I. Legrand, La fiducie-sûreté: le bilan d'une aventure législative de 3 ans, *Banque & droit*, no. 128, 2009, p. 23; A.-N. Charvillat-Carrez, Introduction de l a fiducie à la française, *Revue Lamy droit des affaires*, no. 15, 2007, p. 34; S. Esquiva-Hesse, L'utilisation de la fiducie dans le cadre des opérations de restructuration, *Journal des sociétés*, no. 55, 2008, p. 69; J. Bertran de Balanda et A. Sorensen, La fiducie: un enfer pavé de bonnes intentions ? - Essai d'analyse critique de la loi de février 2007 du point de vue des sûretés, *Revue Lamy Droit des affaires*, juin 2007, p. 35 などを参照。

357) J. Bertran de Balanda et A. Sorensen, La fiducie: un enfer pavé de bonnes intentions ? - Essai d'analyse critique de la loi de février 2007 du point de vue des sûretés, *Revue Lamy Droit des affaires*, juin 2007, p. 36.

4 担保の従属性

の存在と担保と担保の付従性が取り上げられた。

第一点の担保付社債信託法の存在の問題とは，同法が「社債に担保を付そうとする場合には，担保の目的である財産を有する者と信託会社との間の信託契約に従わなければならない」（第2条）と定めているため，担保権の信託は同法に基づかなければなければならず，担保権者でない者が担保権だけを信託財産として受託することはできないと解されていたことである。わが国信託法の制定を主導した池田博士は担保付社債信託法について「この場合における担保権は，社債権者をして弁済を受けしむるための用に供するがために，受託会社に属するものとす。これ担保権の享有につき信託を応用したるの結果にして，本法（担保附社債信託法）においては担保権と債権とその帰属を異にし，信託の法理を持って両者を連結するの制度を採用したり。もって民法に対する一大例外をなす」と説明したとおりである[358]。この問題については古くから認識されていたところで，たとえば細谷教授は「明治38年担保附社債信託法の制定せられ，爾来今日にいたるまで幾度の改正加へられ，もってわが国現行信託制度の一部を成すといえども，もともと担保附社債信託法は物上担保附社債発行に関する特別信託事業に対する法規たるにとどまり，これをもって一般信託法制の基幹とみなすべきでない」として[359]，担保付社債信託法の対象は「社債」の発行に限定され，債券の発行されない金銭消費貸借には適用されないものとした。この意見にしたがえば，シンジケートを組成して抵当権付の融資を行う場合，担保信託を行う必要がないことになるが，社債と銘打ってはいるものの，担保信託と題する法律が現にある以上，資金調達にあたって万一にも違反は避けたいとして，資金調達を予定する会社や相手方の金融機関が二の足を踏むのは自然なことである。

第二の担保の被担保債権への付従性，すなわち「債権のないところに担保物

---

[358] 池田寅次郎『担保附社債信託法』（1909年）59頁。2005年1月14日の金融法研究会「セキュリティ・トラストの有効性に関する論点整理」報告書は，池田博士の前記論文を引用し，「わが国の担保制度においては，一般に，担保権者と債権者とは一致していることが必要であると理解され」ており，「担保附社債信託法が，担保付社債の発行に際し，その担保を各社債権者に帰属させるのではなく，受託会社に帰属させ，受託会社が社債権者のために担保権の実行等の義務を負う，つまり，債権者と担保権者とが分離するスキームを予定したものとなっている」が，「通説的見解は，この担保附社債信託法の存在によって，同法の適用がある場合には，債権者と担保権者との分離が可能」であるが，担保付社債信託が例外であって，その他の場合は「債権者と担保権者が一致しなければならない」というのが原則であると理解されているとした。

[359] 細谷祐治「信託法理及信託法制概論（一）」法協42巻（1924年）8号1356頁。

第5章　トラストとシビル・ロー原理の抵触

権が存在することは不可能である」[360]という担保権の性格については，法律に規定がある。わが国民法は「質権者は，その債権の担保として債務者又は第三者から受け取った物を占有し，かつ，その物について他の債権者に先立って自己の債権の弁済を受ける権利を有する」とし（第342条），「抵当権者は，債務者又は第三者が占有を移転しないで債務の担保に供した不動産について，他の債権者に先立って自己の債権の弁済を受ける権利を有する」と規定している（第369条1項）。法定担保権である留置権（第295条1項），先取特権（第303条）も同様である。さらに民法に明文の規定はないが，性質上当然に，担保権は被担保債権にしたがって移転するという随伴性もあるとされている。一方，英米法のトラストに基づくセキュリティ・トラストの場合には，セキュリティ・トラスティに就任する者が債権者であるとは限らない。セキュリティ・トラストはわが国民法上の原則である担保の付従性・随伴性に抵触すると考えられていた[361]。ただし我妻博士はすでに「抵当権が債権担保という従たる性質を脱却して独立の価値権たる地位に昇格するときは，債権に附従する性質を棄てるにいたることはいうまでもない」と指摘していた。わが国でセキュリティ・トラストが期待された背景は，債権の流動化への対応のためであって，担保権が独立した価値になること，あるいは担保権が流動化することではないが，独立の価値権という視点は的確であると考える。わが国でも博士が指摘された時代が到来したのである。

　担保付社債信託法と担保の付従性の問題は表裏一体の問題である。

　2004年10月29日法制審議会信託法部会・第3回会議では，担保の被担保債権への付従性と随伴性の問題が提起されている。当日の討議では「担保物権の発生には債権の存在を要件とし，債権が消滅すれば担保権もまた消滅するとされ」ることを「担保権の付従性と言う」が，セキュリティ・トラストのスキームにおいても「受託者が有する担保権は，受益者の有する債権の存在があって初めて成立」し，「受益者の有する債権に対して弁済がなされれば，受

---

360) 我妻栄『新訂・担保物権法』（岩波書店，1968）14頁。
361) わが国には抵当証券という証券があるが，これは抵当証券法（昭和6年法律第15号）に基づき「土地，建物または地上権を目的とする抵当権を有する者がその登記を管轄する登記所に」申請して発行する証券であって，裏書によって譲渡が可能であるが（第15条），「抵当権と債権とは分離してこれを処分することを得ず」とされており（第14条），抵当権だけではなく，担保された債権と抵当権が証券化されたものである。したがってこの場合には担保の付従性・随伴性との抵触の問題はないが，担保と被担保債権を分離することが可能か可能か否かが問題となったのである。

託者の有する担保物権も当然消滅する」ので「担保物権の付従性の原則を修正するものではな」く、また、担保物権の随伴性とは、債権が他人に譲渡されれば担保物権もこれに従って他人に譲渡された債権を担保するということをいうが、セキュリティ・トラストのスキームにおいても、「債権が譲渡されれば、受託者の有する担保権は譲渡された当該債権を担保するということにな」るので、担保物権の随伴性の原則を修正するものではないとし、結論として「セキュリティ・トラストのスキームは民法上の原則と実質的に何ら矛盾・抵触するものではなく、セキュリティ・トラストにおける担保権は民法上の担保権にほかならない」と説明されている[362]。わが国では担保の付従性・随伴性について抜本的な見直しを行うのではなく、セキュリティ・トラスト制度は担保の付従性・随伴性に違反しないというかたちで解決されている。

　2005年7月26日に法制審議会信託法部会が発表した「信託法改正要綱試案」では、信託とは「財産の譲渡、担保権の設定その他の処分があること」であるとし、補足説明には「担保権の設定」とは「一般の債権について、担保付社債信託法のようなスキーム、すなわち、債務者を委託者、担保権者を受託者、債権者を受益者として担保権を設定すること（いわゆるセキュリティ・トラスティ）をいう」と説明があった。この試案を受けてさっそく2005年8月31日には全国銀行協会が意見を発表した。すなわち改正にあたって「セキュリティ・トラストの利用を実際に可能とするための信託法および関係法制の整備を強く要望する」ことを求め、具体的には、信託契約においてはシンジケート・ローン一件について全受益者の被担保債権を一括する表示を可能とすること、担保権の登記については、担保付社債信託法におけると同様の特例が認められること（例えば、受託者が担保権の登記権利者となること、被担保債権についてシンジケート・ローンの債権総額を記載すればよいとすること、信託目録を不要とすることが挙げられている）、担保権の実行については、受託者の債権届出、優先弁済受領権限等についての当事者適格訴訟行為について明文規定を設けることなどを挙げた。また訴訟信託の禁止がセキュリティ・トラストの実務の支障となることが懸念されるとして、法律に明記することを求めた[363]。

　あたらしく制定された信託法は要綱試案のとおりの規定となっている。すなわち信託は「財産の譲渡、担保権の設定その他の財産の処分をする旨」の契約を締結することにより設定され（第3条1号）、「担保権の設定」とは、委託

---

[362] 平成16年10月29日法制審議会信託法部会・第3回会議議事録。
[363] http://www.zenginkyo.or.jp/abstract/opinion/entryitems/opinion170832.pdf.

者が「担保権等を設定して受託者がこれらの権利を有するものとすること（いわゆる設定的移転）」と説明されている[364]。一般には，担保権設定者が委託者，担保権者が受託者となって，債権者を受益者として（他益信託），担保権を設定する方法（直接設定方式）がとられるものと見込まれている[365]。また，信託法は「担保権が信託財産である信託において，信託行為において受益者が当該担保権によって担保される債権に係る債権者とされている場合には，担保権者である受託者は，信託事務として，当該担保権の実行の申立てをし，売却代金の配当又は弁済金の交付を受けることができる」ことを規定している（第55条）。この規定について立法担当者は「セキュリティ・トラストにおいては，担保権の帰属（受託者）と被担保債権の帰属（受益者）とが分離するところ，民事執行法上，被担保債権の債権者ではない担保権者が担保権の実行の申立てをし，売却代金の配当または弁済金の交付を受けることができるかについても，疑義もあり得るため，第55条において，これらが可能であることを明文で規定している」と述べている[366]。

セキュリティ・トラストは債権の流動化には必須の制度である[367]。また，わが国におけるセキュリティ・トラストについてはこれを活用したLBOファイナンスの組成の事例が報告されており，それ以降「債権者や担保物権が多数にわたるシンジケート・ローンを中心にセキュリティ・トラストが急速に普及する兆しを見せている」というコメントも発表されている[368]。また「さまざまなメリットが謳われる反面，法律上・実務上の取り扱いが固まっていない」という事情はあるが，「徐々にではあるが，実際にセキュリティ・トラストを活用した案件も出ている」といわれており，クロスボーダー案件での利用を提案する意見もある[369]。わが国国内でのシンジケート・ローンの需要がど

---

364) 寺本昌広『逐条解説・新しい信託法』（商事法務，2007）33頁。
365) 谷笹孝史「セキュリティ・トラストの利用に際して留意すべきポイント」金法1816号28頁。
366) 寺本昌広『逐条解説・新しい信託法』（商事法務，2007）35頁。
367) 立法担当者は「多数の債権者が協調融資する場合において，債権者とは別の第三者が担保権者となることができれば，担保権の一元的な管理が可能となるほか，被担保債権が譲渡されても担保権がこれに随伴して移転することもないため，コストの節約等に有益」としている（寺本昌広『逐条解説新しい信託法』（商事法務，2007）35頁）。
368) 佐野吾一「セキュリティ・トラストを活用したファイナンスアレンジの実務」金法1881号17頁。
369) 谷笹弁護士は，「海外のレンダーが本邦の法人に担保付ローンを提供する場合，当該海外のレンダーが本邦において担保管理・担保実行等を行う必要が生じるが，実効的な

の程度高いのか判断がつかないが,リスク分散の観点からシンジケート・ローンは利用価値が高く,また貸金債権の流動化を想定すればセキュリティ・トラストは有効な手段となるものと思われる。セキュリティ・トラストでは担保権者と被担保債権の債権者が分離するから,プロジェクト・ファイナンスのようにスポンサーとは峻別されたプロジェクト固有の財産を担保とし,そのキャッシュ・フローを返済原資とする担保付のファイナンスやMBOファイナンス,LBOファイナンスには有用である[370]。またわが国では受益者が有する権利を受益権とし,かつ市場流通させることが認められ,受益権証券に優先劣後の差を設けるなどの方法によって証券化商品を多様化することができるとも期待されている[371]。

フランスでは,民法典が担保の付従性(保証について第2289条,動産質権について第2333条,無体財産質権について第2355条,抵当権について第2414条)を定めている。また「債権の売却または譲渡は,保証(caution),先取特権(privilège),抵当権(hypothèque)といった付帯するものを含む」として(第1692条)[372],担保の被担保債権への随伴性を明記している。またセキュリ

管理や機動的な担保実行はきわめて困難である。このような場合,セキュリティ・トラストを利用することにより,受託者が海外のレンダーに代わって担保管理・担保実行等を行うことが可能となり,実効的・機動的な担保管理・担保実行等を期待することができる」としている(谷笹孝史「セキュリティ・トラストに関する実務上の諸論点ー動産担保を中心として」NBL907号48,51頁)。

[370] 江口直明「日本におけるプロジェクト・ファイナンスの立法課題」ジュリ1238号38頁,とくに44頁。資金調達の多様化の観点からのセキュリティ・トラスティの利用を提唱するものとして,井上聡「資金調達の多様化に伴う担保付社債制度の立法課題」ジュリ1238号62頁。

[371] 山田教授は「レバレッジド・バイアウトや,マネジメント・バイアウトにおいて,異なるリスク選好度の複数のレンダーがある場合,セキュリティ・トラストを利用すると,担保権自体の順位を用いずに,受益権を優先劣後に分けることにより,複数のレンダーを優先レンダーと劣後レンダーに分けることができる」としている。社会経済的ニーズとしては,①債権者多数の場合に,担保権者を一人とすることができる,②債権が流通し,債権者が交替する場合に,担保権者は交替せずに固定させておくことができる,③信託の受益権を優先劣後に階層化することにより,担保権自体の順位を用いず,債権者相互間の優先劣後構造を作り出すことができることをあげている(山田誠一「シンポジウム:新信託法とその利用ー担保的利用を中心に:セキュリティ・トラスト」金融法研究24号44頁)。

[372] フランスではセキュリティ・トラストの導入と債権譲渡との関係が議論されている。M.-N. Jobard-Bachellier, *Droit civil, sûretés, publicité foncière*, 13e éd., Dalloz, 2000, p. 4; M. Cabrillac et Ch. Mouly, *Droit des sûretés*, 5e éd., Litec, 1999; R. Dammann et G. Podeur, Fiducie-sûreté et droit des procédures collectives: évolution ou révolution ?,

ティ・トラストを導入するにあたっては証券化（FCT）との関係で問題があった[373]。これは1988年12月23日法が合同運用証券投資スキーム（OPCVM）を法制化し，同法第34条7項が債権の譲渡が付帯する担保の当然の移転を生じると規定していたことによる。つまり合同運用証券投資スキームでは担保の随伴性が明記されているのである。また民法典は，債権の譲渡は抵当権登記の余白に注記するとの規定（従来は第2149条，現行第2430条）があり，この規定との関係で問題となった。しかしフランスは物権法定主義に忠実な国である。フランス・フィデュシー法は，「担保権」をフィデュシーの財産とすることを明記し（第2011条），物的担保について複数の債権者のために特定の者を指定し，被担保債権の債権者のために担保権の設定，管理，実行をゆだねることができるとしている（第2328-1条）。法制化された以上，フィデュシーを利用したセキュリティ・トラストについては担保の付従性・随伴性の問題は払拭されたと考えられる。

　なお，フランスでは金融実務家からは英米法とシビル・ローでは債権譲渡の法律構成に違いがあることが指摘されている[374]。この点はわが国では取り上げられていない。フランス法では債権の譲渡は契約の譲渡として構成されているため，シンジケート・ローンの参加金融機関がたとえばエージェントなど一定の義務を負担している場合，債権譲渡が契約の譲渡であるために債権だけでなく，義務も譲り受ける金融機関の移転することになる。一方，英米法では契約の譲渡という概念がなく，またとくにアメリカではシンジケート・ローン債権を細分化して譲渡することが行われる。この場合，債権は *assignment* によって移転するが，義務は自動的に譲り受け金融機関には移転せず，別に他の参加金融機関の *acceptance* または *assumption* を要する。したがって債権譲渡だけでは義務が移転しないおそれがあり，このために債権の譲渡は *novation* として行われることになる[375]。

D., 2007, p. 1362; Y. Marjault, Le renouveau proche de la cession de créance à titre de garantie, *Banque & droit*, no. 123, 2009, p. 10.

373) S. Fayner, La titrisation et le transfert de garanties hypothécaires, *Banque & droit*, no. 5, 1989, p. 137.

374) F. Julien, Financements bancaires syndiqués et transfert d'engagements-Aspect de droit français et anglais, *Banque et droit*, no. 109, 2006, p. 23.

375) ウッド教授は，プロジェクト・ファイナンスのコミットメントと債務を別の銀行に移管する場合に *novation* としている（Ph. Wood, *Project Finance, Subordinated Debt and State Loans*, Sweet & Maxwell, 1995, p. 32）。

③ セキュリティ・トラストの二つの方法

一方，わが国ではセキュリティ・トラストに二段階設定方式と直接設定方式の二種類があることが指摘されている[376]。立法担当者は二段階設定方式とは「いったん債務者または第三者（いわゆる物上保証人）が債権者に対して担保権を設定した上で，この債権者が第三者に担保権を信託譲渡する」方式をいい，直接設定方式とは「債務者または第三者が当初から債権者とは別の第三者に担保権を信託設定する」方式をいう。つまり二段階設定方式では，第一段階として債務者が債権者のために担保権を設定し，次に第二段階として，担保権者である債権者が委託者となり，自らを受益権者として担保権に信託を設定する方式であり，自益信託の構成をとる。直接設定方式は，担保権の設定者が委託者，担保権者を受託者とし，債権者を受益者とする他益信託の構成をとることになる。立法担当者は「一般に，セキュリティ・トラストという場合は，後者の場合（直接設定方式）を指す用語であると思われ，すでに担保付社債信託法においては，担保権設定者である社債発行会社が委託者，担保権者が受託者，社債権者が受益者となるという形で採用されている」と説明している[377]。現にこれまで公表されているわが国でのセキュリティ・トラスト事案はすべて直接設定方式である。ただしすでに担保権が設定されているシンジケート・ローンについては，セキュリティ・トラストが設けられるさいに二段階設定方式となる可能性があるという意見もある[378]。

フランスのフィデュシー法制では，フィデュシーに移転する財産は，担保権と明記されているため，二段階設定方式と直接設定方式といった議論はなかった。その代わりにシンジケート・ローンの参加金融機関の立場をめぐって議論があった。すなわち通常のシンジケート・ローンでは，複数の債権者・金融機関がシンジケートを構成し，債務者が金銭貸借契約を結び，参加金融機関が債務者と他の債権者に明示され，他の参加金融機関も参加機関を承知することができる。このような方法をとらずに，金融機関が他の金融機関から融

---

376) 谷笹孝史「セキュリティ・トラストに関する実務上の諸論点―動産担保を中心として」NBL907号49頁，同「セキュリティ・トラストの利用に際して留意すべきポイント」金法1816号28頁，大串淳子＝加藤健「担保付社債信託法とセキュリティ・トラスト」新井誠監修『コンメンタール信託法』（ぎょうせい，2008）683頁。
377) 寺本昌広『逐条解説新しい信託法』（商事法務，2007）35頁。
378) 谷笹孝史「セキュリティ・トラストに関する実務上の諸論点−動産担保を中心として」NBL907号49頁。同「セキュリティ・トラストの利用に際して留意すべきポイント」金法1816号28頁。

第5章　トラストとシビル・ロー原理の抵触

資債権を譲り受ける方法がある。いわゆるサブ・パーティシペーション（*sub-participation*）と呼ばれる方法であるが，この方法はさらに債権を譲り受ける金融機関が債務者のリスクをとる場合と債務者のリスクをとらず，債権譲渡金融機関のリスクだけをとる場合がある（サイレント・パーティシペーション）。また，債権を譲り受ける金融機関が債務者に明示される場合と明示されない場合がある。債権を譲り受ける金融機関が債務者に明示されなくても，この金融機関が債務者のリスクをとっている場合もあり，債務者のリスクをとったからといってかならずしもサイレント方式になるものではなく，また債権の譲受が明示されるとは限らない。この事情は融資の実行の時点でも起こりうるが，融資実行後に債権譲渡として行う場合にも同様の事態が生じうる。担保権付のシンジケート・ローン債権を譲り受ける銀行が債務者や他のシンジケート参加金融機関に明示されるダイレクト方式の場合には，担保権者は譲受銀行としてあらたな契約を結ぶ必要がある。債務者のリスクをとらず，また債務者や他の債権者金融機関に譲受けの事実が明示されない場合には，単に譲渡金融機関にたいして資金を提供しているだけであり，フランスでは明示されない場合にはセキュリティ・トラストを設ける意味はないとしている[379]。サブ方式で譲受銀行が債務者リスクを取るリスク・テーク方式の場合にも，債務者には債権の譲渡の事実を知らせず，また担保権者の登記の変更事務も行わないことが考えられるが，この場合には，債務者や他の債権者銀行との関係では譲渡銀行が依然として債権者であるから，利払いや元本返済はこの譲渡銀行にたいして行われ，仮にこの譲渡銀行について倒産処理手続が開始されると，譲受銀行は一般債権者として配当手続に参加することになる[380]。

5　権利の体系としてのシビル・ローと判例のコモン・ロー

信託・トラストとフィデュシーという本論とは直接の関係はないが，英国法とシビル・ローでは法に対する考え方に根本的な違いがある。シビル・ロー国の言語では法（*droit, Recht, diritto*）と法律（*loi, gesetz, legge*）が区別されるが，英語ではこれは *the law* と *a law* として冠詞の違いで区別されるだけで[381],

---

[379] F. Julien, Financement bancaire syndiqué et transfert d'engagements-Aspect de droit français et anglais, *Banque et droit*, no. 109, 2006, p. 18.
[380] E. Bouretz, *Crédits syndiqués,: ransfert et partage du risque entre banques*, Reveue Banque, 2005, pp. 275, 278.

単語としての区別がない。パパンドレウ＝デテルヴィル博士は，英国法には「*droit subjectif* の概念がない」と述べているが[382]，同博士の指摘も同旨と思われる。この違いはシビル・ロー原理，とくに物権法定主義に忠実であろうとしてフィデューシーの導入に慎重であったフランスの事情を説明するものと考えられる。同博士のいう *droit subjectif* 概念はわが国でもかならずしもなじみがあるとはいえないので，ここで簡単に検討する。

フランスの法学入門のほとんどすべては，まず法（*droit*）が *droit objectif* と *droit subjectif* の二つに分けられるという説明で始まる。たとえばスタルク教授らの教科書は「法（*droit*）には二つの異なった意義があ」るとして，「社会における人間関係を支配する行動基準の総体であって，その尊重が公権力によって保障されるもの」として *droit objectif*（客体としての法）があり，「個人にものを使用し，あるいは他の個人に一定の行為の履行を請求する権利」としての *droit subjectif*（主体としての法）があり，主体としての法とは法的な特権（*prérogative juridique*）を受ける権限を与えるものであるとしている[383]。客体としての法は法律の適用を受ける者として公権力から許された権利であり，一般に成文法を意味するが，主体としての法は法律関係の主体として備わった本源的な権利・特権を意味しており，個人が法主体としての人格を認められるという特権，法主体として法律行為を行う権限，物を所有する特権（所有権），法主体として他の法主体と法律関係に入る特権（債権，契約），さらに法主体としての権利能力や行為能力そのものを意味する。主体としての法は法的権利ということもでき，客体としての法である個々の法律から導き出される抽象的な権利の総体であるとすることもできる。ただし両者の関係は一方的なものでもなく，主体としての法の存在を前提として客体としての法が制定されるという関係でもある。そしてパパンドレウ＝デテルヴィル博士は，英国法には法主体である個人の特権という概念を意味する「主体としての法」がないと指摘するのである。

ここにはトラストの成立の基本的な背景があるように思われる。

---

381) W. ゲルダート（末延三次＝木下毅訳）『イギリス法原理（原書第8版）』（東京大学出版会，1981）1頁。

382) M.-F. Papandréou-Deterville, *Le droit anglais des biens*, LGDJ, 2004, p. 51.

383) B. Starck, H. Roland et L. Boyer, *Introduction au droit*, 5e éd., Litec, 2000, p. 1; J.-L. Aubert, *Introduction au droit et thèmes fondamentaux du droit civil*, 11e éd., Sirey, 2006, p. 1; D. Mainguy, *Introduction générale au droit*, 4e éd., Litec, 2005, p. 7; R. Cabrillac, *Intruduction générale au droit*, 6e éd., Dalloz, 2005, p. 3.

第5章 トラストとシビル・ロー原理の抵触

　英国法は判例の体系である。個々の紛争の当事者は裁判所に救済を求め，裁判所が過去の事例に照らして，事案に一定の判断を加え，当事者に救済策として権利を認めるという構造をとっている。判断基準となる客体としての法は判例法として存在しているが，個々の法主体に事案を離れて特権はなく，裁判所が事案に関係する範囲で当事者に権利を与えている。個々の事案の解決に法を見出し，権利を与えるという構造はトラストの誕生そのものである。一方，シビル・ローでは裁判所の判決があろうとなかろうと，それ以前に法主体に所与の本源的な特権があると構成している（主体としての法）。そこには法主体には当然に認められるべき特権があるという一定の理念が存在しているということができ，これを近代市民社会原理と言い換えることができる。シビル・ローの裁判所の判決は，法主体の特権を客体としての法，すなわち成文法に照らして確認する手続にすぎない。モンテスキューが言うように，シビル・ローの裁判官は「法律を言う口」にすぎないのである。一方，英国法には原則として成文法がなく，裁判所による救済の総体である判例法によって法理が形成されているから，法主体には所与の本源的な権利は存在せず，個々の事件で裁判所（権力）から権利（right）が与えられるのである。そこでは個人の権利は所与のものとしては存在せず，個別の事案にたいしてより適切な解決を図ることによって社会関係，人間関係の調和が図られている。川島教授は「近代的人間の意識一般の基礎規定は，まず自分が独立の・他の何びとにも隷従しない主体者であるという自己意識」であるとし，「近代的な所有の中に，近代的な精神の自由が基礎づけ」られるとしている。シビル・ロー国の法の理念として適切な指摘と思われる[384]。英国法には主観的法が存在しないというパパドレウ＝デテルヴィル博士の意見には首肯することができる。

　トラストは，エクイティ裁判所がコモン・ローでは認められない財産権を救済するために生み出した財産権である。シビル・ローの裁判所が個別の事件にあたって財産権を創出することは考えられないのにたいして，英国法が救済として権利を生み出すことができるのは上記のような事情があるからである。シビル・ローでは法主体としての権限，所有権，契約能力は所与のものであり，客体としての法律が個々にその内容を確定する。すでに客観的な法律のなかに正義（justice）は記されているのであり，法律を離れて正義を主張することはできない。裁判所は法律を適用するだけである。英国法とシビル・ローの法・

---

384) 川島武宜『所有権法の理論』（岩波書店，1949）65頁。

5 権利の体系としてのシビル・ローと判例のコモン・ロー

権利にたいする理解の違いは，英国における裁判官の高い地位とドイツをはじめとするシビル・ロー国における法律家の地位の差に表われている。

　法主体には所与の本源的特権があるとする考え方（*droit subjectif*）は，近代市民原理を象徴している。近代市民社会においては，一定の財産を有し，自由で自立して単独で意思決定することができる個人が社会を形成し，社会のあるべき姿として人間関係と財産関係に関する客観的法（個別法律）を制定する。しかし19世紀後半からの産業化によって財産を有しない無産層が社会の構成者として登場し，さらに20世紀後半からはポスト・インダストリアリゼーションによって他者に依存し，自由でもなく，自律もしていない個人が登場している。法主体の本源的特権に基礎を置くシビル・ロー原理は転換期を迎えている。一方，コモン・ロー原理は理想形としてのあるべき社会を想定せず，現実の変化変容に応じて対応することができる。パパドレウ＝デテルヴィル博士は英国財産法の優越性を主張しているが[385]，事実を前にして解決を図るという現実的な対応が可能である点は優れているといえよう。

　しかし英国財産法が優秀であるとしても，そのトラスト制度は契約ではなく，財産権そのものである。かつて高柳教授は「信託法理の輸入は我が法律概念に一時混乱を来すかも知れない。物権と債権との分類と云ふ古い歴史付の *dichotomy*（二項対立）は打ち破られるかも知れない」と述べたことがあるが[386]，法を権利の体系と考えるシビル・ローと法を裁判所による現実の追認ととらえる英国法のあいだには超えがたい溝があるといわざるを得ない。トラストの輸入そのものは単純に法律を定めるだけで済むものではない。

---

[385] M.-F. Papandréou-Deterville, *Le droit anglais des biens*, LGDJ, 2004, p. 3.
[386] 高柳賢三「英米信託法原理㈠」法協40巻（1922）5号731頁。

第6章　フィデュシーと所有権の再生

1　所有権担保

　フランスのフィデュシーには担保目的フィデュシーと財産管理目的フィデュシーの二つがあるが，現実には担保目的フィデュシーとして利用されている。フィデュシーは英米法のトラストへの対抗制度として設けられたものであるが，英米法のトラストが担保目的で利用されることはなく，フィデュシーはディフィーザンスなどの財産管理目的で利用されるようにならなければ，トラストへの対抗制度には程遠いもので終わる可能性がある。それでもフィデュシーが主として担保目的に利用されるのは，それが古代ローマのフィデュキアを現代フランスにフィデュシーとして再生した制度だからである。前述のとおり，古代ローマにはフィデュキアには「債権者とのフィデュキア」(*fiducia cum creditore*) と「友人とのフィデュキア」(*fiducia cum amico*) があった。債権者とのフィデュキアは，債務者が債権者に財産を移転する担保手法であった。フランスの担保目的フィデュシーは債務者がその財産を債権者に引き渡し，債権者が受託者であり，かつ受益者として財産から優先的に債権の弁済を受ける手段であるから，債権者とのフィデュキアと同じ構造をとっている。債務者と債権者のあいだで財産の移転をともなう担保権の設定であるから，わが国の譲渡担保と同様の構造である。

　財産の移転をともなう担保手法としては，譲渡担保のほかに所有権留保売買とファイナンス・リースがある。譲渡担保は債務者の財産が債権者に移転する手法であり，所有権留保とファイナンス・リースは債権者の財産を債務者が利用することを認める手法であり，債務者と債権者のあいだで移転する財産の所有権者は異なるが，いずれも財産を介して担保権を設定する構成をとる点では共通している。フランスでは所有権留保，ファイナンス・リース，譲渡担保といった所有権の移転をともなう担保手法を一般に「所有権担保」(*propriété-sûreté* または *propriété-garantie*) と言い習わしている[387]。

　わが国では所有権留保，ファイナンス・リースや譲渡担保について法律規定

がなく，非典型担保である。これらの担保の効力について，わが国では最近も裁判例がある。

【参考裁判例】 最高裁平成18年7月20日第一小法廷判決・民集60巻6号2499頁
（集合動産の譲渡担保の事例）
　被告・被控訴人・上告人（売主）は，鮮魚を目的物として，占有改定により複数の債権者のために譲渡担保を設定し，さらに原告・控訴人・被上告人（買主）に目的物を売却した。その後，売主について民事再生手続が開始され，買主が所有権確認の訴えを提起した。譲渡担保権者と目的物を売買によって取得したとする者とのあいだで目的物にたいする権利の優劣が争われている。第一審（宮崎地裁日南支部平成16年1月30日判決）は請求を棄却，控訴審（福岡高裁宮崎支部平成17年1月28日判決）は第一審判決を取り消した。上告審は原判決を破棄し，差し戻した。

【参考裁判例】 最高裁平成19年2月15日第一小法廷判決・民集61巻1号243頁
（将来債権の譲渡担保の事例）
　譲渡担保の目的物は継続的な商取引契約から生じる現在の売掛代金債権と販売受託手数料債権およびその後一年間に取得する同種の債権であった。譲渡担保設定者が手形を不渡りにし，その後破産手続が開始された。国税局が滞納を理由に差押処分をし，譲渡担保権者がその処分の取消しを求めた。譲渡担保権と国税債権の優劣が争点となっている。第一審（さいたま地裁平成15年4月16日判決）は，譲渡担保権者の請求を認め差押処分を取り消したが，控訴審（東京高裁平成16年7月21日判決）は第一審判決を取り消した。上告審は控訴審判決を破棄し，国税の控訴を棄却した。

【参考裁判例】 最高裁平成20年12月16日第三小法廷判決・民集62巻10号2561頁（ファイナンス・リースの事例）
　第5章2項の物権法定主義に関係して紹介した事例である。ファイナンス・リースのユーザーについて民事再生手続が開始された事件で，リース契約に付された倒産解除特約の効果が争われている。第一審（東京地裁平成16年6月10日判決）は原告リース会社の請求を認容したが，原判決（東京高裁平成19年3月14日判決）はリース会社の請求を認めず，上告審はリース会社の上告を棄却した。

---

387) この名称をはじめて意識的に使ったのは，おそらくクロク教授の「所有権と担保」(P. Crocq, *Propriété et garantie*, LGDJ, 1995) であろう。

1 所有権担保

【参考裁判例】 最高裁平成22年6月4日第二小法廷判決（所有権留保の事例）
　これも第5章2項で紹介した事件であり，移転の登録未済の自動車所有権留保売買の事件で，控訴審（札幌高裁平成20年11月13日判決）は移転登録のない自動車ローン会社の原告・控訴人の請求を認めたが，上告審は控訴審判決を破棄，原告・控訴人・被上告人の請求を棄却した。

　これらの事件はいずれも財産権が債権者に移転することを前提とする担保であり，債権者が所有権を有することで民法の規定する典型担保以上の強い実効性を期待するものである[388]。所有権の移転を前提とするという点で，これらのわが国の非典型担保はフィデュキアと同じ構成をとっているのであり，わが国にも古代ローマの制度が再生しているということができる。シビル・ローを継受した国として当然であろう。信託も受託者に財産を移転する契約なので，信託を担保に利用した場合と同じ構成をとることになるが，わが国信託法は受託者が単独の受益者になることを制限しているので，フランスの担保目的フィデュシーのような信託的な構成ではない。しかし仮に受託者と受益者が別法人ではあるが，資本関係が密接であるならば，受託者・受益者が一体として信託を譲渡担保のように利用することは可能である。

　では，ローマに始まる財産の所有権を利用した担保方法がなぜ現代社会に再生しているのだろうか。わが国には財産の占有権を債権者に移転する質権，財産の占有権は債務者のもとに残したまま，公示によって担保権の設定を第三者に対抗する抵当権という約定担保物権があるにもかかわらず，法律に規定のない担保方法が必要になるのはなぜだろうか。

　その理由は二つある。
　一つは，担保物の価値の変容，担保目的物の変化である。
　我妻博士は譲渡担保について「担保権者は，目的物の所有権を取得しているけれども，実質的に把握しているのは被担保債権の額だけ」であり，「目的物の有する価値は，担保権者と設定者とに分属」し，「いわゆる所有権の価値的分属」であって，「譲渡担保権者から目的物を譲り受ける者は，目的物そのものを取得するのではなく，譲渡担保権者が把握している価値しか取得しえない」としている[389]。すなわち担保の目的物の価値が利用価値と交換価値とに

---

[388] 所有権担保については，拙稿「所有権に基づく担保と再建型倒産処理―フランス・フィデュシー法制の視点から―」信託研究奨励金論集31号（2010年）110頁を参照。
[389] 我妻栄『新訂・担保物権法』（岩波書店，1968）600頁，607頁。譲渡担保についてクロク教授は債権者に交換価値，債務者に利用価値が分属するとしているのも同趣旨と

第6章 フィデュシーと所有権の再生

分裂し，交換価値が財産の価値を決定するようになったのである。担保の目的物自体も抵当権を設定することのできる不動産や質権の対象となる動産といった有体財産ではなく，債権や知的財産権という無体財産に移っている。もはや土地や動産は経済的に高い価値を生み出すものではなくなっているのである。交換価値さえあれば現存の財産だけでなく，将来の財産にも財産価値がある。しかし，将来の財産に抵当権や質権では対応できず，譲渡担保によらざるを得ない。所有権に基づく担保が評価されているのはこうした経済的な財産価値の変容と価値が認められる財産の変化によるのである。

　もう一つの理由は，とくにフランスの事情であるが，伝統的な典型担保が倒産処理手続において，実効性を失ってきたことである。この点はそのままわが国の倒産処理に妥当するとはいえないが，政策的に倒産処理にあたって清算型手続よりも再建型手続を優先すれば，倒産債権者にある程度の負担が生じることはわが国も同様であり，フランスの事情はけっして対岸の火事ということにはならない。フランスの倒産処理法では，担保権を有する債権者も倒産処理手続に服さなければならず，わが国の会社更生法における更生担保権と同様の扱いとされており，担保目的物が換価された場合にその代金から優先的に回収することができるが，現実に支払が行われるまでには相当の期間を要している。担保権を有する債権者は倒産処理手続に服しながら，手続においては政策的に担保権者よりも優先する債権者として労働債権や租税債権が法定されている。立法者が倒産処理において事業再建を優先していることが所有権に基づく担保が開発されてきた要因であり，「優先的債権（注：財団債権あるいは共益債権）が増やされたことによって，倒産処理法は伝統的な担保の実効性を失わせており，倒産処理が開始されたら，債権者が財産の所有権に救いを求めるのも当然である」とし，とくに1985年1月25日の倒産処理法が担保の実効性を低減させたという意見がある[390]。この結果，フランスの伝統的な担保権はその効果が減殺され，そのためあたらしい担保の手段が開発されてきたのである。倒産処理法が抜本改正され，債権者，とくに担保権を有する債権者に犠牲を強いる法制度という性格が強化されたことから，とくに所有権担保の実効性と有効性に関して議論が蓄積されてきた[391]。典型担保に代わる手段として所有権留保

　　考えられる（P. Crocq, *Propriété et garantie*, LGDJ, 1995, p. 280）。
390）P. Crocq, *Propriété et garantie*, LGDJ, 1995, p. 251.
391）C. Witz, Les transferts fiduciaires à titre de garantie, *Les opérations fiduciaires, Colloque de Luxembourg*, LGDJ, 1985, p. 55; P. Crocq, *Propriété et garantie*, LGDJ,

売買やファイナンス・リースが導入され，さらに譲渡担保を可能とするために担保目的のフィデュシーの法制化が求められていたのである。わが国でも倒産処理法が債務者の事業再建の優先を強調すれば，あらたな担保手法が開拓されることになると思われ，そのさいに信託を介した担保手法が利用される可能性がある。

　本来，倒産処理手続が開始されたら，倒産債務者の財産を確定しなければならない。わが国破産法では破産管財人は遅滞なく破産財団に属する財産の価額を評価して，財産目録と貸借対照表を作成しなければならない（破産法第153条）。民事再生手続，会社更生手続でも同様である（民事再生法第124条，会社更生法第83条）。仮に倒産債務者が管理している財産のなかに第三者の財産があれば，正当な所有者はこれを取り戻す権利がある（取戻権）（破産法第62条，民事再生法第52条1項，会社更生法第64条1項）。所有権担保は，債権者が所有権を留保し，あるいは債務者が債権者に所有権を移転する担保であるから，債務者が仮に担保目的財産を所有していても，所有権者はその財産に取戻権を行使することができるはずであり，仮に債権者が担保目的物を所有していれば，債務者の倒処理手続には含まれないとしてその引渡しを拒むことができるはずである。

2　所有権留保とファイナンス・リース

　では，現実の倒産処理手続ではどうだろうか。
　わが国では高松高裁昭和32年11月15日判決[392]が，所有権留保条件の付された売買取引の売主には買主破産の場合に取戻権があるとしたことがある。しかしその後の裁判例は所有権留保を担保権とし，取戻権を認めず，別除権[393]

1995, p. 251; M. Cabrillac et Ch. Mouly, *Droit des sûretés*, 5e éd., Litec, 1999, p. 431; Y. Picod, *Droit des sûretûs*, Puf, 2008, p. 449.

392）高松高裁昭和32年11月15日判決・高民集10巻11号601頁。同判決は「所有権留保約款附月賦販売契約の法律的性質」について，「売主が目的物件の所有権を留保するのは代金債権担保のため」であるとし，「買主破産の場合は売主が取戻権を有し，買主が他の債権者より差押を受けたときは売主は第三者異議の訴を起し得る」とした。

393）破産法第2条9項は「破産手続開始の時において，破産財団の属する財産につき特別の先取特権，質権又は抵当権を有する者がこれらの権利の目的である財産について」別除権を有するとし，第65条1項は破産手続によらずに行使することを認めている（民事再生法第53条1項も同旨）。会社更生法は，質権，抵当権などの被担保債権を「更生担保権」とし，更生手続に取り込んでおり（会社更生法第2条10項，第135条1

第 6 章　フィデュシーと所有権の再生

だけを認めるようになっている[394]。

　次にファイナンス・リースについては，目的物の賃貸借であるとする説（賃貸借説）とリース目的物は未払いリース料債権の担保であるとする説（金融取引説）が対立しているが，最高裁は倒産処理手続が開始されたユーザーにたいしてリース料を請求した事件で「実質はユーザーに対して金融上の便宜を付与するものである」とした[395]。金融取引であるとするとリースの目的物は担保であり，リース会社はユーザーについて開始された手続が破産手続，再生手続であれば目的物について別除権を有することになる。別除権では満足できないのであれば，リース会社が目的物自体を取り戻すためには，あらかじめリース契約を解除してユーザーの利用権を消滅させる必要がある。このためユーザーが倒産処理手続の開始を申し立てた場合は，自動的にまたはリース会社の通知により契約が解除されるという「倒産解除特約」を付け，取戻権を確保することが考えられた。一種の流質（*pacte commissoire*）である。しかし，前述のとおり最高裁平成 20 年 12 月 21 日判決は再生手続が開始された場合にはリース契約の倒産解除特約によりリース会社が解除することは無効であるとした。結局，リース会社は別除権で満足せざるを得ないのである。さらに譲渡担保についても別除権が認められている。別除権は取戻権と同じように倒産処理手続によらないで行使することが認められているが，取戻権を有する者は債務者の倒産処理手続が開始されても目的物をそのまま回復することができるが，別除権の場合は目的物の価額が被担保債権額よりも大きければ，この差額を債務者・倒産者に返還しなければならない。また倒産処理法上，担保権には消滅請求の制度があるが，取戻権にはこの制度がない点も異なる。

　わが国では，所有権留保の売主やファイナンス・リースのリース会社には取戻権は認められないが，担保権者として認められ，破産手続と再生手続では別除権が認められる。担保としての実効性があり，いずれも抵当権や質権と同様

　　　項），破産手続，再生手続とは異なる。
394)　札幌高裁昭和 61 年 3 月 26 日決定。同決定は「本件所有権留保ないし本件譲渡担保の実質的な目的は，あくまでも本件立替委託契約とこれによる本件弁済に基づく抗告人の求償債権を担保することにあり，いずれにしても本件自動車の所有権の抗告人に対する移転は確定的なものではない」とした。
395)　最高裁平成 7 年 4 月 14 日第二小法廷判決・民集 49 巻 4 号 1063 頁。これは事務機器のリースのユーザーについて会社更生手続が開始された事件で「ファイナンス・リース契約は，リース期間満了時にリース物件に残存価値はないものとみて，リース業者がリース物件の取得費その他の投下資本の全額を回収できるようにリース料が算定されているもの」とした。

に優先弁済権が認められており，法定担保物権である先取特権や留置権以上の効力はある[396]）。それでも債権者に所有権があるとされていないので，本来，これらの担保手法を開発した意義が減少している。

　フランスでも担保目的フィデュシーによる譲渡担保や所有権留保売買およびファイナンス・リースはいずれも担保と理解されている。これらは債権者が所有する財産を債務者に利用させる手法である。

　フランス法での所有権留保やファイナンス・リースの構造はわが国と基本的には同じであるが，倒産処理手続でのあつかいはわが国と異なる。所有権留保では売主に所有権が残る（民法典第2367条）と理解されているのである。ただし，倒産処理手続の開始が公告されてから3か月以内に訴えによって取戻権（droit de revendication）を行使しなければならない（商法典第624-9条，第624-16条）。わが国では所有権留保条件で売却した売主に取戻権は認められないこと，またわが国の倒産処理法は純然たる所有権者には取戻権を認めるが，取戻権の行使に期間の制限は規定されていないこと，以上の二つの違いがある。フランスではファイナンス・リースは金融取引ではあるが，継続的な双務契約であるとされ，倒産処理手続の管財人に契約の履行と解除の選択権が与えられ（第622-13条），仮に管財人がリース契約を解除した場合には，リース会社は取戻権を3か月以内に訴えによって行使しなければならず（第624-9条），仮に契約を履行するとした場合にはファイナンス・リース契約は継続する。ただし手続開始後3か月間に行使しなければならない。提携金融会社が関与した所有権留保担保の事例として次の事件がある。

【参考裁判例】　フランス破毀院1988年3月15日商事部判決
　　ネルソン・オート社（売主）はSEIB社（買主）にたいして自動車2台を売却する，SEIB社は売買代金の一部を頭金として支払う，残金はCGI社（金融会社）が所有権留保条件で立替払いする，という条件で自動車の売買等の契約を結んだ。ネルソン・オート社はSEIB社にたいする関係ではCGI社を代理す

396）東京高裁平成20年9月11日判決。この事件は，将来債権譲渡担保契約のもとで，譲渡対象の債権の支払いのため第三債務者が振り出した手形を破産管財人が取り立てた事件で，譲渡担保権者の信金は手形金と同額の不当利得返還請求権を有するとされた。最高裁昭和63年10月18日第三小法廷判決は，信用金庫に手形の取立て委任した債務者について破産手続が開始された事件で，信金は商人ではなく，信金は取立手形に民法上の留置権しかもたないので，手形の取立ての権能はないとした。法定担保である留置権には優先弁済権はないが，所有権担保である譲渡担保には認められる。

第6章　フィデュシーと所有権の再生

る（*subrogation*）こととした。その後，SEIB 社が CGI 社への返済を完了しないうちに裁判上の更生手続が開始され，CGI 社が取戻権行使の訴えを提起した。当時施行されていた 1967 年倒産処理法の第 65 条は「現物が存在している限り，債務者に渡された物品は預託のため，または所有者のために売却されるために，取り戻すことができる」と規定していた。原判決（パリ控訴院 1985 年 11 月 28 日判決）は請求を認容し，SEIB 社の更生手続の管財人（*syndic*）が上告した。破毀院は原判決に法律の適用の誤りはないとして上告を棄却した。

【参考裁判例】　フランス破毀院 2008 年 4 月 1 日商事部判決
　ピネル社（売主）はノルマンティック社（買主）に物品を所有権留保条件付で売却した。代金総額は 3 万ユーロ余であるが，ノルマンティック社はこのうち 1 万 7 千ユーロ余を支払ったところで裁判上の清算手続が開始されることになった。ピネル社は物品の取戻権行使の訴えを提起し，ノルマンティック社の手続の清算人はこの訴訟において，主位的に総額 3 万ユーロ余の支払，予備的に支払い済みの 1 万 7 千ユーロ余の支払いを求める反訴を提起したが，原判決（カーン控訴院 2006 年 12 月 7 日）はピネル社の請求を容れ，清算人の請求はすべて棄却した。このため清算人が上告した。破毀院は取戻権の行使の対象の物品の価値は代金残額を超えるものではないとして，上告を棄却した。

またファイナンス・リースの対象物についての取戻権行使については，数多くの事件があり，たとえば次の事例がある。

【参考裁判例】　フランス破毀院 1998 年 1 月 6 日商事部判決
　1990 年 6 月 29 日，UFB リース社（リース会社）は個人事業主の X 氏（ユーザー）とのあいだで SNAVI 社（メーカー）製造のトラクター一台のファイナンス・リースを行うことになり，三者間で契約を結んだ。トラクターに瑕疵があったため，1990 年 10 月 5 日，X 氏は UFB リース社と SNAVI 社を相手に問題のトラクターの瑕疵の調査を求めるレフェレ（緊急手続）を申し立てたが，1991 年 12 月 20 日に X 氏について裁判上の更生手続が開始され，その後裁判上の清算手続に移行し（1985 年倒産処理法による），Y 氏が清算人に選任された。Y 氏は UFB リース社と SNAVI 社を相手にリース契約の解除，支払い済みリース料の返還と損害賠償を求める訴えを提起した。原判決（カーン控訴院 1994 年 11 月 24 日）は，UFB リース社が 3 か月以内の取戻権の行使の訴えを提起しなかったので，リース会社は権利を失っているとして，清算人の請求を認容した。破毀院は原判決について，リース会社が 3 か月以内に取戻権の行使の訴えを提起

166

せず，トラクターが清算手続の債権者の共通担保になったとしても，この事実は清算人に契約の解除権を認めるものではなく，清算人は単にトラクターの瑕疵についての損害賠償の請求権があるだけであるとして，原判決を破毀し，レンヌ控訴院に差し戻した。

【参考裁判例】　フランス破毀院2004年6月30日商事部判決
　エコノコム社（リース会社）は，アンティル航空に飛行機ATR42と交換用部品などのファイナンス・リースを行うこととし，1987年7月31日に契約を結んだ。アンティル航空はその後裁判上の更生手続に入ったため，1994年3月11日に当該リース契約上の地位は新マルティニク航空（ユーザー）に譲渡された。しかし新マルティニク航空はリース契約上の債務を履行できなくなり，1996年2月19日になってリース目的物の買取オプションをあらたに結び，新マルティニク航空は1996年6月30日までに売買代金を支払うこと，その間，エコノコム社は所有権を留保する旨を合意した。1996年6月25日に新マルティニク航空はエコノコム社に買取りオプションの行使は不可能である旨を通知し，リースの目的物であった飛行機および部品を返還したが，リース目的物すべてが返還されたわけではなった。1996年11月26日に新マルティニク航空について裁判上の更生手続の開始が決定され，管財人と債権者代表が選任されたが（1985年倒産処理法による），その間にエコノコム社はリース目的物の返還についての緊急手続を申し立てており，手続の開始後，エコノコム社は取戻権の行使の訴えを提起した。原判決（フォール・ド・フランス控訴院2002年2月8日判決）はエコノコム社の請求を認容したために，管財人・債権者代表が上告した。破毀院は上告を棄却した。

3　譲渡担保と再建型倒産処理

　譲渡担保については，わが国では財産を譲り受ける者は担保として受け取るのであるから担保権者であり，倒産処理手続において別除権を認められている[397]。この点で所有権留保やファイナンス・リースと大きく異なるところはない。さらにわが国では将来債権や集合動産の譲渡担保が中小企業のあらたな

---

397)　最高裁昭和41年4月28日第一小法廷判決・民集20巻4号900頁。同判決は「譲渡担保権者は，更生担保権者に準じてその権利の届出をなし，更生手続によつてのみ権利行使をなすべきものであり，目的物に対する所有権を主張して，その引渡を求めることはできない」とした。

第 6 章　フィデュシーと所有権の再生

資金調達手段として注目されている。第 4 章 3 項で言及した ABL (*Asset-Based Lending*) である。これは「企業が有する在庫や売掛債権，機械設備等の事業収益資産を活用した金融手法」[398]であって，「不動産等の担保提供資産が少ない企業への融資，ライフサイクルに応じた企業への支援，内部留保が手薄な成長志向の企業への融資や，借り手と貸し手のリレーションの構築，或いは強化に役立つため，我が国の中堅・中小企業金融の円滑化，企業の潜在的な成長力の顕在化などに資するものと期待されており，不動産担保や個人保証に過度に依存しない新たな金融手法として，その普及を促すことが重要である」とされている[399]。これは「動産への担保設定については，民法典上は質権の規定しかなく，質権は，担保権者が対象動産の占有を取得することが成立要件となっているので，担保権設定者に占有を委ねたままで当該動産を約定によって担保とする場合は，一般に譲渡担保の手法によることになる」としたものである。

わが国では債権譲渡の対抗要件に関する民法の特例等に関する法律（債権譲渡特例法）によって，集合動産，将来債権の譲渡の対抗要件を具備することができる。判例も将来債権についての譲渡担保の設定[400]や集合動産についての譲渡担保の設定[401]を認めているところである[402]。ABL は譲渡担保であるが，わが国では信託と構成されてはいない。しかし，機能の点ではフランスの担保型フィデュシーと同じである。ABL として譲渡担保を設定した債務者が健全である限り問題が顕在化することはない[403]が，仮に債務者について民事

---

398) 2006 年 3 月・経済産業省・ABL（Asset Based Lending）研究会・報告書から。
399) 2008 年 5 月発表の経済産業省「ABL ガイドライン」を参照。金融庁の金融検査マニュアルは 2007 年 2 月の改訂で，動産・債権担保を「一般担保」とあつかうこととした。
400) 最高裁平成 12 年 4 月 21 日第二小法廷判決・民集 54 巻 4 号 1562 頁，最高裁平成 13 年 11 月 22 日第一小法廷判決・民集 55 巻 6 号 1056 頁，最高裁平成 19 年 2 月 15 日第一小法廷判決・民集 61 巻 1 号 243 頁などを参照。継続的取引契約に基づいて現在および将来生じる商品売掛代金債権と商品販売受託手数料債権について債権譲渡担保設定契約が結ばれている場合には，倒産処理手続において別除権として処遇される。
401) 最高裁昭和 54 年 2 月 15 日第一小法廷判決・民集 33 巻 1 号 51 頁，最高裁昭和 62 年 11 月 10 日第三小法廷判決・民集 41 巻 8 号 1559 頁などを参照。倒産処理手続において別除権として処遇される。
402) 経済産業省平成 20 年度 ABL インフラ整備調査委託事業「ABL の普及・活用に関する調査研究報告書」平成 21 年 3 月・株式会社野村総合研究所を参照。
403) ABL については「拡大した事業に伴って在庫や売掛金も増大すれば，それに応じて運転資金の枠も拡大するというメリット」があり，「事業そのものが健全であれば，例えば仕入れ価格の一時的な上昇で赤字になったとしても，そのことをよく理解している

再生手続や会社更生手続が開始されると、ABLによる担保は債務者の事業の再建をきわめて困難にする。担保権を有する債権者が担保目的物を処分する可能性が高いからである。ABLに基づいて在庫や売掛金を担保に資金調達をおこなった債務者について民事再生手続が開始されれば、債権者には別除権が認められることになるので、債権者は在庫を処分し、売掛債権を取り立てて債権回収することになろう。たとえばテナントからの定期的賃料債権に譲渡担保を設定していた債務者について民事再生手続が開始された場合には債務者には手続開始後には収入がなくなり、再生計画を策定することができなくなる。この場合、民事再生手続は廃止され、破産手続に移行することになる（牽連破産）。将来債権や集合動産に担保権を設定することを認めることは債務者の事業の再建を危うくしかねないのであるが、わが国信託法や倒産処理法に規定はない。ABLについては「再生手続や更生手続開始前に事業用資産担保貸付が行われ、在庫商品や売掛債権等について譲渡担保が設定された場合に、手続開始後に再生債務者や更生管財人の活動によって会社が取得する商品や売掛債権等にも譲渡担保の効力が及ぶのか、それとも、譲渡担保の効力が手続開始によって切断され、手続開始時に会社が有する商品や売掛債権等に担保目的物が限定されるのか」という点は指摘されているが[404]、これは手続開始の前後で譲渡担保の対象を区別するだけのことである。

　すでに2003年に経済産業省の研究会はABLについて「動産や債権についても幅広く担保権が設定される事案が増加すると、民事再生手続のように担保権を手続外におく倒産制度よりも、会社更生手続のように担保権を手続内に取

　金融機関から安定的に融資を受けられる」としており（野村総研レポート「動産・債権等の活用による資金調達手段〜ＡＢＬ（Asset Based Lending）〜テキスト金融実務編」（2006年3月）2頁から引用、下線は筆者）、ABLの機能は事業が健全であることを前提にしている。

404）伊藤教授は、この問題の判断基準は当該債権譲渡としての法的性質が維持されているか否かであるとし、さらに債務者の倒産手続開始により債務者の期限の利益を喪失させ、すでにその時点で発生している債権を担保目的物とする「固定化」条件があれば、集合債権譲渡の担保としての性質はなくなり、譲渡担保権者は、再生債務者の事業再生の見込みを踏まえ、譲渡担保を実行して、目的物の範囲を固定化し、その時点での担保目的物の価値を確定的に把握するか、それとも、譲渡担保の実行を自制して、再生債務者等に目的物の処分を許しながら、その後に再生債務者が取得する目的物を譲渡担保によって捕捉するか、いずれかを選択するとされている（伊藤眞「集合債権譲渡担保と事業再生型倒産処理手続・再考—会社更生手続との関係を中心として」法曹時報61巻（2009）9号2761頁）。同「倒産処理手続と担保権—集合債権譲渡担保を中心に」NBL872号（2008）60頁を参照。

り込む制度のニーズが高まる」と予想し,「担保権者以外の債権者の保護や倒産手続と新たな担保制度の関連等,さらに検討を要する問題については,引き続き議論を掘り下げていくことが必要」であるとしていた[405]。しかし依然として問題は残されたままである[406]。

フランスの担保目的フィデュシーは,わが国の ABL と同様の機能を果たすことになる。担保目的フィデュシーという譲渡担保と倒産処理手続のあいだの利害調整について,フランス法の事情を詳しく見てみよう。わが国の ABL について残された問題の参考になると思われるからである。

同国の倒産処理法は,現在,債務者の事業再建を最優先にしている。このためには債権者が有する担保の実効性を減殺しているが,このような債務者の事業再建を最優先する原則をとるようになったのは最近のことである。

大革命以前の封建制時代から,フランスでは倒産処理を倒産者の制裁とその財産の清算の手続と位置づけ,倒産した債務者を債権者の信頼を裏切った者として懲罰を加えるという性格が強かった[407]。フランスの近代的な倒産処理法は 1807 年の商法典破産編にさかのぼり,その後かなり頻繁に改正されてきたが,20 世紀なかば,1955 年倒産処理法[408]まではこのような伝統的懲罰思想に立っていた。とくに 1955 年法では当時,政府が商業の浄化・健全化を優先していたため懲戒的性格が強かったとされている[409]。しかしその後の倒産処理法はこうした懲罰的性格を急速に失い,代わって債務者の事業の再生・再建が重要な観点となってきたのである。

---

405) 平成 15 年 1 月企業法制研究会『企業法制研究会(担保制度研究会)報告書〜「不動産担保」から「事業の収益性に着目した資金調達」へ〜』。

406) 伊藤教授は「在庫商品または売掛債権等に対する譲渡担保が,設定者について倒産処理手続,特に民事再生手続や会社更生手続という事業再生型手続が開始された場合に,どのように取り扱われるべきかについて,かねてから議論が存在し,現在に至っても,いまだ収束をみていない」とされている(伊藤眞「集合債権譲渡担保と事業再生型倒産処理手続・再考─会社更生手続との関係を中心として」法曹時報 61 巻 (2009 年) 9 号 2758 頁)。

407) わが国の近代的な成文法としての倒産処理法は,明治 23 年 (1890 年) に制定された商法破産編にさかのぼるが,同法の起草を担当したロエスレルはフランス商法・破産編をモデルとした。これは当時のフランス法が破産者にたいする懲罰的性格が強い点を評価したためである(ロエスレル氏寄稿『商法草案下巻』復刻版(新青出版,1995) 14 頁,824 頁(商法草案は明治 17 年に起草されている))。

408) 破産,裁判上の更生と復権に関する 1955 年 5 月 20 日デクレ第 55-583 号。

409) ルノー(拙訳)「フランス倒産法の歴史─債務者の清算制裁から債権者を犠牲にした再生へ」広島法学 27 巻 (2004) 3 号 143 頁。

3 譲渡担保と再建型倒産処理

　転機を画したのは1967年倒産処理法[410]である。フランスは第二次大戦の主戦場となったため，国内の生産施設が破壊され，経済生産力は一時大きく減退した。その後「栄光の30年」[411]と呼ばれる1945年からの30年間の経済力の急速な回復があった。経済成長によって，フランスの社会，法律，経済，教育すべてのシステムにおける遅れが明らかになったのである。破産者は債権者の信頼を裏切った犯罪者であるという理解は，19世紀初頭には妥当したかもしれない[412]。しかし20世紀には巨大資本が形成され，会社は経営者の個人事業ではなくなり，また会社の事業活動は地域経済や雇用にたいして大きな影響をもつようになった。倒産した債務者を裏切り者として懲罰して，債権者が溜飲を下げても，社会的経済的な主体としての事業を生かすことにならない。こうした認識に立って，1967年の倒産処理法は倒産した債務者については詐害行為があれば懲罰するが，その債務者が行っていた事業は債務者とは別の独立した存在であるとして，社会経済的に有用な事業については，維持・再建を図るべきであるとする考え方に転じた。すなわち債務者とその事業が明確に峻別されたのである。債務者の事業再建を優先する理念に転じるということは担保権者に犠牲を強いることである。1967年倒産処理法では事業再建を優先して，担保権を有する債権者も一般債権者と同様に債権届けを義務付けられ，担保権者も債権を届けなければ債権を失うことになった。そして債務者の事業再建のためには倒産処理の手続中は債権者による権利行使が禁じられ，担保権者も倒産処理手続に取り込まれることとなった（1967年倒産処理法第35条）。その後も，担保権のある債権者にとっては受難の時代が続き，今に至っている。

　1984年の倒産処理法改正では，あらたに和解的整理（règlement amiable）の制度が新設された。これは倒産予防策である[413]。さらに1985年の倒産処理法の改正[414]では，引き続き債権者の権利行使は禁じられるとともに（同第47条

---

410) 裁判上の更生，財産の清算，個人破産および詐欺破産罪に関する1967年7月13日法律第第67-563号。ある事業の経済的財政的更生を容易にするための1967年9月23日オルドナンス第67-820号第16条を参照。
411) 「栄光の30年」(*Trente glorieuse*) は，経済学者ジャン・フーラスティエ (Jean Fourastié) の命名で，戦後の1945年から石油ショックの1975年までの30年の経済発展をいう。
412) 19世紀の偽装倒産を描いたものとしてバルザックの「ニュシンゲン商会」とゾラの「金」がある。いずれも19世紀の例であり，銀行制度，監督制度が整備された20世紀には考えにくい。
413) 事業の窮境の予防と和解的整理に関する1984年3月1日法律番号84-148。
414) 裁判上の更生と事業の清算に関する1985年1月25日法律第第85-98号。

第6章　フィデュシーと所有権の再生

を参照），それまでは倒産処理手続を開始するさいに再建型手続をとるか，清算型手続とするか判断していたところを，すべていったんは再建型処理手続をまず優先し，再建が不可能と判明した段階で清算手続に移行することとした。倒産処理にはまず事業再建優先することが徹底されたのである[415]。また倒産処理手続中に担保の目的物が売却されたときは，担保権者には当然に代金の優先弁済受領権があるが，代金が支払われるまでは相当の期間を要した。1985年倒産処理法は1967年法の事業再建優先の理念をさらに推し進め，「従業員と手続開始後の債権者以外の債権者に犠牲」を強い，「企業の再生を損なわないように担保権の行使を制限」したので，「担保者がもっとも割を食い，担保が消滅しても文句も言えない地位に置かれた」と評されていた[416]。わが国の民事再生法は，再生手続中も担保権者に担保権の行使を認めているが（民事再生法第53条1項），フランスの再建型手続はわが国会社更生法における更生担保権と同様に担保権の行使を停止したのである。その後1994年に一部改正があり，担保を有する債権者にたいする一部の支払いが認められたものの[417]，担保権の地位に大きな変化はなく，2005年にも倒産処理法[418]は法律を一新し，倒産前の予防手続として裁判所の監督のもとで行う事業救済手続（*sauvegarde des entreprises*）を新設したが，基本的な事業再建最優先の理念は従来よりもいっそう強くなっている。

　このようにフランスの倒産処理法は事業再建のために伝統的な担保の実効性を減殺してきたのである。わが国では抵当権などの担保権を有する債権者は別除権者として，破産手続や民事再生手続では，手続によらないで権利行使することを認められているが，フランスの倒産処理手続では担保権者も手続に取り

---

[415] ただし，1994年改正で更生の見込みがない事業については，裁判上の更生を経ることなく，即時に裁判上の清算手続の開始決定をすることが認められた。

[416] ルノー（拙訳）「フランス倒産法の歴史―債務者の清算制裁から債権者を犠牲にした再生へ」広島法学27巻（2004）3号126頁。同様の趣旨は多くの論考に述べられている。D. Legeais, La réforme des sûretés, la fiducie et les procédures collectives, *Revue de sociétés*, 2007, p. 690; A. Cerles, La fiducie, nouvelle reine des sûretés?, *JCP*, éd. E, no. 36, 2007, p. 20; A. Jacquemont, *Droit des entreprises en difficulté*, 5e éd., Litec, 2007, p. 9; C. Saint-Alary-Houin, *Droit des entreprises en difficulté*, 6e éd., Montchrestien, 2009, p. 28.

[417] 事業の窮境の予防と裁判上の清算に関する1994年6月10日法律第94-475号第26条は，1985年倒産処理法37条を改正し，主任裁判官（倒産処理手続担当裁判官）が担保権を有する債権者への支払いを認めることができるとした。

[418] 事業救済に関する2005年7月26日法律第2005-845号第622-21条。

込まれ，債権回収までは相当長い期間，待たなければならない。さらにこれ以外にも伝統的な担保権の実効性を失わせるような措置が加えられてきた。社会経済政策として労働債権や租税債権などは財団債権（または共益債権）とされて，担保権者の債権よりも優先すると位置づけられたのである。こうした事情があったために，倒産処理手続に煩わされず，より確実な担保の手法が求められていたのであり，担保目的フィデュシーはその回答の一つとなるものと期待された[419]。

2003年以降，同国担保法の改正が俎上にのぼり，検討委員会（グリマルディ委員会）が所有権留保担保と譲渡担保の両方を金融機関以外にも広く利用可能な一般的な担保とすることが提案された。前述したように（第2章3項参照），このときすでに，担保目的フィデュシーの高い実効性を懸念して，倒産処理との適合性を危惧する意見があった[420]。2007年のフィデュシー法制化で担保目的フィデュシー（譲渡担保）が可能となったが，そのさいには倒産処理手続との関係を充分に考慮されていなかった。このため，担保目的フィデュシーを利用した債権者は担保目的の財産の所有権を維持でき，強力な担保として効果を発揮することが可能になってしまった。これが事業再建を優先する倒産処理法と適合しないことは明らかであった。もともとフランスでは担保目的フィデュシーをめぐって法制化の当時からすでにダマン弁護士らは「債務者が債権の譲渡担保の権利を行使したら，再生計画の立案は不可能になる」あるいは「担保目的の信託が普及すると再建の可能性が失われる」という批判[421]，「立法者は担保の実効性と事業の再建のいずれを優先しているのか」という批判があった[422]。その結果，頻繁に改正されることになるが，これは担保型フィデュシーという実効性の高い担保手法と再建型倒産処理のあいだの利害を調整する

---

[419] ウィッツ教授は，質権は占有移転を要するので（現在は要しないこととされている），占有移転を要しない所有権担保としてフィデュシーが注目されるとした（C. Witz, Les transferts fiduciaires à titre de garantie, *Les opérations fiduciaires, Colloque de Luxembourg*, LGDJ, 1985, p. 58）。

[420] R. Dammann, Réflexions sur la réforme du droit des sûretés au regard du droit des procédures collectives: pour une attractivité du gage, *D.*, 2005, p. 2447.

[421] R. Dammann et G. Podeur, Cession de créances à titre de garantie: la révolution n'a pas eu lieu, *D.*, 2007, p. 319; les mêmes, Fiducie-sûreté et droit des procédures collectives: évolution ou révolution ?, *D.*, 2007, p. 1362: R. Dammann et M. Robinet, Procédures collectives-La fiducie redistribue les cartes, *Revue banque*, no. 720, 2010, p. 34.

[422] F.-X. Lucas et M. Sénéchal, Fiducie vs Sauvegarde, il faut choisir, *D.* 2008, p. 29.

ためであった。信託の担保的利用と事業再建の問題はこの担保型フィデュシーに凝縮されているといっても過言ではない。倒産処理手続から倒産した債務者が財産を守るために担保目的フィデュシーを考慮することが提案されている。わが国とは状況が異なっている[423]。2008年12月18日オルドナンス[424]で倒産処理法と担保目的フィデュシーのあいだで利害調整を図ったのである。この調整が，上記の「債務者が現に使用しているか否か」という判断基準による担保目的フィデュシーの効果の区別である。いったんフィデュシー法制化によって事業再建優先の倒産処理手続にほころびができたが[425]，2008年オルドナンスによってこのほころびはつくろわれた。上述のとおりルカ教授は「一方で倒産隔離の担保を設けながら，他方で事業救済を促進しようとする立法者の姿勢には一貫性がなく，担保型フィデュシーは事業救済の必要性を無視していた」が，2008年改正が両者を均衡させることになったと評価している[426]。グリマルディ教授らは，2008年オルドナンスによる倒産処理法改正が担保との関係で有意な結果をもたらしたとする[427]（注220参照）。

2008年12月18日オルドナンスによる改正とは，具体的には，債務者が担保目的フィデュシーを設定した財産を現に事業に使用しているか否かによって，倒産処理における扱いを区別したことである。

従来から倒産処理法は，倒産した債務者が締結していた双務契約で，相手方・債務者双方が履行を完了していなかった場合（双方未履行の双務契約）には，管財人が契約の解除または契約どおりの履行のいずれかを選択することを認めている（事業救済手続について商法典第622-13条，裁判上の更生手続について同第631-14条，裁判上の清算手続について同第641-11-1条）。わが国破産法などの倒産処理法も同趣旨を規定する（破産法第53条，民事再生法第49条を参照）。民法の原則では契約関係の当事者には均等な権利義務が認められるが，倒産処理手続が開始された場合には，民法の原則は妥当せず，契約の履行・解除の選択

---

[423] Les Echo du 16 octobre 2008, La fiducie, un nouvel outil pour les entreprises en difficulté. このレゼコー紙の論評は，危機に瀕した会社が危機を脱する方法としてフィデュシーが有効であるとしている。フィデュシーを使って，債務の資本化（DES）を行うことが考えられている。

[424] 危機に瀕した事業の法律に関する2008年12月18日オルドナンス第2008-1345号。

[425] F.-X. Lucas et M. Sénéchal, Fiducie vs Sauvegarde, il faut choisir, *D.* 2008, p. 29.

[426] F.-X. Lucas, Fiducie vs sauvegarde, un arbitrage équilibré, *Bulletin Joly Société*, fév. 2009, p. 105.

[427] M. Grimardi et R. Dammann, La fiducie sur ordonnances, *D.*, 2009, p. 674.

のイニシアティブを倒産処理手続の管財人等に認めることによって，債権者全体の利益との適合性や手続の迅速，あるいは再建型の手続がとられているときには，債務者の事業の再建を実現することを目的としている。フランスのフィデュシー法制は当初，倒産処理法とは無関係に制定されたために，倒産処理が開始された場合に担保目的フィデュシーがどのような扱いを受けるのか，明らかでなかった。従来，倒産処理法（商法典第6編）にはフィデュシーということばは見られなかったのである。2008年12月18日オルドナンスは，原則としてフィデュシー契約は倒産処理法上，双方未履行双務契約にはあたらないが，債務者が現に使用している財産が担保目的フィデュシーの対象であるときは (*de laquelle le débiteur constituant en conserve l'usage ou la jouissance*)，この財産はフィデュシーの財産には含まれないとした（オルドナンス第32条，第80条，第104条）。担保目的フィデュシーの設定にあたっては，占有の移転は必要とせず，占有改定でもよいため（わが国の譲渡担保も同様），債務者が担保目的フィデュシーを設定しながら，引き続き当該財産を事業に使用することがある。この場合に，債権者・受託者が当該財産の担保権を行使すれば，債務者・委託者の事業再建がままならない。このために，債務者が現に使用している財産はフィデュシー財産から除外し，管財人等にフィデュシー契約の解除・履行の選択権を認めたものである。担保目的フィデュシーの委託者・債務者について再建型倒産処理手続が開始された場合，受託者・債権者も担保権を行使することができず，担保権者は犠牲を強いられることになる。この「現に使用している」という基準は事業再建には有意な判断基準であろう。営業用動産や無体財産権を含む「生業の糧」(*fonds de commerce*) の場合も同様に，「現に使用していること」が基準となる。フランス法では所有権留保とファイナンス・リースでは債権者に取戻権行使の訴えを認めているが，担保目的フィデュシー（譲渡担保）の場合には，担保目的物はもともと債務者の財産であって，債権者の財産ではないから，債権者には取戻権がない。

　これは担保目的フィデュシーだけでなく，占有改定の方式による質権の場合も同様である。2006年担保法改正で非占有質権が認められており，質権者である債権者が目的物を占有している場合，債務者について倒産処理手続が開始されても，質権は対抗することができるが，質権者・債権者が占有していない場合には手続期間および計画の履行中は対抗できない。担保目的フィデュシーとの平仄がとられているのである[428]。

　ただし，「現に使用していること」が判断基準であるから，現に使用されて

いない財産については集合動産や将来債権は別のあつかいをうけている。将来債権も債務者の事業の再建には必要な資金源であるから，担保権者が受領することができるとすると，債務者の資金が枯渇するおそれがある。この点は問題なしとしない。考えられる対応策としては，債務者・委託者の倒産処理手続開始を理由として，フィデュシー契約の解除の選択をすることである。第5章1項で述べたとおりである。

次の対応策としては，債務者・委託者について倒産処理手続が開始されたあとの債権については，担保目的フィデュシーが及ばない，すなわち手続開始後の債権であり，倒産債権ではないという主張が考えられる。

フランスでは譲渡担保は担保目的フィデュシーという契約であるから，債務者・委託者について倒産処理手続が開始され，契約関係が解除されるとしたら，担保が解消され，債権者・受託者は第三債務者からの債権を受領すれば不当利得になる。フランス法ではこの点について変遷があった[429]。

【参考裁判例】フランス破毀院2000年4月26日商事部判決
　ソクプレス社からコンサルタント業務を依頼されたレイロー氏は，借入金の担保として将来受領するべきコンサルタント料債権をウェストパック銀行に譲渡した。その後，レイロー氏について裁判上の清算手続が開始され，ウェストパック銀行がソクプレス社に請求したが，コンサルタント料の発生は手続開始後であるとして支払いを拒絶された。ウェストパック銀行が支払いを求めて訴えを提起した。原判決（ヌメア控訴院1996年8月22日判決）は，当該譲渡対象の債権の期日は手続開始のあとであるとしてウェストパック銀行の請求を棄却し，破毀院も上告を棄却した。この事件では，倒産処理手続開始後に生じる債権について譲渡担保権者に受領権限はないとしたが，事業再建を優先した判決であると評されている[430]。

この事件のあと，次の複数の事例では債権者に有利な判断となっている。同じ破毀院でも担当する部によって倒産処理を優先する（商事部）と担保の有効

---

[428] R. Dammann et M. Robinet, Procédures collectives-La fiducie redistribue les cartes, *Revue banque*, no. 720, 2010, p. 35.

[429] 破毀院2002年11月22日混合部判決，破毀院2004年12月7日商事部判決，破毀院2005年11月22日商事部判決は将来債権も債権譲渡の契約時点で確定的に移転しているとした。

[430] Ch. Larroumet, cession de créance et procédure collective du cédant, *D.*, 2000, p. 717.

性を優先する部（民事部）と違いがあり，わが国のような判例に拘束力のある制度から見ると違和感を持たざるを得ない[431]。

【参考裁判例】　フランス破毀院2002年11月22日混合部判決
　　チアール社はエナン銀行に賃料債権を譲渡していたところ，裁判上の更生手続が開始された。エナン銀行が第三債務者である賃借人にたいする差押えを行い，チアール社の管財人が不当利得返還の訴えを提起した。原判決は債権譲渡契約時点で将来の債権も確定的に譲受人に移るとして管財人の請求を棄却し，破毀院もこれを相当とした。

【参考裁判例】　フランス破毀院商事部2004年12月7日判決
　　ユーロメカ社がアキテーヌ農業信用金庫にラバ社を第三債務者とする債権を譲渡し，ユーロメカ社が倒産した事件であるが，将来債権は，譲渡契約の時点で確定的に譲渡人の財産から離れ，譲受人のもとにあるとした。

このあとも前述の破毀院2005年11月22日商事部判決では，ナレ社が担保目的で公共事業銀行に債権譲渡したあとでナレ社が倒産した事件で，倒産処理手続開始後も債権者は第三債務者からの債権の受領権限があるとした。この点では債務者が現に使用している動産と将来債権ではあつかいが異なることになる。なお，前述の第5章2項で物権法定主義の例として挙げた破毀院2006年12月19日商事部判決（フォーラム不動産事件）は債権への担保権設定が債権譲渡ではなく，債権質であるとして，将来債権への担保権の効果を否定した事例であり，担保権の性格が異なる点に注意を要する。

次にわが国での担保の実効性と再建型倒産処理の関係を検討することにしよう。

わが国の破産法は，破産管財人に裁判所の許可を条件に破産者の事業譲渡を予定している（第78条2項3号）。また株式会社などについて民事再生手続が開始された場合，この再生債務者の会社は，会社として存続しているから，会社法の手続をとることによって事業または営業の全部または一部を譲渡することができ（会社法第467条），株主総会の承認の取得が困難な場合に備えて裁判

---

431) ラルメ教授は破毀院2006年12月19日判決は倒産処理を優先した商事部の判決であり，2002年11月22日判決は担保の効力を認めたのは混合部であることを挙げて，商事部が倒産処理手続の開始は担保権行使を制約するとしていると説明する（Ch. Larroumet, La cession de créance de droit commun à titre de garantie, D., 2007, p. 344）。

第6章　フィデュシーと所有権の再生

所の許可の制度も設けられている（民事再生法第42条）。わが国の破産法，民事再生法は抵当権，質権，特別の先取特権を別除権として，手続外での行使を認めており，条文には明示されていないが，譲渡担保も同様に別除権とされている。再建型手続を定める民事再生法が，再生債務者の財産上の担保権（特別の先取特権，質権，抵当権または商事留置権）を別除権とし，再生手続によらないで，行使することができるとしているのは（第53条1項2項），会社更生手続で担保権のある債権を更生担保権として手続に取り込んでいることと対照的である。この点では民事再生法はかならずしも事業再建を貫徹しているとはいえない。これは同法が中小企業の再建型手続として構成されているために手続の簡素化を図った結果であるとされている[432]。したがって債務者について再生手続が開始された場合に，担保権が設定されている財産が再生債務者の事業の継続に不可欠な財産であるが，譲渡担保権者が担保権を行使しようという場合，債権者の同意を得て目的物を受け戻すか（民事再生法41条1項9号，会社更生法には規定されていない），債権者が同意しないならば担保権消滅請求の制度（民事再生法第148条，会社更生法第104条）を利用して，財産を回復することになるが，資金を要するので障害が高い[433]。債務者について破産手続が開始されているときには，裁判所の許可を条件に破産管財人は別除権の目的物を受け戻すことができるが（破産法第78条2項14号），これも資金の裏づけを要する。破産者の財産のうち「営業目的のため組織化され，有機的一体として機能する財産」（最大判昭和40年9月22日）を一つの事業として譲渡することができれば，財産を個々に換価売却するよりも有利な条件で売却することができることがある。この場合に，担保権者の同意が得られれば前記の受戻しの方法をとることができるが，担保権者が同意しない場合に破産法の担保権消滅請求の制度を利用することができるか否か明らかでない（破産法第186条）[434]。

---

432) 深山卓也ほか著『一問一答・民事再生法』（商事法務研究会，2000）14頁。
433) 実務研究会編『信託と倒産』（商事法務，2007）262頁を参照。また「主要な会社財産としての外形はそのまま維持されながら，その実『信託』という名の下に重要な会社資産が一部投資家からの資金調達の引当てとされ，その受益権の具体的内容も投資に対する担保を目的としたものである場合，そうした会社資産の概観を信頼して取引を継続し，あるいはこうした取引を通じて傾いた会社を支援しようとした各種の債権者を犠牲にとして，一部の投資家だけのリターンを確保することが公平といえるかは，疑問といわざるを得ない」としている（同・264頁）。
434) 破産法上の担保権消滅請求の制度の目的は，本来，民事再生法の制度とは異なるとされている。すなわち，担保権者が担保権を行使して，競売によって売却するよりも有利な売却先がある場合，破産管財人がこの制度を利用して担保権を消滅させ，任意売却

フランス法上も担保権の設定された財産の受戻しの制度が設けられている（事業救済手続について第622-7条，裁判上の更生手続について第631-14条，裁判上の清算手続について第641-3条）。わが国の破産法，民事再生法が規定する受戻しと同様に対価の支払を要する。フランス法上，事業救済手続（倒産予防手続）と裁判上の更生手続（再建型手続）の場合には，債務者の事業救済に必要な場合であるときに受戻しが認められ，裁判上の清算手続では事業再建の必要性という制限はない。フランス倒産処理法では，わが国の会社更生手続における更生担保権のように，担保権者も手続に取り込まれるので，担保権が別除権として裁判外での行使を認められるわけではない。したがって担保目的物の受戻しの必要性はわが国の場合ほどには高くなく，これは主として債権者が債務者の財産を留置している場合に，その取戻しを図るための制度とされている[435]。

　次にわが国では不動産の流動化・証券化という問題がある。フランスでは前記のとおり不動産の証券化に対する動意が見られないが，とくにわが国での不動産の流動化・証券化は信託という箱を受け皿として利用することが多いので，信託の問題としてここで取り上げることにする。

　わが国で現在多く行われている不動産の流動化・証券化は，信託を受け皿として使う場合があるが，これは実質的には信託を担保目的で利用した資金調達の手法であり，不動産の所有者（オリジネーター）について倒産処理手続が開始された場合のあつかいという観点から議論されてきた。本来，流動化・証券化の問題は事業の再建と債権者の保護との利害調整という点にある。不動産の証券化の取引は次のように行われる。

　資産を保有する企業（オリジネーター）が保有する資産を証券発行体（SPV）に譲渡することによって行われる。この譲渡には売買譲渡と信託的譲渡がある。信託的譲渡ではオリジネーターが信託を設定し，受領した受益権をSPVに引き渡す。証券発行体は資産の譲渡を受け，当該資産が生むキャッシュフローを裏付けとした証券を投資家に発行し，証券の販売代金から企業へ資産の売却代金を支払うことにより，企業は資金調達を達成することができ，一方，証券発行体は当該資産が生むキャッシュフローを基に投資家に対して証券の元利金を返済することになる（このように受託者が積極的に行為すべき権利義務を有しない

　　　によって処分し，処分価額のうちの一部を破産財団に取り入れるための制度である。
　435）C. Saint-Alary-Houin, *Droit des entreprises en difficulté*, 6e éd., Montchrestien, 2009, p. 780.

信託を受働信託という）。これは「資金調達をしようとするオリジネーターの信用力ではなく，当該オリジネーターから分離譲渡された資産の信用力を裏づけとする」取引であり[436]，信託の担保的利用ということができる。証券化ではなく，企業が金融機関から資金を借り入れる場合には，債務者の財産に抵当権や質権などを設定して，担保として債権者金融機関に提供することになるが，この場合，債務者の企業について倒産処理手続が開始されれば，債権者の有する権利は別除権（会社更生手続では更生担保権）であり，手続とは独立して行使することができるとはいえ，破産手続の場合には管財人は別除権のある財産を処分することが認められ，また担保権消滅請求の制度もあるから，かならずしも債権者金融機関は充分な満足を得ることができるとは限らない。一方，証券発行体への譲渡が真正な譲渡あるいは信託的な譲渡であれば，オリジネーターの倒産処理手続には煩わされることがない。すなわち，不動産の証券化や資産の流動化の取引では，売買譲渡または信託的譲渡であることを明確にする必要がある。この点については，オリジネーターに被担保債務がないこと，目的物の処分に限定がないこと（非補充性），オリジネーターが目的物を受け戻す権利がないことを基準に譲渡の真正性が判断されている[437]。

　当事者間に担保とする旨の合意がなければ，真正譲渡または真正の信託的譲渡とされ，譲渡であれば譲受人が目的物の所有権を得ることになり，信託的譲渡であれば証券保有者は受益権者として保護される。ただしオリジネーターによる譲渡がその財産を毀損し，その債権者全体を詐害する行為であれば，詐害行為として手続開始後に管財人等によって否認される可能性はある。

　すなわち流動化・証券化の問題は「真正譲渡」[438]，「真正な信託的譲渡」と認められるか否かという点に焦点が当てられている。不動産の所有者である債務者が譲渡不動産に引き続きテナントとして残る場合（セールス・アンド・リー

---

436) 経済産業省のホームページ「特定債権法（H16.12.30廃止）に基づく資産流動化」から。担保の設定はないものの実質的には担保を設定した金融取引である。

437) 証券化のスキームに関しては，山本和彦「マイカル証券スキームの更生手続における処遇について」金法1653号（2002年）44頁を参考とした。

438) 実務研究会編『信託と動産』（商事法務，2007）5頁。「真正譲渡」の認定について，オリジネーターに被担保債務がないこと，目的物の処分に限定がないこと（非補充性）とオリジネーターが目的物を受け戻す権利がないことを判断基準にした事例がある（山本和彦「マイカル証券スキームの更生手続における処遇について」金法1653号（2002年）44頁）。契約の上で所有者に譲渡した不動産の買戻権が規定されておらず，金銭消費貸借の関係にもないのであれば，この譲渡は「真正」であって担保目的ではないとされているが，

スバック）であっても，譲渡・信託的譲渡が「真正」である限り所有者（オリジネーター）について倒産処理手続が開始されても，流動化・証券化は影響を受けないとされている[439]。わが国では不動産の所有者（オリジネーター）は不動産の証券化で資産を調達しているがこの場合に，オリジネーターについて再建型倒産処理手続が開始されると，不動産証券化案件は真正譲渡または信託的譲渡として構築されているから，不動産はオリジネーターの財産ではないことになる。そうするとオリジネーターは単なる賃貸借契約の賃借人の立場に立つことになり，手続が民事再生手続であれば，再生債務者であるオリジネーターに賃貸借契約の解除または継続の選択権があることになる（第51条）。一方，たとえば債務者がその所有する機械設備を信託財産として，債権者を受益者とし，信託銀行を受託者として信託設定した場合，債務者が引き続きこの機械設備を占有して利用している場合に，機械設備の賃貸借契約を結んでいれば，セールス・アンド・リースバックの場合と同様であるが，契約がなければ，信託財産の所有権は受託者にあるから，借入金の返済が不能であれば，受益者である融資者は機械設備を売却して債権の回収を図ることになる。この信託の設定が担保と解されれば，別除権の目的物の受戻し（第41条1項9号）や担保権消滅請求の制度（第148条）を利用して機械設備を取り戻すことになるが，信託を利用したことが担保と認められると余地は少ない。唯一法制化されている手段は，信託法の詐害行為信託の否認である（第12条）。この否認権を行使する余地がなければ，信託財産は債権者が処分することになる。

わが国では流動化・証券化については投資家の保護だけが注目され，譲渡された財産が事業の再建に必須のものであっても流動化・証券化では顧慮されていないということができる[440]。経済的効用としては不動産の流動化・証券化は，過剰債務をかかえた会社が資産と債務を切り離す手法であり，信託が利用されるディフィーザンスと同一の効果を有するにもかかわらず，現在，債権者・債務者間の契約による債権保全手段が倒産処理法に優先している。

---

[439] 山本教授は「倒産隔離は証券化取引の不可欠の前提」であり，「倒産隔離において最も重要な問題となるが，対象資産のSPV（注：資産の受け皿）への譲渡が真の売買とされるか，担保取引として再構成されるか，という点である」とされている（山本和彦「証券化と倒産法」ジュリ1240号（2003年）16頁）。

[440] 道垣内教授は「真正譲渡であるとされても，なお，それによって設定される信託が，担保目的のものであるとされ，委託者の倒産時などにおいて，受益者が担保権者として処遇される可能性があることが十分に認識されてこなかった」と述べられている（道垣内正人「担保としての信託」金法1811号（2007年）28頁）。

第6章　フィデュシーと所有権の再生

　担保とくに譲渡担保の実効性と再建型倒産処理の利益調整の問題についてはフランス法の規定と議論が参考となる。信託類似の制度を譲渡担保に利用するフランス法制とわが国の不動産・資産の証券化や ABL における譲渡担保は一見，無関係のようではある。しかし担保の実効性と事業再建の対立の構造は共通している。わが国で譲渡担保を信託と構成しない旧信託法の規定に起因するのであり[441]，現行の信託法では信託を譲渡担保として利用することも可能であると理解することも可能である。またわが国でも債権者を直接的に受託者兼受益者とするのではなく，第三者を受託者，債権者を受益者とすれば信託を譲渡担保として利用することは可能である。

　この点でフランス・フィデュシー法，倒産処理法が担保の実効性と債務者の事業再建のあいだを調整するさいに，「現に使用しているかどうか」という判断基準を設けていることはひとつの参考になる。ただし将来債権・集合動産に譲渡担保を設定した場合には，将来債権であり，将来移動のありうる動産であるから「現に使用している」とはいえないので，債権者の担保権が優先することになる。この点は依然，問題として残されているが，フランス法が担保目的財産を債務者が現実に使用しているか否かによって分けていることは，債務者の事業再建の観点からは重要である。

---

[441] 旧信託法は「受託者は共同受益者の一人たる場合を除くの外，何人の名義をもってするを問わず信託の利益を享受することを得ず」（第9条，新仮名遣いとした）と規定していた。現行法は「受託者は，受益者として信託の利益を享受する場合を除き，何人の名義をもってするかを問わず，信託の利益を享受することができない」（第8条）と規定している。また，受託者は「旧法第9条とは異なり単独受益者となることもできる」とされている（寺本昌広『逐条解説・新しい信託法』（商事法務，2007）52頁）。一方，受託者が単独の受益者を兼ねることには法律上の制限があり（信託法163条2号は受託者が受益権の全部を固有財産で有する状態が1年間継続したときには信託は終了すると規定している），中長期債務の担保として債権者を受託者と定めて信託的に移転し，この債権者を受益者とする譲渡担保を形成することには慎重な対応を要そう。

第7章　フィデュキアとトラスト

1　古代ローマのフィデュキア

　フランスのフィデュシー法案の提案者であるマリニ議員は，提案理由の冒頭に「フランス民法典は英米法のトラストと同様の制度を予定せず，また規定もしていない」と述べている。さらに「シビル・ローの伝統の国のなかにも判例または法律によってフィデュシーと呼ばれる方法でトラストと同様の結果を得ている」国があると続けている。フランスの周辺各国は，英米法のトラストではなく，フィデュシーを呼ばれる制度を採用しているが，これは古代ローマの法制度フィデュキアのことである。フランスでもすでにファイナンス・リース，所有権留保やレポ取引，債権譲渡など金融取引で「無名フィデュシー」と呼ばれる担保手法が現に行われていたので，提案理由では「フィデュシーはフランス法と不適合ではない」ことが確認されたとも述べていた[442]。シビル・ローの伝統のもとにあるフランスやその周辺国では，当事者間で財産の移転をする行為のモデルは，英米法の「トラスト」ではなく，「フィデュキア」なのである。
　次に古代ローマのフィデュキアを検討することにしよう。
　紀元前1世紀のローマにさかのぼると，弁論家であるキケロ（BC106-BC43）の著述には，フィデュキアについて言及した個所がある[443]。
　たとえば『フラックス弁護』には「あなたはリューサニアースを，テームノスからアポッローニスへ連れて行った。あなたはこの青年に，高い利息をつけ，その上担保（*fiducia*）も取って金を貸し付けた。その担保は没収した（*fiduciam*），とあなたは言う。今日あなたは，それを自分のものとして所有している」とある[444]。また『義務について』には「財産信託（*fiducia*）の場合には『良識あ

---

[442]　2005年2月8日のマリニ上院（元老院）議員が提出した上院へのフィデュシー法案趣旨による。

[443]　キケロとガイウスの引用は，J.-Ph. Dunand, *Le trasfert fiduciaire:《donner pour reprendre》*, Helbing & Lichtenhahn, Bâle, 2000, p. 136 et al. を参考にした。

[444]　キケロ（小川正廣訳）「フラックス弁護」『キケロー選集2』（岩波書店，2000）146

る人物同士にふさわしい良識ある行為を』」，「『違わざる信義』という語句はきわめて広範囲に通用し，後見，共同事業，信託 (fiduciis)，委任，売買，貸借など，実社会が基盤を置くどのような事柄にも関与する」[445]とある。フィデュキアの違反は誠実訴権 (actio bona fidei) による救済の対象とされた。紀元前95年に具体例があるとされている[446]。

さらに西暦2世紀の法律家ガイウスの『法学提要』(Institutes) にはフィデュキアに関する記述が多く見られる。たとえば「信託 (fiducia) は債権者との間に担保として (fiducia cum creditore) 締結せられ，又は友人との間に吾人の物を同人の有として一層安全に保管するために (fiducia cum amico) 締結せられ，しかして信託が友人との間に締結せられたるときはいかなる場合にも使用再得は成立し，これに反して債権者との間に締結せられたるときは，債務弁済の後にはいかなる場合にも成立すといえども，債務がいまだ弁済せられざる間は，債務者が客体を債権者より賃借したるにあらず，また債権者の許容により客体の占有を許されたるにあらざる場合にのみ成立す，この場合には無償使用取得の成立あり」としている[447]。また「吾人がこれらの者（注：奴隷）は遺言により取得することを得ずと説きたるは，これらの者が直接に相続又は遺贈の名義をもって取得を為すことを得ずと言はむとするものと解すべし。これらの者は信託遺贈 (fideicommisum) により取得を為すことを得」るもので，「家外人を相続人に指定したるときは，吾人はこれに対して同人が相続人となし，しかして特定の期間内に死亡したるときは他の者が同人の相続人たるべしと謂ふ補充指定を為すことを得ず。唯信託遺贈 (fideicommisum) の方法により，吾人相

頁 (21 節 51 行)。

445) キケロ（高橋宏幸訳）「義務について」『キケロー選集 9』（岩波書店，1999）312 頁（3 巻 15 節 61 行），318 頁（3 巻 17 節 70 行）。

446) ゴドメ教授は，神官クィーントゥス・ムーキウス・スカエウォラ (Quintus Mucius Scaevola) の報告事例を挙げている (J. Gaudemet, *Droit privé romain*, 2e éd., Montchrestien, 2000, p. 268)。

447) ガイウス（船田亨二訳）『法学提要』（日本評論社，1943）123 頁。なお，あわせて W. M. Gordon and O. F. Robinson, The Institutes of Gaius, Cornelle Univ. Press., 1988, p. 66 を参照した。原文は，*Sed cum fiducia contrahitur aut cum creditore pignoris iure aut cum amico, quo tutius nostrae res apud eum essent, si quidem cum amico contracta sit fiducia, sane omni modo conpetit usus receptio; si uero cum creditore, soluta quidem pecunia omini modo conpetit, nondum uero soluta ita demum co∋petit, si neque precario rogauerit, ut eam rem possidere liceret; quo casu lucratiua usus capio conpetit.* ここでは *fiducia cum amico* と *fidhucia cum creditore* が区別されている。

続財産の全部又は一部を特定の第三者に返還すべき義務を家外相続人に負担せしめ得るに止まる」とある[448]。奴隷を遺言によって相続させることはできないが，信託遺贈の方法をとれば，相続させることができる。信託遺贈は，法定相続を逃れる手段であり，現代フランス法が禁止する恵与目的フィデュシーに相当するものである。この手続はすでに古代ローマに始まっている。ガイウスは信託遺贈（恵与目的フィデュシー）は，『予は要求す』『予は請託す』『予は欲す』『予は信義に委ぬ』というような表現を持って行うと述べている。

また，ガイウスは処分権限について「尊属親の権力に服するあらゆる卑属親は，男性たると女性たるとを問わず，奴隷が握取行為に依り売却せられ得ると同様にして尊属親より握取行為に依って売却せらるることを得」とし，「夫権に服する者についても規定は同一とす」としている。握取行為とは「5名より少なからざる成熟者たるローマ市民を証人とし，かつそのほかに同一の資格を有し銅の計量器を把持する者，即ち衡器把持者と称せらるる者1名を立ち会わしめ，その権力内に客体を受領する者が客体を握って次の如くに唱う。『予はこの奴隷がローマ市民法により予の所有たることを宣言す。しかしてこの奴隷は此の銅及び銅の衡器により予に習得せられるべし』。しかる後，同人は銅片をもって衡器を押下げ，かつ右の銅片を代金として，同人がその権力内に客体を受領する行為の相手方に供与す」とある。このように「其の権力内にかかる客体を受領する者はその権力内に供与せらるる客体自身を把握することを要するによる。握取行為 (mancipatio) の語もまたここに由来す。何となれば客体が手をもって把握せらるる (manu capitur) が故なり」と述べている[449]。

財産の管理を他人に委ねることはローマ時代にもけっして不自然な行為ではなかったようである。新約聖書にも「タラントンのたとえ」として旅行に出かける主人がそのしもべに財産をゆだねる場面がある。主人が家に戻ると，「五タラントン預かった者が進み出て，ほかの五タラントンを差し出して言った。『ご主人様，五タラントンお預けになりましたが，ご覧ください。ほかに五タラントンもうけました』。主人は言った『忠実なしもべだ (serviteur bon et fidèle)』」とほめている（マタイによる福音書第25章）。しもべは財産管理の受

---

448) ガイウス（船田享二訳）『法学提要』（日本評論社，1943）63頁，157頁，175頁，176頁。なお，W. M. Gordon and O. F. Robinson, The Institutes of Gaius, Cornelle Univ. Press., 1988, pp. 6, 99, 145, 146 を参照。

449) ガイウス（船田享二訳）『法学提要』（日本評論社，1943）87，88頁（1-116〜121）。原文は W. M. Gordon and O. F. Robinson, The Institutes of Gaius, Cornell Univ. Press, 1988, p. 81, 82 を参考にした。

託者として機能したことになる。

　キケロ，ガイウス，新約の福音から明らかなことは，フィデュキアという法律関係があり，その機能に担保目的（*fiducia cum creditore*）と財産管理目的（*fiducia cum amico*）があること，さらにガイウスがいう信託遺贈（*fideicommisum*）[450]があること，フィデュキアもフィデイコミスムもいずれも信義（*fide*）に基づくこと，以上の三点である。フィデイコミスムは財産の相続にあたって，委託者が信頼に値する第三者に財産を託し，この第三者が委託者の死亡を原因として（*mortis causa*），その意思にしたがって処分する制度であって，継伝処分と訳されている。当初は委託者が信頼する第三者に祈りによって託するものであったが，クライディオスによって制度が整備され，様式化された。フィデュキアの設定には，委託者が受託者に客体である財産を移転し，受託者がこれを占有または所有することを要した。担保目的の場合は債務者が委託者となり，債権者である受託者に財産を引き渡し，財産管理目的の場合には財産の本来の所有者がその運用を受託者にゆだねたのである。ローマ時代の担保の方法はまず，フィデュキアによる所有権の移転を伴うものであった[451]。

　キケロの時代にはすでにフィデュキアが一般化していたことになるが，そもそもその発生起源となるとかならずしもはっきりしていない。19世紀末にフィデュキアについて研究したフランスのジャクラン博士は，当時のドイツの学説としてフィデュキアが十二表法（*Lex Duodecim Tabularum*）までさかのぼる制度であるとする意見を紹介している[452]。十二表法は紀元前450年ころに成立しているが，同博士はその第6編第1項に *cum nexum faciet mancipiumque, uti lingua nuncupassit, ita ius esto* を引用し，これは契約で代物による弁済を認めたものであって，公的な執行手続があったとしている。春木教授はこのラテン語の箇所を「*nexum* または *mancipatio* をなすさいに，式語をもって表示したる意思は有効なり」と訳している[453]。債権債務関係を生じる *nexum* では貸主が借主に返済すべきことを告げる必要があり，また物権の移転を生じる

---

450) D. Johnston, Trusts and Trust-like Devices in Roman Law, *Itinera Fiduciae-Trust and Treuhand in Historical Perspective*, Duncker & Humblot, 1998, p. 45.

451) J. Gaudemet, *Droit privé romain*, 2e éd., Montchrestien, 2000, p. 299.

452) R. Jacquelin, *De la fiducie*, A. Girard Librairie-Editeur, Paris, 1891, p. 26. ジャクラン博士は，当時のドイツのアカリアス（Accarias）が十二表法にさかのぼるとした説を紹介している。

453) 春木一郎「十二表法（三）」京都法学会雑誌第1巻（1906年）10号862頁。

mancipatio においても買主は所定の用語を述べる必要があった。

　ジャクラン博士は，十二表法の規定は単に代位弁済（*datio*）を規定するだけであるから，フィデュキア固有の執行手段が整備された時点によってその起源を判断するなら，フィデュキアの誕生は十二表法以前にさかのぼることになるが，確認できないとして，それ以上の探査を放棄している。いずれにせよ，財産管理目的で財産を友人にゆだねること（*fiducia cum amico*）や担保目的で財産を債権者に引き渡すこと（*fiducia cum creditore*）は，生産能力が高まり，余剰の物産が生じ，自給自足経済から交換経済に進展する段階にいたれば，必然的に生じるものであり，財産移転行為は普遍的であるということができよう。

　またフィデュキアで財産を譲渡する方法は，上記のガイウスの説明のように *mancipatio* または *in iure cessio* が用いられたとされている。四宮教授は，「*fiducia* は，*mancipatio*（*iu iurecessio*）に付随して，この所有権移転行為により譲渡せられた所有権が特定の条件の下に譲渡人に再譲渡（*remancipare*）せらるべきことその他を約する *pactum* である」としている。つまりフィデュキアはその成立以来，*pactum* すなわち契約的構成をとっていたのである。ただし「この pactum はそれだけでは意味をなさず，また所有権移転行為と結合してはじめて『法律行為による信託関係』を生ぜしめる」としているが[454]，この点も現在の信託やフィデュシーと同じ構成である。古代のローマ人は契約によるフィデュキアによって債権の担保と財産の管理の目的を達成したのである。

　ガイウスは『法学提要』でフィデュキアについて記述しているが，ユスティニアヌス法典には記載がない。これは財産を引き渡すというフィデュキアの構造自体に問題があったためである。

　現代では資金の運用として銀行に預金し，あるいは有価証券や貴金属・不動産などの実物資産に投資する。銀行預金は法的には金銭消費寄託であって，財産にたいする所有権は預金者に残されている。また実物資産へ投資し，その管理を証券会社や不動産管理会社にゆだねたとしても，それは委任であって，財産の所有権を移転させることはない。これにたいして古代ローマのフィデュキアは，財産の所有権そのものを移転させるものであった。財産の価値がまだ利用する場合の具体的な価値（利用価値）と交換物としての抽象的な価値（交換価値）に分解されていないので，財産をその内在する交換価値（貨幣価値）としてとらえることができず，実物を移転させることが必要であったの

---

[454] 四宮和夫「信託行為と信託(一)」法協 59 巻（1941 年）1 号 46 頁，47 頁。

である。春木教授は，「十二表法時代においては地上権，永借権，質権はいまだ発達せず，所有権およびある種の役権のみ物権として認められた」としている[455]。財産権に所有権（*propriété*）と地役権（*serivitude*）しかない時代，すなわち財産の利用価値と交換価値が峻別されていなかった時代には，財産そのものを移転することのほかに，担保の設定手段も財産の管理手段もなかったのである。ローマ法学者のゴドメ教授は，「フィデュキア契約はいろいろな実際の目的をもった契約であり，この契約によって財産の所有権を移転するもので，契約によって所有権を得た者は取得したものを返還する義務を負い，担保や預金が固有の実効性の確保手段を備えた自律した法律行為として認められるようになるまで，フィデュキアは担保や預金を実現するものであった」と説明している[456]。当然，このフィデュキアの設定方法には問題がある。財産の所有について公示する方法がなかった時代である。委託者が財産を移転させてしまうと，委託者はその財産を回復しようにも，その財産にたいする権利を証明することができないからである。フィデュキアは *fides*（信頼・信認）に基づいているから，受託者が財産を返還しない場合は，古代ローマ時代には誠意訴権（*actio nonae fidei*）しか救済手段はなかった。フィデュキアの委託者は信託財産にたいして直接的関係を保有し，「*fiducia cum amico* の場合は何時にても，*fiducia cum creditore* の場合は，債務弁済後は一般に，債務弁済前は信託者が受託者より信託財産を借りた場合およびとくに占有の容假をえた場合を除き，*usurceptio* が認められ」，「正権原・善意を要せずして一年の期限で信託財産の所有権を取得しうるのである」と説明しているが[457]，この救済は実効性が低かった。契約に *pactum de vendento* の旨を規定すると債務返済がない場合には，担保権を有する債権者が目的物を売却することができたのである。受託者にたいする信頼・信認を根拠とする行為であるとはいえ，財産を受領した債権者や財産管理者が財産を返還してくれる保障はなかったから，フィデュキアが時代を下るにしたがって使われなくなったのは自然なことである。またフィデュキアでは受託者に財産が引き渡され，その所有権のもとに置かれると，受託者の固有財産と混在するところとなり，受託者について倒産処理手続が開始されるとフィデュシーとして移転した財産も受託者の倒産処理手続の対象と

---

455) 春木一郎「十二表法㈣」京都法学会雑誌第1巻（1906年）11号947頁。
456) J. Gaudemet, *Droit privé romain*, 2e éd., Montchrestien, 2000, p. 268.
457) 四宮和夫「信託行為と信託㈠」法協59巻（1941年）法協59巻（1941年）1号46頁，47頁。1号48頁，50頁，51頁。

なった。ローマ時代のフィデュキアには倒産隔離が認められていなかったのである。

このような不安定な状態を克服するために、所有権を移転しない担保手法として質権 (*gage*) が発達し、また資金運用として所有権を移転しない預金（消費寄託）(*dépôt*) が発達した。こうしてフィデュキアは使われなくなり、ローマ時代後期には消滅したようである。ユスティニアヌス法典にはなんら規定されておらず、フィデュキアという原始的な所有権移転法制はより洗練された固有の法制度に取って代わられたのである[458]。四宮教授は「*fiducia* の経済的目的が法的承認をうるにつれて、他方それぞれの経済的目的に照応する制度—*pignus*（質）、*mandatum*（委任）、*commodatum*（使用貸借）、*depositum*（寄託）—の出現をみ、逆にそれらの制度が *fiducia* に影響を與へることさへ行はれて、*fiducia* 自体もますます経済的目的に相応するものとなった。もちろん、そのときには *fiducia* の使命はもはや終了したものといはねばならぬ」と述べているが[459]、的確である。ウィッツ教授は、契約関係、銀行制度、預金

---

[458] J. Gaudemet, *Droit privé romain*, 2e éd., Montchrestien, 2000, p. 268. ウィグモア教授は抵当権や質権が法制度として確立してからもフィデュキアは存続したとし、ユスティニアヌス法典に記されていないのは、単に編者が抵当権ということばにフィデュキアを含意していたためであるとしている（J. H. Wigmore, The Pledge-Idea: A Study in Comparative Legal Ideas. III, 10 Harv. L. Rev. 18, 32 (1897)）。細矢教授は「近世信託の直接の起源と認むべきものは実に羅馬法に於ける *usus* と *Fidei commissa* の制度を利用し、英国の研究考案に成れる *use* の制度であって、英国特殊の事情に依って発達拡張せられたる *use* は近世 Trust と稱せらるる、信託の前身と稱すべきである」が、「それは単に古代羅馬私法の欠陥を補ふが爲め行はれたる方法たるに過ぎずして近世信託の特色たる信託自体の自動的機能を果すものでない。即ち使用貸借、質権等の認められざりし古代羅馬法に於ては、人民が他人の権利に属する物を使用収益し又他人の権利に属する物の上に債権の担保を取得するは不可能なる事なるを以て何等かの方法に依り其目的を達する道を講ぜんとしたのである。斯くの如く同法に於ては一人の権利に属する物に対し、他人の使用占有の権利を許さざりしが故に物の所有者にして其の物を自己の信ずる者に之を使用収益せしめんと欲せば、該物件を形式上其の人に譲渡し、其の権利を濫用せざる事を契約し其の使用収益を爲さしめたのであ」り、これは「財産取引に関し信託其のもの、自動的機能を果すことなく、只羅馬私法制度の不備欠陥を補足し、法の直接支配を回避し当事者の目的を達するが爲め、名付くるに信託なる言葉を以てして所謂信託が其の手段として受動的に利用せられたるに外なら」ないのであり、「羅馬私法組織の変遷、相続遺言制度の推移と共に、法制上或特殊の事情に順応して発生したる其の存在の理由を失ひて廃滅に帰し」たとされている（細矢祐治「信託法理及信託法制概論㈢」法協 42 巻（1924 年）10 号 1778 頁、1782 頁）。

[459] 四宮和夫「信託行為と信託㈠」法協 59 巻（1941 年）法協 59 巻（1941 年）1 号 46 頁、47 頁。1 号 48 頁、50 頁、51 頁。

制度がまだ整備されていなかった時代には財産管理目的フィデュキアは資金運用手段として使われたが、商取引がさかんになり、消費貸借契約や使用貸借（commondat）契約の概念が登場すると、フィデュキアは消滅したとしている[460]。現在では質権、預金、使用貸借のあいだには共通するものはないといえるが、フィデュキアの問題点であった所有権の移転とその返還リスクを解消する制度という点では共通していたのである。柚木教授は「ローマ法においては、pignus（質）や hypotheca（抵当）が法務官の努力によって発展せられる以前において、既に fiducia（信託）なる物的担保の制度が存したが、これこそ物の所有権を債権者に移転すると共に、債務の完済があれば物の所有権が債権者より債務者に返還せられる旨が約束せられるところの、担保方法である」とし、「この fiducia はその後英国に移植せられ、同国における信託制度と相伴って現代における担保制度の主要な形態に発展してきた」、「かような制度を称して一般に譲渡担保」というとされた[461]。わが国の譲渡担保が英米法の影響によって始まったのか、古代ローマのフィデュキアの影響によるものか、つまびらかにしないが、債権者が債務者の財産を担保にとることは世の東西、時代を問わず存在する。譲渡担保をあえて信託として構成する必要はなく、伝統的な所有権の移転による担保の一種であって、制限物権では対応できない時代の担保手法と理解すれば足りると思われる。

このように担保目的と財産管理目的のフィデュキアはより洗練された制度に取って代わられたが、遺産についてはフィデイコミスムとして存続することになった。フィデイコミスムは、法律上の相続原則を逃れるために設けられたものであり、法律上は遺言の受益者になることができない者にたいしても、これを遺言者が相続権のある者にいったん移管し、それからさらに受益者に引き渡すことによって回避することができたのである。この仲介者を haeres fiduciarius といい、最終の受益者を fideicommissarius と呼んだ。

古代ローマの時代には、財産所有の主体は個人だけで、法人格を有し、財産所有の主体となる団体は存在しなかったから、個人の財産の処分としては、相続や遺産の処分が最大の課題であった。ローマ時代にはすでに故人の意思の表明である遺言が認められ、遺言のない相続（ab intestat, intestato）と遺言のある相続（testamentum）に分けられ、遺言がある場合が大半であった[462]。遺言

---

460) C. Witz, Les transferts fiduciaires à titre de garantie, Les opérations fiduciaires, Colloque de Luxembourg, LGDJ, 1985, p. 55.
461) 柚木薫『担保物権法』（有斐閣、1958）2頁。

のある相続の場合も，遺言者の財産の処分はまったく自由というわけではなく，相続人には遺留分（*debita portio*）が認められた。遺言のない場合は相続人が平等にあつかわれた。遺贈（*legatum*）は遺言者の意思によって，本来は相続権のない者に相続財産を贈与する制度であり，また信託的継伝処分あるいは信託的遺贈も，本来は相続権のない者に遺産を継承させるために，遺言者の意思によってあるいは遺言者が信頼する第三者（受託者）に祈願する（*preces*）ことによって成立し，受託者に遺産の管理と処分を託す制度であった。いずれも本来の相続法の規定にしたがわずに，遺産を処分することを認めるものであるから，ローマ法でもその方式を制限するなど限定的に認めていた。ガイウスはフィデイコミスムを『予は要求す』『予は請託す』『予は欲す』『予は信義に委ぬ』といった表現で行われたとしている。遺贈，信託的遺贈（継伝処分）はユスティニアヌスの法典にも規定され，引き続き存続した[463]。グラチアデイ教授は，イタリア中世の注釈学派（*glossatoren*）によって信託的遺贈の制度が研究されたことを明らかにしている[464]。

なお金銭消費貸借や質権・抵当権の制度が整備されたあとも，所有権の担保利用という方法は，その後も完全に消滅したわけではなかった。買戻権つきの偽装売買の金銭貸借（*contrat pignoratif*）[465]はこの一種である。

2 英米法のトラスト

英国法上，トラストが現れるのは1535年のユース条例（*Statute of Uses*）以後のことである。それ以前にはユース（*use*）と呼ばれる財産の移転の方法があった。ユースの発生については次のように説明されている。

西暦1066年に，ウィリアム征服王がイングランドを征服した。いわゆるノーマン・コンクエスト（*Norman Conquest*）である。この結果，イングランドは大陸諸地方に比べていち早く，国家としての一体性を確立し，国王の権

---

[462] J. Gaudemet, *Droit privé romain*, 2e éd., Montchrestien, 2000, p. 87 et s.
[463] J. Gaudemet, *Droit privé romain*, 2e éd., Montchrestien, 2000, p. 106.
[464] M. Graziadei, The Development of Fiducia in Italian and French Law, *Itinera Fiduciae: Trust and Treuhand in Historical Perspective*, Duncker & Humblot, 1998, p. 333.
[465] *contrat pignoratif* は，民法典の旧2078条，旧2088条で禁止されていたが，2006年担保法改正によって禁止が解除された。所有権を担保的に利用することは19世紀末のドイツに始まるようである。

第7章 フィデュキアとトラスト

力が相対的に強くなったということができる。フランスの国家としての形成はルイ9世以後13世紀のことであり，約2世紀の差があると考えられる。さてノーマン・コンクエストにより，イングランドの人民は征服者に服する結果となったが，ウィリアム征服王は被征服者に法律・規則を強制することはなかったとされており[466]，征服者は，重要な争いのみを裁断することとし，その他の紛争は地元の慣習法に基づいて判断することによって，住民の懐柔を図ったとされている。時は，国家の確立していない不安定な時代，教皇ウルバン2世が中部フランス・クレルモンからキリスト者に向かって十字軍遠征をとなえるのは1095年11月27日，ノーマン・コンクエストからわずか30年弱のちのことである。

イングランドでは「戦争に赴かんとする者が妻子のために（*to the use of*）土地を第三者に移転し，または，篤志家が寺院に付属する図書館のために（不動産を）寺院に移転すること」が行われた[467]。11世紀のイングランドにはキリストが教会の全財産の所有者であって，僧侶は教会財産の単なる保管者（*custodian*）にすぎないとする考え方があった。保管者という概念と受託者という概念のあいだは近い。こうした考え方がユースの成立の地ならしをしたという意見もある[468]。また，イングランドの土地の所有権を *seisin* というが，これには租税納付の義務がともなった。わが国中世にも「農民が，生活の負担を逃がれんとして，その田を中央の権門勢家に寄進し，売却し，併呑され」[469]，荘園が形成され，寺社が有力な領主となっているが，これと同じように，イングランドでも土地を寺院・教団に寄進することは，土地所有にともなう制限や負担を免れることも目的としたものであった。寄進はイングランドに固有の事象ではなく，普遍性があることを示している。ただし寺社への寄進が普遍的でも，ユースが成立したのはイングランドの中世だけであり，わが国では制度化されることはなかった。また，伝統的な長子相続の制度を回避する手段として継伝処分は有効な手段となった。ユースの誕生の背景には寺院・教団への土地

---

[466] F. Pollock and F. W. Maitland, The History of English Law, vol. 1, Cambridge 1895, p. 79. 高柳賢三「イギリス法系の誕生」法学協会雑誌60巻（1942年）8号1279頁，9号1461頁．

[467] 四宮和夫「信託行為と信託㈢」法協59巻（1941年）3号408頁〜414頁．

[468] S. Herman, Utilitas Ecclesiae: The Canonical Conception of the Trust, 70 Tul. L. Rev., 2239（1996）。ハーマン教授は，ドームズデイ・ブック（Domesday Book, 1086）に *feoffments ad opus* とあるとしている。

[469] 清水三男『日本中世の村落』（岩波文庫，1996）26頁（初出は1942年）。

の寄進という事情が作用し，ここにローマのフィデュキアという制度が貢献した。またユースからトラストになってさらに発展を遂げるのは，コモン・ロー上の相続の拘束を回避するために継伝処分の手段が使われたためであると考えられるが，そこにフィデイコミスムが影響したのではなかろうか。

　ユースの誕生，そしてその後のユースからトラストへの変容にはイングランドの歴史的事情がある。

　ブラックストンはエドワード3世治世末期（14世紀前半）にユースのもとになる制度が大陸からイングランドに入ったとし[470]，メイトランドはこれをエドワード1世時代（13世紀後半）にさかのぼらせているが[471]，いずれにせよ土地の第三者への移転や寺院への寄進は，13世紀にフランシスコ派の教団がイングランドに渡ってからさらに大規模に行われるようになったとされている。

　アッシジのフランシスコ（ジョヴァンニ・ベルナルドーネ）(1182-1226)はクララ，ベルナルドやエリアらの仲間と「小さな貧しき兄弟」という教団を形成し，「公然たる貧困」のうちに道を求めたとされている。同教団はフランシスコの生存中にすでにイタリアと南フランスを中心に広がり，さらにドイツやイングランドに及んだが，当初からヘールズのアレクサンダーなどイギリス人の弟子がいた。1224年には9人のフランシスコ教団の者がイングランド・キャンタベリーに渡り，同地で急速に発展，20年後にはオックスフォード，ノーリッジなど39か所に家を持ち，1300年までには55か所になり，社会のあらゆる階層の出身者を含んだとされている[472]。同教団は「清貧」を旨とし，財産の所有を禁じていたので，信者は同教団の寄宿舎の必要に応ずるために家を寄進したのである。当時，信者の寄進がさかんに行われ，テリー教授は信者からの寄進によって教会，主として修道院という名の宗教法人（*religious corporation*）が全土の約三分の一の領土を取得したとしている[473]。イングランドの議会は封建領主が支配していたが，教会勢力の強大化を快く思わなかった。エドワード1世（1239-1307）の時代には，すでに死手法（*Statute of Mortmain*

---

[470] W. Blackstone, *Commentaries on the Laws of England*, Vol 2, 1766, p. 328.

[471] F. W. Maitland, The Origin of Uses, 8 Harv. L. Rev. 127 (1894).

[472] 下村寅太郎『アッシシの聖フランシス』（南窓社，1965）287頁。下村博士は，教団のイングランドでの行状と展開についてはエクルトンのトマスの年代記を参照され，1224年すなわち「ジョン王の息子ヘンリ王の第八年に，聖処女降誕祭の後の火曜日に，初めて小兄弟たち，四人の僧職者と五人の平信徒がイギリスのドーヴァーに上陸した」との文章を引用され，その後教団は学者団体に変貌したとされている。

[473] H. Terry「Equity」法協25巻（1907年）4号454頁，455頁。

または Statute for transferreing uses into possession)（mort = 死, main = 手）を制定し, 国王の特許（special licence）なく生前贈与や遺贈が行われた土地を国王または封建領主が没収する（forfeit）こととした。ここで，宗教法人側が対抗して死手法の適用を逃れるため，ユースという手段を生み出したのである。

　ユースとは財産を引き渡す者（feofer－委託者）が受け取る者（feofees to uses－受託者）に土地の法的な所有権を与え，feofees to uses が第三者（cestui que use－受益者）の利益のために土地を保有するという関係である。受託者の土地保有が一時的なものであることを示す必要があったため，フランシスコ派の教団がイングランドに古代ローマ法の使用権（usu）の概念に類似したものを導入したのである。古代ローマ法では完全な所有権とは別に制限物権としての使用権と収益権（両者を合わせて usufruit）があり，ここにユースが創出された[474]。宗教法人は土地という財産を利用しているが，所有しているわけではないから，死手法による没収の対象にならないと主張した。しかし議会はユースを認めなかった。受益者はその救済をコモン・ロー裁判所に求めたが，コモン・ロー裁判所は議会の判断に拘束され，令状（writ）のない受益者の訴えに救済を与えることはできなかった。ユースとしては委託者には受託者にたいする契約に基づく人的訴権（personal action）が認められたが，本来第三者の利益のために土地を引き渡したのであるから，単なる人的訴権では充分な救済にならないという問題があり，また受益者にはコモン・ロー上なんら救済はなかったのである。このため受益者は，コモン・ロー上は受託者が完全な所有権者であって所有権にともなうすべての制限と負担を負うとして，国王に直属する法官（Chancellor）の裁判所（Court of Chancery）に訴えを提起した。そして法官はユースに基づく受益者の権利を受託者の善意（good faith）に基づく権利として認めることとなったのである。

　その後，ユースが広く利用されるようになると世俗権力である国王ヘンリ8世（1491-1547）は，これを禁じるため1535年にユース条例（Statute of Uses）を定めた。法官裁判所は受益者の受託者にたいする権利として保護したので，同条例はこれを認めないとした。法官裁判所は，受益者は受託者にたいする権利ではなく，財産にたいする直接的な所有権（equitable ownership）を有することとし，ユースはこのときに現代のようなトラストに変容した。またイングランドでは伝統的に長子相続制がとられたから，相続を自由に行うための手段と

---

474) F. W. Maitland, The Origin of Uses, 8 Harv. L. Rev. 127 (1894).

して古代ローマのフィデイコミスムも重要な役割を果たした。

　ところでトラストの起源という問題は多くの関心を呼ぶテーマのようで，さまざまな意見が出されている。

　アヴィニは，ローマのフィデイコミスム，ゲルマンのサルマン（*Salmannus*）とイスラムのワクフ（*Waqf*）の三つの起源の可能性があるとしている[475]。イスラム起源についてはよく分からない点が多いが，19世紀まではトラストの起源をフィデイコミスムに求める意見が一般的であった。しかし，現在では，ローマに起源を求める意見よりもゲルマンのサルマンを起源とする意見が一般的になっており，ローマ法起源説は分が悪い。これはアメリカのホームズ判事の意見に始まる。同判事は，1899年1月17日の「法学の科学性」に関する講演でフランクのサリカ法典を挙げて，ユースの起源を説明している。すなわち紀元5世紀のフランク族では，ある者が財産の移転をしようという場合に，サルマンと呼ばれる役割を果す者に財産の所有権の移転の完成を依頼し，いったんサルマンに財産を引き渡し，その後サルマンが別の者に引き渡すという慣行があったことを紹介し，これがイギリスで不動産所有権移転に使われ，このサルマンがイングランドにおいてユースに転じたとしている[476]。生前贈与の補助者の機能である。これは道義的な信頼関係であり，法律的な救済はなかった。サルマンは英国法のユースにおける *feofee to uses* に対応することになる。英国のメイトランドは，著書『ユースの起源』[477]ではホームズの意見にしたがってサリカ法典に言及している。わが国でもユースとトラストの起源をめぐって第二次大戦前から多くの論文があり[478]，ホームズの説は影響を与えている。高柳教授は，イングランドでは「いはばゲルマン法を技術化したものと云はれる，コンモン・ロオなるものが早く成立してゐて，ロオマ法継受の大波に浚はれることなく，これに抵抗しつつ，その史的個性を維持してきた」と

---

475) Avisheh Avini, The Origis of the Modern English Trust revised, 70 Tul. L. Rev. 1139 (1996).
476) O. W. Holmes, Law in Science and Science in Law, 12 Harv. L. Rev. 443, 445 (1899).
477) F. W. Maitland, The Origin of Uses, 8 Harv. L. Rev. 127 (1894).
478) 高柳賢三「英米信託法原理」法協40巻（1922年）5号723頁，6号915頁，細矢祐治「信託法理及信託法制概論」法協42巻（1924年）8号1353頁，9号1571頁，10号1777頁，宮本英雄「英米信託法に於ける受益権の発達及び性質」論叢13巻（1925年）3号313頁，15巻（1927年）1号25頁，河合博「信託の定義」法協51巻（1933年）11号2040頁，12号2259頁，52巻1号96頁，2号281頁，四宮和夫「信託行為と信託」法協59巻（1941年）1号32頁，2号205頁，3号407頁，4号586頁，7号1107頁。

し[479]、「土地に就ては既にレクス・ザリカに於てフランク人が土地の信託——一時的信託を使用して居った。即ち第三者 Salman を介入せしめて之に土地及動産の Gewere（Seisin）を與へ相続人指定及養子の目的を達成」したのであり、「古い学説に依ると use をローマ法の usus（使用権）及び usufructus（使用収益権）或は Fideicommisum（信託遺贈）の法理から発した様に説いたものである」が、「この古い学説が誤りである事は前掲ホルムスの論文以来メートランド等の研究に依て益々明かになった」として[480]、ゲルマン法起源説をとっている。ローマ法起源説はユースということばがローマ起源であるということも論拠とするが、同教授はその語源として、ラテン語の「使用」（usus）ではなく、「××のために」（on behalf of, for the benefit of）を意味する ad opus に由来するとし、opus がフランス古語で oe, ues, os, oeps などとなり、ノーマン・コンクエスト後にイングランド人が use と混用したと説明している。四宮教授は「use は、我我がすでにゲルマン法において観察した Salmann の種子が海を越えて、やはりゲルマン法の一分派たるイギリス法に根を下ろした」ものであるとし、「use の起源に関しては、古くはローマ法起源説が支配して、その母型が usus, ususfructus, fideicommissum などに求められたが、Holmes 以来ゲルマン法の Salamann に起源が求められ」たとしている[481]。わが国では多くの研究者がホームズの意見に賛同している[482]。フランスでもユース・トラストのローマ法起源に疑問を呈する意見はある[483]。

　しかしホームズ判事の説が出現するまで、トラストにローマのフィデュキアの影響を見る意見は古くから存在してきた。

　13世紀のイングランドの裁判官であったヘンリー・オブ・ブラクトン（Henry of Bracton, 1210-1268）は、その著書『イングランドの法と慣習』において、古代ローマの制度がユースに影響したことを認め、フランシス・ベーコ

---

479) 高柳賢三「イギリス法系の誕生」法学協会雑誌60巻（1942年）8号1279頁、1281頁、9号1461頁。

480) 高柳賢三「英米信託法原理（二）」法協40巻（1922年）6号917頁から924頁。

481) 四宮和夫「信託行為と信託（三）」法協59巻（1941）3号407頁、415頁。

482) 河合教授は「信託（ユース及びトラスト）の起源に関する重要な研究はホームス、メートランド、及びエイミスに依って為された」とし、ホームスは「ユースの起源を羅馬法に求めずゲルマン古法のザルマン（Salmann）に在るものとした」と記している（河合博「信託の定義（一）」法協51巻（1933年）11号2050頁）。

483) Malaurie et Aynès, Droit civil-les biens, la publicité foncière, 4e éd., Cujas, 1998, p. 239.

ンは，1626年の著書でトラストの祖先をシビル・ローにあるとした[484]。18世紀のブラックストンは「ユースとトラストはその性質のもともとは極めて近く，同じといってよい」としたあと，シビル・ローの制度のうちユースの起源と考えられるものに *usus-fructus*（用益権）と *fidei-commissum*（信託的遺贈）の二つがあるが，「*usus-fructus* は最終的な所有権を得ることなく，物を使用する一時的な権利であるが，*fidei-commisum* は通常遺言によって設けられ，遺産を他の意思の利益によって移し（convey）また処分を託す処分である」[485]とし，フィデイコミスムが「意思によって成立するもので，移管または他の意思に従って利益を処分する信頼（confidence）により遺贈するものである」として，ユースの概念をフィデイコミスムに近いものであるとした。現代でもハーマン教授は，11世紀のイングランドの教会にフィデュキアの考えが浸透したとしている[486]。わが国でも宮本教授は「ホルムス及びメートランドの考証に依れば近世信託の直接の前身たる用益制（*use* 或は之を用益制と訳することすらも不当なるやも知れず）は羅馬法に関係なく全然別個の起因を有するもの」とされるが，「信託制度の起源は羅馬法又はゲルマン古法に在りや或は全然英国法に於て其萌芽を発したるものなるやに就ては学者間に論議の存する所なるも，尠くとも此制度が英国特有の社会事情に基き異状なる発達を遂げたるものなることは一般に承認せらるゝところなり。即はち信託（*trust*）の前身たる用益制（*use*）が羅馬法に於ける信託遺贈（*fidei commissa*）を基礎として考案されたるものなるや或はゲルマン古法の *Treuhandschaft* を移入したるものなるや否やは姑く之を措き之を英国に於ける法律制度として観察するときは信託なる制度は疑もなく用益制に基き英国法の特質たる其衡平法（*equity*）と共に発達せるものと認むことを得」として[487]，すくなくともローマ法にその淵源があるとしている。いずれにしてもイタリア・トスカーナのアシジの教団であったフラ

---

484) この指摘は，R. Helmholz and R. Zimmermann, Views of Trust and Treuhand: An Introduction, in *Itinera Fiduciae- Trust and Treuhand in Historical Perspective*, Duncker & Humblot, 1998, p. 31. による。著者はさらに1675年の法官裁判所判決（Attorney General v. Platt），1678年判決（Hicks v. Pendarvis）を挙げているが，筆者は見ていない。

485) W. Blackstone, *Commentary on the Laws of England*, (original 1766, a facsimile by the Univ. of Chicago).

486) S. Herman, Utilitas Ecclesiae: The Canonical Conception of the Trust, 70 Tul. L. Rev., 2239 (1996).

487) 宮本英雄「英米信託法に於ける受益権の発達及び性質(一)」論叢13巻（1925年）3号313頁，318頁。

ンシスコ派の小兄弟団がローマ以来のフィデュキアまたは相続原理の回避策として存在したフィデイコミスムを知らなかったとは考えにくい。14世紀後半のイングランドではフィデュキア，フィデイコミスムは教会関係者には死手法を回避する手段として都合が良かったのである。ユースの誕生にフランシスコ教団の影響があるとすれば，ローマの法制度がそこで生かされたと考えることは自然に思える。ユースとトラストの起源をあえてゲルマン法だけに限ることもないのではないか。

3 相続原理とトラスト

　ユース・トラストの起源の問題に続いて，もう一つの問題がある。なぜイングランドには，ユース・トラストが誕生し，フランスには生まれなかったのかという問題である。両国はいずれも古代ローマ帝国の版図となり，ゲルマンの侵入を受けている。ウルバン2世の訴えに応えたのはイングランドの貴族だけではない。さらにフランシスコ教団が信者を得たことも同様である。農業生産や交易という点でもそれほどの違いはないと考えられる。南フランスにはローマ成文法が生きていたから，11世紀のラングドック地方ではフィデイコミスムが見られ，北フランスでも中世末期にはフィデイコミスムが存在していたとされている[488]。この点でもイングランドとフランスに大きな差はなかったと考えられる。

　こうした事情にもかかわらず，なぜフランスにはユース・トラストが形成されなかったのか。考えられる理由は，両国の遺言と相続に関する制度の違いである。またその背景として，国家の確立の時期の違いが影響しているように思われる。

　現代の英国法は遺言による財産処分に制限がない。一方，現代のフランス民法典は，信託的な継伝処分（*substitution*）を禁じる（第896条）とともに，遺贈の限度を財産の半分までに制限している（第913条）。両国の遺言，相続制度は対照的である。しかし英国でも遺言の自由を認めたのは，1837年遺言法（*Wills Act*）である。ユース・トラストの歴史に比べれば最近のことであり，長子相続が英国の伝統的な相続法であった[489]。とくに重要な財産である

---

[488] P. Ourliac et J.-P. Gazzaniga, *Histoire du droit privé français*, Albin Michel, 1985, p. 136, 352.

[489] W. ゲルダート（末延三次＝木下毅訳）『イギリス法原理（原書第8版）』（東京大学

3　相続原理とトラスト

　土地・不動産 (*biens-fonds*) については，1540年の遺言条例 (*Statute of Wills*) と1660年の保有権廃止法 (*Tenures Abolition Act*) が制定されるまでは，相続財産権 (*estate of inheritance*) とされて，不動産保有者が死亡すると法定相続人 (*heir at law*) すなわち長子が自動的に相続することとされていたのである[490]。このような長子相続の拘束を回避する手段としてユースが利用され，1535年のユース条例によってトラストに変容したのである。全体として不動産処分に関する遺言に制限がかけられていた。

　一方，フランスもフィデイコミスムを継承し，英国と同じように十字軍に出向く貴族が不動産の管理を託すことが行われた。フランスの相続制度は地方によって長子単独が行われた地方もあれば，平等相続が行われた地方もあり，統一されていなかった[491]。このため普遍的な制度としてユース・トラストが形成されなかったのではないか。また平等相続を原則とする地方でも，家産の維持のためには遺言によって家産を長子に相続させ，あるいはフィデイコミスムによって単独相続を可能にしてきた。相続が卑属に平等に行われると，家産が分散され，封建領主としての領地の維持が不可能になる。このため封建領主・貴族層は相続の対象を限定することを望んだ。その一方，国王権力は封建領主の封土をとりあげることを望み，法定相続制度を設けて，家産の分散を推進し，あるいは長子だけに財産を残そうとする遺言を無効にしようとした。封建貴族の力を脆弱にすることを図ったのである。この事情もイングランドとは異なっている。近代に入ると，1749年のダゲッソーの勅令がフィデイコミスムを禁じたのはこの例であり，イングランドには見られなかった動きである。ここにはノーマン・コンクエスト以降イングランドが国家として早くに成立し，その

出版会，1981)。

490) 重要な財産である不動産とそれ以外の動産では相続に関する規則がまったく異なっており，動産についてはすでに14世紀には遺志の尊重という観点から，教会裁判所において遺言が証明されることを条件に，その遺志どおりの処分が行われ，教会裁判所は1857年に遺言検認裁判所 (*Court of Probate*) が設けられるまでのあいだ，動産に関する遺言の管轄権が残され，その後は，検認裁判所が1970年までこの任務に当たった。同年，高等法院の家事部が当事者間に争いのない動産処分の遺言の管轄を与えられ，その他の動産遺言については法官部に管轄が認められることになった。M.-F. Papandréou-Deterville, *Le droit anglais des biens*, LGDJ, 2004, p. 236. ただし，1975年相続法 (*Inheritance Act*) と1995年相続改正法 (*Law Reform (Succession) Act*) によって制限が加えられている。

491) P. Ourliac et J.-L. Gazzaniga, *Histoire du droit privé français*, Albin Michel, 1985, p. 317.

第7章 フィデュキアとトラスト

後貴族層が国王への対抗勢力として権限を強めたのにたいして，フランスでは国家の形成には13世紀にルイ9世が登場するまで待たなければならなかったこと，国家の確立とともに貴族層が王宮貴族化して，イングランドほどには国王権力への対抗勢力にならなかったという，事情が背景にあるように思われる。さらに，フランスで大革命で封建遺制の一掃が図られたことも，特別目的財団の形成を許さなかったということができるのではないか。

　大革命前のアンシアン・レジーム期には庶民の相続原理と封建貴族の相続原理が並立し，貴族の場合には家名・家産の維持のために貴族的相続の制度があった。貴族としての家名・家産を維持するためには，財産が相続人に平等に配分されるべきではなく，長子に単独相続させる必要がある。これが革命の最中の1790年3月15日=28日の封建制の廃棄に関するデクレによって「封建的契機による現実具体的帰属決定のシステム（貴族的相続）」が廃止される[492]。さらに封建的契機による不平等相続以外の法定の不平等相続には，1791年4月8日=15日のデクレが定められた。1791年のデクレは，「無遺言相続人の間において，長子または次子の資格，性別または法定排除にもとづいて，直系あるいは傍系において生ずる従来の不平等はすべて廃止される。同親等の相続人はすべて，法律によって相続人に与えられる財産を，同等割合によって，相続する」と規定した（第1条）。

　革命期には遺言の自由について，その廃止論と肯定論が対立したが，「『平等』と『法律の優位』に矛盾しない遺言処分のみが，特別の要請があったときに」認められる結果となった。フランス革命の進行中の1793年以降，平等原理として相続法の立法作業が進展するが，民法典は「長子および男子の特権を廃止し，無遺言の場合に，同一の相続順位にある相続権者の間の権利の平等を宣言したことによって，革命の平等の神話に帰依した」とされている[493]。一方では，相続を法定し，相続人の平等を原理としつつ，被相続人（遺言者）の遺産処分について一定の自由を認めてもおり，当時社会の表舞台に登場したブルジョアジーの要求にも応じているということができる。ただし，法定相続分（遺留分）を制度化することによって，遺言の自由に制約を加えているのである。

　そして1792年10月25日=11月14日のデクレによってフィデイコミスムが法律上，禁じられ，この原則はそのまま現在の民法典に踏襲されているので

---

492) 稲本洋之助『近代相続法の研究』（岩波書店，1968）146頁。
493) 稲本教授は，1939年のアンリ・カピタン協会でのル・バル教授の発言として引用されている（稲本洋之助『近代相続法の研究』（岩波書店，1968）335頁）。

ある[494]。革命は相続平等を原理とした。フィデイコミスムによって特権階層が生きながらえれば，フランスの平等原理が基盤を失うおそれがあり，長子相続が復活する懸念があったのである。フランス相続法は相続平等を原則とし，遺言制度を認めてはいるが，遺留分制度を設けて（第913条から919条），相続人の権利を保護している。継伝処分はフランス相続法の基本原理を潜脱する手段となりかねないので，原則として禁じているのであり，信託に類似した契約である恵与目的フィデュシーを自由に認めると相続法の原則が無視した財産処分が行われるおそれがあるのである。2006年の相続法の改正によって，死因代理人と残余財産恵与の制度が設けられているが，フランスでは依然として遺言者の恣意的な財産の処分にたいする懸念が強い。

　稲本教授はフランスにおいて「18世紀啓蒙思想において原理的には公民的基本権として考えられた『自由』および『平等』は，革命期においては，旧制度からの『自由』と新制度における『平等』として一般化され，ある場合には私法の固有の近代化の論理にくみこまれてその骨肉となり，ある場合には，その外側にあって私法上の諸制度に重要な影響を与えた」とし，「相続法の領域では，一般的な『自由』および『平等』の観念は，相続法に固有の意味内容を与えられ，特殊な限定を受けてその近代化の論理にくみこまれた」として，「被相続人の『自由』は，相続人の『平等』を侵害するものとして排斥されるべきであるとされた」としている[495]。

　このようにイングランドに生まれたトラストがフランスに生まれなかったのは，遺言と相続に関する制度の違いによるのであるとすると，トラストという制度自体，特殊イングランドの制度と考えたほうがよいと思われる。そうするとシビル・ローの国が古代ローマのフィデュキアを再生させていることもうなづけよう。

---

[494] C. Chapaud et D. Danet, Sociétés et autres groupements, RTC Com., 2007, p. 733.
[495] 稲本洋之助『近代相続法の研究』（岩波書店，1968）145頁。

第8章　シビル・ロー各国の法制

　トラストは英米法の衡平法原理に基づく制度である。フランスのフィデュシー法制は英米法のトラストに対抗する法技術であることを目指しながら，財産管理目的フィデュシーと担保目的フィデュシーという分類に見られるとおり，その構成は英米法のトラストではなく，古代ローマのフィデュキアを継承している。

　英米法のトラストは財産権であるから，ローマ法を継承するシビル・ローの国ではトラストのような財産権のあり方をそのまま導入することができない。したがってシビル・ローの国ではトラストをそのまま導入するのではなく，トラストに類似した機能を有するフィデュキアを現代に再生させているのである。

　トラストは財産の所有権が分属する権利のあり方を意味し，財産法そのものであるが，フィデュキアを模範として制度を設ける場合には，財産法ではなく，契約の一つとして構成することになる。

　次にヨーロッパ大陸諸国のトラストに類似した制度を概観することにする。これらの国々はフランスと同じように物権法定主義，所有権の分属などのシビル・ロー原理との調整の問題をかかえることになる。では各国はどのように対応しているのだろうか。

　ドイツには19世紀に判例で形成された *Treuhand* がある。筆者はドイツ語の能力がないため，またドイツの制度についてはすでにわが国では多くの紹介があるので，これに譲ることにする。スイス，イタリアも同様に判例によって形成され，一部は法制化されている。一方，ベルギー，ルクセンブルグはひとしくフランス民法典を継承した国であるが，ベルギーでは契約自由原則により外国のトラストを認め，ルクセンブルグは金融立国の観点から法律によってフィデュシーを認めている。次に個別に見てみよう。

1　スイスのフィデュシー

　スイスでは，ドイツと同様に最高裁判所の判例によってフィデュシーが認められている。1893年に担保目的フィデュシーが認められ，1905年には財産管

理目的フィデュシー認められている[496]。すなわちフランスと同じように財産管理目的フィデュシーと担保目的フィデュシーが区別されており，さらにフランスでは禁止されている恵与目的フィデュシーが財産管理フィデュシーの一つとして認められている。判例法に基づくものであって法制化されていないが，いずれも契約自由原理に基づいてフィデュシーを認めた[497]。

フランスでは合同運用証券投資スキーム（OPCVM）として資本可変投資会社型（SICAV）と投資共有ファンド型（*fonds commun de placememt*）を法律で認め，前者は会社として，後者は資金の共有と構成しているが，スイスは後者を投資ファンド（*fonds de placement*）とし，これをフィデュシーと構成している[498]。

また，スイスでは銀行での資産運用として財産管理目的フィデュシーが利用され，これをフィデュシアリー・アカウント（*compte fiduciaire*）と呼んでいる。主としてユーロ市場において預託された顧客の資金を金融市場で運用するもので，顧客は委託者であるとともに受益者であり，運用によって得た利益から銀行は手数料を差し引いて顧客の口座に入金する（顧客の利益は市場連動であり，金利リスクを顧客が負うことになる）。したがって銀行にとっては自己の資産でも，負債でもなく，銀行の貸借対照表のうえでは簿外に記帳されることになる。銀行が得る収入は利息ではなく，手数料である。資金運用での相手方のリスクは資金提供者である顧客（委託者兼受益者）が負担する。国内での銀行預金利息には35％の源泉税が課税されるが，ユーロ市場で運用する結果，非課税扱いとなるために顧客にとっては有利な運用である。構造としてはわが国の貸付信託と同様ということができる。そのほかに金銭運用以外の財産管理目的のフィデュシーなどがある。また担保目的フィデュシーとしてはとくに債権の譲渡担保の手段として使われている。

さてスイスのフィデュシーは古代ローマのフィデュキアには関係があるのだろうか。

スイスの学説ではフィデュシーの設定は物権的行為とともに債権的行為とし

---

496) J.-Ph. Dunand, *Le transfert fiduciaire: donner pour reprendre*, Helbing & Lichtebhahn, 2000, p. 1.

497) L. Thévenoz et J.-P. Dunand, The Swiss Fiducie: A subtle Conceptual Blend of Contract and Property, in *La fiducie face au trust dans les rapports d'affaires*, Bruyant, Bruxelles, 1999, p. 311.

498) J.-Ph. Dunand, *Le transfert fiduciaire: donner pour reprendre*, Helbing & Lichtebhahn, 2000, p. 15.

て契約を要する。この点ではフランスのフィデュシーと同様である。受託者は財産にたいして完全な所有権を取得し，委託者は所有権を主張することはできないとされている。

　スイスにも物権法定主義の考え方はある[499]。フィデュシーの場合には所有権が完全に受託者に移転するが，判例は受益者の権利を経済的所有権（*propriété économique*）と構成している。またスイス民法には財産の単一性原理（パトリモワン論）に関する規定はないが，この原理そのものは認められている。単一性原理を厳格に適用すると，受託財産は受託者の固有の財産と混蔵し，受託者の固有の債権に基づいて債権者は受託者の固有財産にたいしてもまた受託した財産にも差押えをすることができ，受託者について倒産処理手続が開始された場合には，受託者として受託した財産も手続の対象になるが，スイス判例の解釈では，フィデュシーとして受託者に移転された財産は受託者の固有の財産と一体化し，受託者個人にたいする債権者はフィデュシーの財産を含むすべての受託者の財産にたいして差押えを行うことができるとされており，パトリモワン論は維持され，わが国でいう信託の倒産隔離の機能は認められていないことになる。これは古代のフィデュキアの構成である。スイスの学説はこの点をとらえてスイスのフィデュシーは古代ローマのフィデュキアを現代化したものであるとする意見もある。しかしフィデュキアがその後，質権や消費貸借などのより精密な制度に替わっていったのであるからスイスのフィデュシーはかならずしも古代のフィデュキアのままではない。この理解によると，委託者は受託者にたいして委託した財産の引渡し請求権を有するが，これは一般の倒産債権と同等とされることになる。これでは委託者や受益者の期待に反することは明らかであり，最高裁判所は1973年以前は，フィデュシーを「委任」（*mandat*）と法性決定し，判例上は受益者に回復請求権を認めるという解決をとっていた。委任であるから，委託者はいつでも財産の返還を請求することができるが，これはトラストが基本的には委託者の都合によっては終了しないことと対照的である。

　スイスは2007年4月3日にハーグ国際私法会議のトラスト準拠法条約に署名，同月26日にこれを批准し，同年7月1日から発効している。フィデュシーに関する国内法を設けることもしていないが，この批准にあたって一部法律の改正を加えている。まず国際私法（準拠法と国際裁判管轄に関する国内法）

---

499) J.-Ph. Dunand, *Le transfert fiduciaire: donner pour reprendre*, Helbing & Lichtebhahn, 2000, p. 25.

に第9章のaとしてトラストに関する規定を設け、準拠法および裁判管轄に関して明らかにしている。さらにスイス連邦債務追及破産法（1889年4月11日法）の第9章の2にハーグ条約にいうトラストに関する規定を新設し、受託者について倒産処理手続が開始された場合にも受託財産を隔離することが規定された（第284条b）[500]。しかしこれはあくまでも外国で設定されたトラストに関する規定であり、国内でのフィデュシーについては特段の規定が設けられていない。

2　イタリアのフィデュキア

　イタリアでは20世紀初頭にドイツの影響を受けて、財産管理目的フィデュキアと担保目的フィデュキアが構想されたことがある。1926年には信託会社（*società fiduciaria*）の設立が王令（当時サヴォア朝王制）によって認められ、1939年には法律化されたが、その利用は少なかった。

　最近になって信託類似行為としてのフィデュキアの再生が検討され、フランスのフィデュシー法制よりも1年先立って、2006年2月23日法律第51号によってイタリア民法典にフィデュシーが規定された。同法によると「一定の動産または不動産に関する所定の目的のために公正証書により、最長期間を90年または自然人受益者の生存期間中、障害者個人や公的機関あるいはその他自然人法人のために、委託者はその目的遂行のために、受託者にこの財産の管理をゆだねることができ、第三者に対抗することができる」旨を規定している（第2645条の3）。一定の目的のために委託者の固有の財産とは別にされるが、受託者にこの財産の所有権が移るものではなく、フランスのフィデュシーとは異なる。

　なおフランス法は恵与目的フィデュシーを禁じているが、イタリアでは一定の場合に限ってではあるが許容している（*fedecommissaria*）（民法典692条）[501]。イタリアはハーグ・トラスト条約を1985年7月1日に署名し、1990年2月21日に批准し、同国でこの条約は1992年1月1日に発効している。

---

[500] Entretien: Trois questions à Benoît Chappuis,《Trust》et fiducie en Suisse, *D.*, 2007, p. 1648.

[501] M. Graziadei, Trust in Italian Law, *La fiducie face au trust*, Bruyant, 1999, p. 265.

3　ルクセンブルグのフィデュシー

　ルクセンブルグは20世紀の同国の経済を支えた鉄鋼業が往年の輝きを失うと，1960年代から金融立国に転換した。1963年には最初のユーロ債が発行され，同国の証券取引所に上場された。さらに1967年にドイツのドレスナー銀行が同国に現地法人を設立したことから，同国の金融センターとしての地位が築かれた。同国には，周辺各国の言語に精通した人材がいることが評価されたのである。1969年には同じドイツのコメルツ銀行が現地法人を，さらに1970年にはドイツ銀行が現地法人を設立し，1970年代にはスイス，北欧各国やわが国を含む多くの国の金融機関が同地に拠点を設けた。これらの外国金融機関の多くはシンジケート・ローンへの参加やユーロ債の引受けなどを行うホールセール・バンクである。現在，人口40万人の同国に26カ国150の金融機関が進出し，金融業は就業人口の8％を占め，GDPの25％を占めるにいたっている[502]。

　金融立国を標榜する国に金融手段の整備は不可欠である。

　すでに1971年1月21日の判決でルクセンブルグ地区裁判所は，委任契約をトラストと法性決定した例がある。ただしその構成については判決は明らかにしなかった[503]。

　その後，1983年7月19日大公規則[504]によって，銀行の業としての財産管理目的フィデュシー認めた。これは全5条の短いもので，第1条で受託者（*fiduciaire*）を金融機関に限定し，第2条でフィデュシー契約（*contrat fiduciaire*）を「委託者（*fiduciant*）が金融機関である受託者との間で，受託者を委託された財産権の所有者（*titulaire de droits patrimoniaux*）とし，財産権の行使はフィデュシー契約が定めるその義務である受託者の負債に限られるとする契約をいう」と定義している。さらに第3条1項で，受託者の包括清算（*liquidation collective*）の場合，委託財産は清算財団には入らないとして，倒産隔離を規定していた。

502）同国の公的資料，L'économie luxembourgeoise, la place financière du Luxembourg による。
503）M.-F. Papandréou-Deterville, *Le droit anglais des biens*, LGDJ, 2004, p. 30.
504）金融機関のフィデュシー契約に関する1983年7月19日大公規則（2003年7月27日法によって廃止）。

同国は1985年7月1日にはハーグ国際私法会議のトラスト準拠法承認条約に署名していたが，2003年7月27日法[505]によって1985年ヘーグ・トラスト条約を批准することを定めた。批准は2003年10月16日であり，2004年1月1日から発効している。同法は1983年7月19日大公規則を廃止し[506]，フィデュシー契約に関する規定を設けた。1983年規則では受託者の資格要件は金融機関であったが，2003年法では金融機関のほかに，投資会社，資本金変動投資会社（SICAV），合同運用投資共有ファンド運用会社などに拡大されている。さらに「フィデュシー契約とは委託者が受託者と合意し，受託者が当事者の定める義務に従って，受託者財産（*patrimoine fiduciaire*）を構成する財産の所有者（*propriétaire*）になる契約である」と規定している（第5条）。さらに「受託者財産は受託者の個人的財産，その他のすべての財産とは別である。受託者財産を構成する財産は，受託者財産にたいして生じた権利の債権者によってのみ差し押さえることができる。受託者の清算または破産の場合，その他受託者の個人的債権者の競合の場合には，受託者の個人の財産の一部とはならない」として，倒産隔離を明記している（第6条1項）。この点はスイスのフィデュシー制度と異なる点である。また1983年規則には規定がなかったが，2003年法では担保目的フィデュシーの設定が認められている（第8条）。同国は1804年のフランス民法典を継承し，現在も基本的にフランス民法典にならっているが，フランスとは異なり，民法にフィデュシーに関する規定は設けていないが，上記の2003年法の規定によって対応が可能と考えられる。

　ルクセンブルグでも，財産の単一性原理の問題があるが，同国では，この原理はすでに2001年8月1日法において侵食されていた。同法は証券と混蔵商品に関する法律であり，その第16条は，債券の保管者（*dépositaire*）について，「証券発行者が証券の利金，償還金等について決済を担当する保管者にたいして弁済したときは，その弁済を対抗することができる。この場合の資金は保管者の債権者によって差し押さえることはできない」と定めている。証券の元利の支払いを担当する金融機関は，一般に支払代理人（*paying agent*）と呼ばれ，

---

[505] トラストの準拠法とその承認に関する1985年7月1日のハーグ国際司法会議条約の承認，フィデュシー契約のあらたな規則および物権登記に関する1905年9月25日法を改正する2003年7月27日法。

[506] 1983年規則の第4条は金融機関の自己資本比率に関する規定であるが，すでに金融機関の監督と自己資本比率強化に関する1999年4月29日法によって廃止されていた。同法は欧州共同体の指令95/26/CEなどの国内法化に関するものである。

委任と説明できると思われるが，同法の規定は，トラストに類似した機能を与えることになり，しかも保管者の固有の財産とは別の特別目的財産とあつかうことを明示したのである。

4　ベルギーのフィデュシー

　ベルギーもルクセンブルグと同じように1804年のフランス民法典を継承しているが，ルクセンブルグと異なり，ユーロ市場のセンターではない。フランスではフィデュシーには物権法定主義の問題，所有権の分有の問題があるとして法制化が必要と判断されたが，ベルギーではこうした法理論上の問題はなく，フランス民法典を継承した現行の民法のもとにおいても可能と理解されている。
　すなわち英米法のトラストの場合には，受託者にコモン・ロー上の所有権，受益者に衡平法上の所有権が認められ，いわゆる所有権の分有の状態となるが，ベルギーではフィデュシーの受託者は完全な所有権を有し，受益者は単に債権的請求権を有するに過ぎないと解されている。ベルギー民法はナポレオン法典と同様にその544条で「所有権は，法令で禁じられた使い方をしない限りで，絶対的な方法でものを使用し，処分する権限である」と定め，この規定はフランスでは所有権の絶対性，分有の禁止の根拠と考えられているが，ベルギーでは契約の自由に力点を置き，受託者が完全な所有権を有すると理解されており，フィデュシーが物権法定主義と抵触するとは考えられていないのである。これは古代ローマのフィデュキアの解釈に忠実ということができる。問題は受託者にたいする請求権は債権的請求権に過ぎないので，受託者に引き渡された財産の返還をどの程度まで確保することができるかという点にあるが，これは受託者の質，信頼性によることになる。これも古代ローマのフィデュキアと同様である。また，フランスのフィデュシー法制では，受託者について倒産処理手続が開始された場合にも，フィデュシーとして受託した財産は，受託者の手続の対象外とされているが，ベルギーの場合にはフィデュシーとして引き渡された財産は受託者の一般財産に混蔵され，受託者について倒産処理手続が開始された場合には，手続に取り込まれることになる。
　したがってベルギー法上はフィデュシーは既存の民法典と抵触しない。次の事例は前述したモツルスキー教授が論文で紹介しているものである。

【参考裁判例】 ブラッセル大審裁判所判決 1947 年 11 月 27 日判決
(Evans c/ Evans)

ベルギーに常居所（domicile）を有するイギリス人がベルギー法に基づく相続手続（相続対象の不動産はベルギーにあった）がとられたが，遺言によってトラストを設定することができるかということが争われた。裁判所は「ベルギー法に規定される相続については，外国法の原則・制度は適用されることはなく，意思自由原則を遵守する」として，信託の設定を認めた。同判決は，フランスの判例は 1927 年 12 月 19 日ルーアン裁判所の一例[507]を除いて，それまで信託そのものはフランスの公序に反するものではないと判示してきたと述べている。

物権法定主義，財産の単一性原則と抵触しないということは，倒産隔離が認められないということである。このためベルギーでもフィデュシーの法制化のための法案が検討されたことはある。またフィデュシーは契約により形成されるから，契約の取消しが可能であるとされている。なお，フランス民法典第 896 条は補充指定を禁じているが，ベルギー民法でもこの条文は生きている。しかしフィデュシーはこれには当たらないと解釈されている。

ベルギーでも古代ローマと同様に管理目的フィデュシーと担保目的フィデュシーの区別があるが，ベルギーではフランスのような担保目的フィデュシーにたいする関心は低い。

ベルギーはハーグ国際私法会議のトラストの準拠法と承認に関する条約を署名も批准もしていないが，同国の国際私法（準拠法・国際裁判管轄に関する国内法）にはトラストに関する規定がある。ただしあくまでもトラストであって，ベルギー国内で設定されるフィデュシーを想定したものではない。国際私法第 122 条は，トラストとは「設定者（fondateur）の行為または裁判所の決定により創設される法的関係であって，受益者（bénéficiaire）の利益のためにまたは特定の目的のために管理するために，財産がトラスティ（trustee）の管理の下に置かれるもの」をいい，この関係により「トラスト財産は区別された財団となり，トラスティの財団を構成しない。トラスト財産に関する権利はトラスティの名においてまたはトラスティの計算で第三者の名義でなされ，トラスティはトラストの条件と法律によってトラスティに課せられる規則にしたがって，財産を管理し，運営し，処分する権利を有し，義務を負い，その報告をしなければならない」としている。トラストの国際私法上の管轄については，ベ

---

[507] Tribubal Rouen 19 déc. 1927, Darras, Rev. DIP, 1928, p. 511 ; Clunet 1928-1027。

ルギーの裁判所は，トラストがベルギー国内で管理されている場合，ベルギー国内に所在する財産に関する場合には，設定者・トラスティ，受益者のあいだの関係について訴えを受理する権限があるとしている（第123条）。さらにトラストの準拠法については，設定者の選択した地の法によるとされている（第124条）。

5　オランダの事情

　オランダはナポレオン時代にいったんフランス領となり，1804年フランス民法典が適用されたが，その後，1813年の独立を経て，1838年にオランダ民法を制定した。この民法はそれまでのフランス民法典の影響が強く残り，トラストに類似した制度に関しては規定を設けていなかった。
　第二次大戦後の1947年にオランダはあらたな民法の制定作業に入り，ようやく1992年に現在の民法が制定された。制定作業がおこなわれているあいだに英米法のトラスト制度の導入が検討され，有力な推進派も現れ，経済界からもトラスト類似の制度の導入が提案され，いったんフィデューシーを意味する Bewind（管理）の規定を新設することが考慮された。しかし最終的には採用されなかった。現行のオランダ民法第84条3項は，「担保を目的として財産を移転することを意図する法律行為または財産を取得者の財産に含ませることを目的としない法律行為は，財産の移転の充分な原因ではない」と規定している。この規定はオランダ法ではフィデューシーが不可能であることを意味する。こうした立法者の姿勢にたいしては批判が多い[508]。ただし現行の民法は委任（mandate）の規定にあらたに「受任者（mandatory）と第三者の関係」として受任者の倒産手続から財産の隔離を定めている。すなわち「受任者がその名において第三者と契約を行い，委任者（mandator）にたいする義務を履行しないとき，または受任者について倒産処理手続または自然人の債務整理手続が開始されたときは，委任者は受任者と第三者双方にたいする書面の通知により，受任者が当該第三者に対して有する譲渡可能な権利を得ることができる。ただし当該権利が委任者と受任者の相互の関係によるもので受任者に属する場合を除

---

508) M. E. Koppenol-Laforce et r.J.P. Kottenhagen, The Institution of the Trust and Dutch Law, *La fiducie face au trust*, Bruyant, 1999, p. 290. 同論文は「グローバル化の時代にシビル・ローとコモン・ローのあいだを疎遠にするもので残念である」とする意見があるとし，この意見に同調している。

く」と規定している（第7-420条）。この規定によれば，信託ではなく，委任と構成すれば倒産隔離の結果を得ることができる。ただし，委任者の権利であっても受任者のみが排他的に行使することができる場合には，委任者といえども権利を行使することはできないとされている（第7-423条）。

　オランダでは1929年に判例では担保目的の所有権移転が認められたが，現行の民法の規定によると，担保目的の所有権移転も禁止されることになる。このため実務では占有を伴わない質権によって対応している。現行の民法は公正証書などによって証する場合には，動産，債権上に非占有の質権を設定することができるとしている（第3-237条）。

　このような民法の規定にかかわらず，同国の最高裁判所はトラストに類似した機能を認める判決を出している。1984年2月3日の判決（*Slis-Stroom*事件）では，銀行口座に顧客が資金を入金し，銀行に管理するように依頼していた場合には，銀行口座の名義人について倒産処理手続が開始されてもその手続にこの預金は含まれないとした。判決は明示的にはトラストあるいはフィデュシーとはいっていないが，一種の法定信託に類似した構成をとったのである。

　オランダにはフィデュシー法制はなく，既存の法理によって解決しようとしているが，この姿勢は，物権法定主義によるものと推測される。このほかにもノミニー（*nominee, kwaliteitsrekening*）という手段がある。これはノミニーがその名義で銀行口座を開設するものである。オランダでは1983年の最高裁判所の判決で公証人がノミニーとして開設した銀行口座がノミニーの破産手続において破産財団を構成しないとされた例がある。わが国の「名義貸し」または「名板貸し」に類似するが，名義貸し・名板貸しは一般に他人が自己の氏名または商号を使って営業することを約することをいい，銀行口座としては使われていない。わが国では金融機関等による顧客等の本人確認等に関する法律（本人確認法）」（平成14年法律第32号）（平成16年に「金融機関等による顧客等の本人確認等及び預金口座等の不正な利用の防止に関する法律」に改称）および同法を廃止し，施行された「犯罪による収益の移転防止に関する法律（平成19年法律第22号）」によって口座の名義貸しは禁じられている。

　ハーグ国際私法会議が本部を置くオランダは，トラストの準拠法と承認に関する条約について1985年7月1日に署名し，1995年11月28日に批准，1996年2月1日に発効している。これはオランダではトラスト類似の制度が存在しないために，外国のトラストについても倒産隔離が確保されないおそれがあるために，外国のトラストについてこの点を明らかにするためである。

6 ハーグ国際私法会議のトラスト準拠法承認条約

　ハーグ国際私法会議のトラストの準拠法と承認に関する条約（1985年7月1日）[509]は，1985年に成立し，現在までに同条約に10カ国が署名し[510]，現在，11カ国で同条約は発効している[511]。同条約を批准・加入し，発効している国のなかには英米法系の国もあるが，シビル・ロー系の国が多い。これは同条約が国内でのトラスト類似の制度の整備を求めるものではなく，外国で設定されたトラストの準拠法の確定と承認を規定するにとどまるからである。同条約の前文は，その目的として，「トラストは，コモン・ロー法系の国で衡平法裁判所によって創設され，修正を加えて他の国に採用されたという特性を持つ制度であり，トラストの準拠法について共通の規定を設けることおよびその承認に関してもっとも重要な問題を解決することが重要である」としている。

　同条約第2条は，トラストを「生存中にまたは死因により，委託者（*settlor*）により，財産が受益者（*beneficiary*）のために，または特定の目的のために，受託者（*trustee*）の管理の下に置かれるときに創設される法的関係をいう」と定義し，さらに下記の3条件をすべて充足する制度をいうものとしている。すなわち，次の三要件である。

a) 「信託」財産が区分された財産を構成し，受託者（*trustee*）の財産を構成しない

---

509) Convention of 1 July 1985 on the Law Applicable to Trusts and on their Recognition. 同条約については，A. E. von Overbeck（道垣内正人訳）「信託の準拠法及び承認に関するハーグ条約についての報告書」信託153号4頁および池原季雄編『国際信託の実務と法理論』（有斐閣，1990）186-219頁を参照。

510) 署名国は，オーストラリア（署名日 1991-10-17），カナダ（1988-10-11），キプロス（1998-3-11），アメリカ合衆国（1988-6-13），フランス（1991-11-26），イタリア（1985-7-1），ルクセンブルグ（1985-7-1），オランダ（1985-7-1），イギリス（1986-1-10），スイス（2007-4-3）の10カ国である。国際私法会議のメンバーではない2カ国と署名しなかった2カ国が加入，一方，キプロス，アメリカとフランスの参加国が批准していない。

511) それぞれ批准・加入日と発効日は次のとおりである。オーストラリア（1991-10-17, 1992-1-1），カナダ（1992-10-20, 1993-1-1），イタリア（1990-2-21, 1992-1-1），ルクセンブルグ（2003-10-16, 2004-1-1），マルタ（1994-12-7, 1996-3-1），モナコ（2007-6-1, 2008-9-1），オランダ（1995-11-28, 1996-2-1），イギリス（1989-11-17, 1992-1-1），スイス（2007-4-26, 2007-7-1），リヒテンシュタイン（2004-12-13, 2006-4-1），サン・マリノ（2005-4-28, 2006-8-1）の11カ国。なお中国の香港だけは発効。

b) 「信託」財産に関する権限が受託者または受託者の計算で第三者の名で設けられる
c) 受託者は「信託」の条件と法律が受託者に課す特別の規制に従って財産を管理運営処分し，報告する権利と義務を与えられる

　フランスのフィデュシーは同条約が定めるトラストとしての承認要件を充足しており，また同条約を1991年11月26日に署名しているが，いまだに批准していない。この点は同じシビル・ローの国であるルクセンブルグやスイスが批准・加入していることと対照的である。批准しないのは，フランスの裁判官にまだトラストがなじみがないからであるという意見もある。また批准・施行することがトラストとフィデュシーの競争を激化させるおそれもある。

　フランスが批准し，加入している国際条約等ではトラストやフィデュシーの語は見られない[512]。たとえば国際裁判管轄に関する欧州共同体規則などでは，トラストのことばが使われている。しかし，これらの条約等の規定はフランスにとって外国で設定されたトラストでしかない。フランスのフィデュシーを外国は承認する義務はない。

---

512) 欧州共同体の国際裁判管轄と外国判決承認執行を定める1968年9月27日ブラッセル条約第5条6号，民事および商事に関する国際裁判管轄と外国判決承認に関する1988年9月16日ルガーノ条約第5条6項，民事および商事に関する国際裁判管轄と外国判決承認執行に関する2000年12月22日欧州理事会規則第44-2001号第5条6号はいずれも「trust」に関する特別裁判籍の規定である。仏加租税条約第13条は，カナダにおける「fiducie（trust）」の譲渡に伴う収益に対する課税がカナダで行なわれることを規定する。

第9章　信頼の普遍性

1　わが国の信頼に基づく制度

　ローマ時代にはフィデュキアという制度があり，フランスが導入した制度もフィデュシーであって，トラストとは構造も機能も異なるものである。細谷教授が分析されたように，英国のトラストは同国の歴史上，固有の社会・経済的事情が生み出した制度であって，社会・経済的事情を異にする地域にトラストが存在しないのは当然である。ただしトラストにもフィデュキアにも共通するものがある。依頼する者とされる者のあいだの信頼・信認である。現代では商取引として行われているのでかならずしも妥当するとはいえないが，本源的には信認という感性的な関係が基本にあることである。しかし，信頼・信認に基づく法制度はトラストだけではなく，トラストという法制度に普遍性があるわけでもない。
　トラストでなくても，またその構造や機能が異なっていても，依頼する者と依頼される者，さらに享受する者の三者がいて，その間で信頼・信認に基づいて財産が移転される関係は，英国でもローマでも見られ，またボルガーが紹介するように16世紀のハンガリーにも見られる[513]。人間関係が濃密なわが国にも当然，信頼・信認に基づく財産の移転の関係があった。
　たとえば継伝処分である。現代のわが国ではかならずしもなじみがないが，継伝処分はローマ法やヨーロッパに固有の法律行為ではなく，わが国では「中継相続」または「中次相続」として慣習上行われていた制度である。
　まず，石井博士はわが国の奈良時代に天皇の地位が幼少の皇子に承継されるときに，傍系の者がいったん承継し，成人の後に皇位を皇子に「授賜」することを「負賜」された例を紹介されている。これは「中継相続」と呼ばれ，一種の信託的後見ということができる。中継相続はその後も存続した。徳川時代に

---

[513] V. Bolgár, Why No Trusts in the Civil Law?, 2 Am. J. Comp. L. 204, 206 (1953). ボルガーは，Grosschmid Beni,Werböczy és az angol jog（Werböczy and the Law of Great Britain）を紹介している。

は庶民のあいだに幼年後見の制度があり，その一つである任意的後見について「これを附する場合には，その人選は父が生前に選定し，または遺言をもって新戸主たる幼主のために後見人を指定した」もので，「人選の範囲は必ず親類よりするのが普通であったろう」とされている[514]。これは後見であって，後見人は戸主の地位に就くものではなく，相続そのものではないが，徳川時代には後見のほかに中継相続もあったのであり，幕府法によって武士のあいだでは中継相続は限定的にしか行われなかったが，庶民のあいだで広く行われたようである。桜井博士は天文21年（1552年）の山城国八幡の土倉・森家の内紛を紹介している[515]。大富善幸の実子甚四郎光友は幼少時に森友清の養子として預けられ，そのさいに善幸は「所有する家，倉，家財，および銭200貫文を友清に預け，光友成人ののちに200貫文のうち100貫文と家，倉，家財を光友に譲り，残り100貫文を京都の大富家に返すように依頼した。この契約は友清が死去したのちも友清の父宋善とのあいだで更新され」たが，友清の兄の「友勝が自分の債務を清算するために，この家と倉を売却しようとしたので，訴訟におよんだ」という事件である。この事例は善幸が委託者として，受託者の友清にたいして，光友への継伝を依頼した処分ということができ，前述の破毀院1977年の判決にあてはめれば，友清は継伝処分の受託者（FとG）の地位にある。

　さらに継伝処分の例は明治時代にも見られる。次の大審院判決は養子相続と廃嫡の事例である。

　【参考裁判例】　大審院明治30年5月5日民事部判決民録3輯5巻22頁

　　Aには実子で長男のBがあった。Aは隠居（戸主が生前に家督を相続人に譲る制度で，60歳以上の戸主に認められた）するにあたり，Bがまだ家督（民法旧規定における戸主の身分と相続を包括的に意味する）を相続するには幼少過ぎるとして，親族でないCをいったん養子とし，これに一時的，名義上，家督を相続させることとした。その後，AはCを廃嫡（民法旧規定において，家の維持のため設けられた家督相続人の排除をいう）し，Bに家督を相続させた。このためCの実子が相続財産である不動産の所有権回復請求の訴えを提起した。大審院は「名義上の相続人，すなわち中次相続人なるものは嫡子の存在するに

---

[514]　石井良助「我が古法における後見と中継相続」『日本相続法史』（創文社，1980）29頁（初出は法協65巻1号1947年）。

[515]　桜井英治「第7章　職人・商人の組織」『日本中世の経済構造』（岩波書店，1996）223頁（初出は『岩波講座・日本通史10中世4』1994年11月）。

1　わが国の信頼に基づく制度

拘わらず，便宜上これを設くるを得べきは我邦，慣習の認るところなり」と判示した。

　江戸時代，明治時代には長子（総領男子）が相続することとされていたので，一種の便宜として信託的な継伝処分に類似した中次相続を利用したものと考えられる。幼少の者に中次人をつけることの背景には，当時の相続が家産と家名の相続であったという事情があると推測される。家産・家名の相続人がはじめから長子と決められ，個人の意思によって変更することができない。しかし長子は幼少であるため当面のあいだその任に当たることができない，このような場合には中次を設けて，一時的に家産・家名の管理を委託するのである。つまり，長子相続という制度を遵守する手段として中次相続が行われていることになる。一方，大富家の事例では長子相続の制度を回避する手段として継伝処分が行われているようである。このような継伝処分は，一種の信託的贈与あるいはトラストであり，イングランドと同様に長子相続の制度が存在したところに，登場しているということができる。相続制度のありようによって，信託的継伝処分や恵与目的フィデュシーを認める国もあれば，これを厳に禁じる国もあるのである。

　中次相続という方法は，委託者と中次人とのあいだの信頼・信認が無ければ成り立たない。これは相続の場合であったが，藤木教授は農民が出奔あるいは逃散した場合に，その所有した田畠について村民が総がかりで管理する「惣作」の措置があったことを紹介している。農作業は村民全体の共同作業であるから，村民が放棄した農地を「後継ぎ」に継がせる必要があり，後継ぎが見つかるまで，あるいは見つかっても年少であれば，一定の年齢になるまでは村民が管理したようである[516]。これも一種の継伝処分ということができる。「惣」（村）という土地を土台とした集合体が受託者として機能したのである。しかしわが国ではこうした処分は各地で分散的に行われ，英国のように法官裁判所による判決という公認がなかった。現代のトラストの起源をさかのぼれば，ローマ法起源のフィデイコミスム（信託的遺贈）にたどりつき，そこでは家産の維持がユースやトラストを使ううえでの重要な理由になっているが，わが国でも同様に遺産の相続や農民の不在の場合の土地の継承にあたってトラストに類似した行為が行われていた。

　また，イングランドのユースはフランシスコ教団への土地の寄進の手段とし

516）藤木久志『中世民衆の世界―村の生活と掟』（岩波新書，2010）。

て誕生し，発展したことは上記のとおりである。寄進もイングランドに固有というわけでもなく，わが国でも寺院などへの寄進が行われていた。これらの寄進は土地保有にともなう負担を避ける手段として，相手方からの物的な保護関係の成立を期待する有償的なものもあり，あるいはそうした見返りの色彩の薄いものもあったようである。

わが国の事情について市川教授は，「村人の結集の場としての村堂や鎮守の社には，多くは村内住人の手で，また一部は他荘，他村の者から多量の田畠等が，あるいは寄進により，あるいは買得によって集積された」とし，さらに「わが中世における村堂への寄進行為が，その内実においてイギリスの信託設定行為と深い親近性を持つことを推定しうる」と分析している[517]。

呉博士は「平安朝の中期以後我が国一般国民は朝廷に納むる租税の負担の重きを免れんとしてい国衙に納むる代りにその所有地をば表面上寺院に寄進したるが如き事実は寺院をして益々其の強さを増さしめた」として，寺院への寄進がイングランド中世における寄進に類似していることを指摘し，さらに江戸時代には「実質上信託と認むることを得べき事実が多少存在している」として，当時の後見制度を挙げ，その例として「まづ一家の戸主の死亡して妻と幼児とが残りたる場合に於いて，伯叔その他比較的親等の近き親族が戸主たる幼児の後見人となり，家名の維持につくす一方幼児の相続すべき財産の包括的譲渡を受け爾後全ての行為は全く自己の名に於いて之を行ひ，此くして家業の繁栄を計り軈て（やがて）幼児が成年の後家督の相続に支障なきに至って始めて全財産を之に移転する」という例を挙げ，これは「名は後見にして実は一の信託」であって，「その信託行為が被相続人の生前に於いて為されたると死後遺産の相続人に依ってなされたるとに依って遺言による信託となりまたは信託契約となる」と分析した[518]。後者は上述の中次相続のことである。そしてわが国にも英国のトラストのような制度は「中世以降徳川時代に至る迄に多少それと倣うべき事情も存在しないでもないけれども特に一の制度としての発達を見るには至らなかった」とし，その理由として「此くの如く国司の誅求，庶民の苦痛，並に寺院の勢力等の事実が英国封建時代と酷似せるにも拘らず我が国に於て信託なる制度の発生を見るに至らざりしは畢竟当時庶民の社会上の地位が英国のそれと異なっていたからであろう」としている。わが国では英国法のトラスト

---

517) 市川訓敏「村堂への『寄進』行為について」関西大学法学論集27巻（1977年）4号 632頁，648頁．
518) 呉文炳『日本信託会社論』（厳松堂，1922）1頁，29頁．

のような制度は存在したのであるが，社会のあり方が異なるから，英国のトラストのような制度として結実しなかっただけである。

またわが国では相互扶助の仕組みとして前述のように，無尽講，頼母子講があった。これは講員が金銭を出し，世話人という者にその管理・処分をゆだねるものであるからトラストと同じ構造をとるものである。わが国では庶民の金融手段であった無尽が明治後期以降，営業を目的とする無尽に変容するとこれに無尽業法という規制を加えた。濫用を抑えるものではあるが，同時に庶民のささやかな金融手段である無尽が存続することも難しくしたのである。

さらにわが国では倒産処理にあたっても無尽の仕組みが利用されていた。広島家庭裁判所の事務局長であった山内八郎氏は，同県の庄原地方の私的整理手法としての「仕法」を紹介している[519]。これは，経済的に破綻し，債務弁済の目途が立たなくなった債務者が原則として全財産を提供して，村の世話人に「仕法」による債務整理を依頼する。世話人が破綻の原因，財産・負債の現状，債権者の意向などを調査し，適当と認めると債権者の参集を求め，全債権者が同意するならば，「仕法」が成立して，債務者の資産を換価配当（「分散払い」または「分散配当」）し，残額は債務者が再起しても請求しないこととする。債権者が一人でも不同意であると仕法は成立しないが，現実には世話人が動いて常に仕法を成立させてきたとされている。さらに債務者の爾後の生活を維持するために，頼母子講（無尽講または無尽）を立てて債務者に資金援助するのが通例であったとされている。世話人が仕法帳（分散配当帳）と頼母子帳を作成し，債務者の生活資金および営農資金を調達させたのである。仕法における世話役は，私的整理における債権者委員長に類似するが，このような手続は，村落共同体（ゲマインシャフト）でのみ可能であったものと思われる。

厳格な長子相続制があったためにこれを回避する手段として負担付の贈与遺贈（信託遺贈，フィデイコミスム）が生まれたことは洋の東西を問わない。寺

---

[519] 山内八郎「倒産処理手続としての『仕法』の慣例について」判タ641号（1987）50頁。山内氏は，明治13年に司法省が刊行した「全国民事慣例類集第3編第1章第1款の「財産抛棄」の中に，青森の津軽地方と備後の国の深津郡（いまの福山付近）に「仕法」という制度があったと報告し，「欧米の法的先進国の制度・理論あるいは経済的合理性だけではなく，日本人の精神風土をも視野に入れて議論しなければ，わが国民性にマッチし，国民に利用し易い─心理的に抵抗なく活用される─制度を構築することは困難であるように思える。換言すれば，明治時代固有法と意識的に断絶したとは言え，文化的伝統・精神風土は，そうた易く変わり得ない面のあることに思いを致す」と記している。

院や権力者への土地の寄進があったことも同様である。しかし英国では教会権力と世俗権力が対立し、また封建貴族と国王権力が対立する中でユースの制度、トラストの制度が発展してきたと考えられるが、わが国ではたとえば、近世の寺院は本末制と寺請檀家制が成立し、宗教勢力は国家権力の下に置かれ[520]、徳川時代にはその行政機関のいったんとして機能したことに明らかなように、両者の対立は徹底しなかったのではないか。トラストの誕生は英国の特殊な事情によるものと考えることができる。

2　わが国の民事信託

わが国には民事の信託が育っていないといわれることがある[521]。

　たしかに英米法のトラストによる民事の信託は発達していない。しかしわが国の信託は、営業信託を目的として導入された制度なのであるから、「信託」に民事信託がないのは当然であろう。わが国の旧信託法は旧信託業法と同時期に制定され、信託自体が業法と組み合わされていた。そして信託制度自体、既存の信託会社にたいする規制目的と殖産興業のための外資導入目的のもとに制定されたのであって、法律自体が営業信託を目的としていたのである。旧信託法の立法の中心となった池田博士は、イギリスのトラストの「本来の性質は無償にて他人のために財産権を領有し、これを管理処分するの制度にして営利的のものにあらず」とされるが、わが国の信託は旧信託法の制定の時点においてすでに「会社の経営する営利事業として急速の発達をはじめた」のであり、「(旧)信託法制定後も、英米における信託の基本形態である、一般市民が非営利目的で個別的に行う信託（いわゆる非営業信託ないし民事信託）は、そもそも信託が英米法に由来する制度であったためか、わが国の一般市民の富の蓄積が

---

520) 竹田聴洲「近世社会と仏教」『岩波講座日本歴史9 近世1』（岩波書店、1975）264頁。
521) 今回のあたらしい信託法の制定を担った法制審議会でも「民事信託というのは、現行法下において、ほとんど利用されていない」という認識である（平成17年（2005年）12月2日法制審議会・信託法部会・第26回会議 議事録から）。長島・大野法律事務所『詳解・新信託法』（清文社、2007）12頁は、「一般市民が非営利目的で個別的に行う信託（いわゆる非営業信託ないし民事信託）は、そもそも信託が英米法に由来する制度であったためか、わが国の一般市民の富の蓄積が充分でなかったためか、わが国においては定着しなかった」としているが、富の蓄積の問題ではなく、代替手段の存在に起因しよう。
522) 池田寅二郎「信託法案の概要」法協38巻（1920年）7号824頁。現代仮名遣いに改めた。

2　わが国の民事信託

充分でなかったためか，わが国においては定着しなかった」としている[522]。また，あたらしい信託法の立法担当者は，最初「英国において，当初は封建的負担を回避するための手段として用いられ，やがて，家の財産の保持，親族の扶養，さらには利殖・利潤追求のための手段として発展してきた制度である」が，「米国に導入されて，一層商事的色彩が付与され，営業信託を中心として成熟」し，わが国では「米国から近代的信託制度が導入された」としており[523]，わが国の信託は商事中心である。「信託」ということばは営業の信託を前提として成立したのであるから，アメリカから輸入した信託に民事信託を期待することはできなかったのである。

しかしわが国にも民間に信頼・信認に基づく財産の移転関係は存在したのである[524]。信託とは当事者の信頼・信認に依存する法律関係であるとすれば，前述したように，中次相続，寺社への寄進，仕法，講などはわが国の民事信託ということができる。

わが国は明治時代に近代化の掛け声がかかるなか，アメリカから取り入れた信託という名のもとに金融業者が群生した。これを規制するために信託法が制定されたが，同時に庶民の相互支援手段であった無尽講・頼母子講も金融であるとして規制の対象になり，伝統的な民間の手段が営業手段に改組することで延命するしかなかったのである。これは民事の信託類似行為を強権的に圧殺したものということができよう。

英米法のトラスト法理はさまざまな場面に利用されている。不動産の流動化・証券化，セキュリティ・トラスティは，いずれも財産の価値の構成が使用価値から交換価値に比重を移したことによって，生じた事象である。信託的譲渡による倒産隔離は，倒産処理にたいする債権者の自衛という観点からとらえることができる。法定信託の法理は，不当利得の法理に代わってさまざまな場面で適用することが可能である。

トラスト法理は融通無碍ということができる。もともと英国法がコモン・ローであれ，衡平法であれ，救済の法理であって，現実の問題を前にして最も妥当な解決を提供することから発展した制度である。主体としての法という考え方がないことがこのことを表している。四宮教授は，末広博士の表現を借り

---

523) 寺本昌広『逐条解説新しい信託法』（商事法務，2007）3頁。
524) 社団法人信託教会のパンフレット「やさしい信託のはなし：暮らしと信託」には越後長岡藩の国漢学校の設立資金の例，加賀藩の藩士供養のために寺院に寄進した資金を商人が運用した例など分かりやすい例が挙げられている。

て「法律行為による信託は，もともと，当事者が新しい経済的目的（例，財産管理）を達成しようとするのに，ちょうどそれにふさわしい法的手段が見当たらない場合に，その目的以上の法的効果を生ずる既存の法制度（例，所有権の移転）を利用する，一種の自救行為である」としている[525]。この指摘を考慮すると，トラスト法理の融通性を理解することができる。日進月歩の金融手法にトラストは欠かすことのできない法理である。

3　シビル・ローとトラスト

　シビル・ローは近代市民社会の理念を前提とした法理であり，英米法とまったく異なるアプローチをとっている。シビル・ローはローマ法の原理をふまえながら，長く続いた封建体制を終焉させ，社会に広く残存した封建遺制を一つ一つ廃止するというダイナミズムのなか，19世紀の経済社会のなかで形成された法体系である。そこではあるべき近代市民社会として，独立した自由で自律した法主体が平等な権利を有し，法主体は一定の財産を所有し，契約自由の原則のもとで法主体間の経済取引が行われ，そしてこの取引により経済が発展し，その利益が社会にあまねく配分されることが期待されていたのである。シビル・ローは近代社会をあるべき社会関係として前提にしているのであり，一定の理念に沿わない制度にたいしては疑念が持たれ，排除される。フランスにおいてフィデュシーが排除されてきたのは，近代市民社会のルールに沿わないからであった。

　シビル・ロー系の国がトラスト制度を導入するさいに困難を覚えるのは，現実から生じたトラストには理念型のどこにも適合する場所がないからである。換言すれば，シビル・ロー系の国では近代市民社会法の原理・原則に呪縛され，自由に動けない状態であるということができよう。それにたいして英国法の場合はコモン・ローこそ硬直してはいるが，その一方で衡平法によってそこに柔軟性を加えることで解決している。四宮教授は「翻ってわが私法体系を顧みるとき，そこに我我は所有権の絶対性と物権債権の峻別とに支へられたローマ法的法体系が，いかに人と人との関係および人と物との関係の具体的形相を無視しつつ凝結して横はってゐるかを発見することであろう。かかるローマ法的法体系はもと自由主義的資本主義の地盤に生育したものであった。所有権の絶対

---

[525] 四宮和夫『信託法 [新版]』（有斐閣，1989）62頁。末広厳太郎（戒能通孝）『民法講話下巻』70頁。

性は自由主義的資本主義ならびにローマ法的法体系の根本原理たる『自由平等なる人格』の反映であり，物権債権の峻別は自由主義的資本主義ならびにローマ法的法体系の要求する『取引安全の理想』に仕へるものである。しかし，自由主義的資本主義は，『自由平等なる人格』の，真実から離れた架空の理念にすぎざることを自ら暴露し，『取引安全の理想』をどこまでも貫徹しえざる事態を惹起した。それは，ローマ法的市民法が所有権をもって公的なる法的権能と私的なる経済的財産の綜合と観じたにもかかはらず，現実はこれに反して両者の分離をますます発生せしめたことを意味する。ローマ法的法体系が現実を規律する力をすでに失ひつつあることはいふをまたぬであろう」として[526]，シビル・ロー原理の呪縛にたいしてトラスト制度のような英国財産法制度の自由を評価している。また高柳教授も前述のようにトラスト法理がシビル・ローの「物権と債権との分類と云ふ古い歴史付の *dichotomy* （二項対立）」の解決に寄与することを期待された[527]。

たしかにトラストには融通無碍な性格があり，あたらしい手法が追い求められ，開拓される金融手法にはより適合性が高いことは確かである。一方，金融手法にはかならず債権者と債務者がいる。さらに債務者の周辺には地域社会があり，従業員がいる。金融手法への適合性という場合には，債権者の権利を保全するという面が強調されるが，債務者の周辺の関係者や債務者自体の事情が考慮されることはない。債務者側への視点はいわば公益的な側面であり，そこには一定の法理念，法律の存在理由が必要になる。英国法が現実追認的であるというときに，これらの債務者側への配慮がややおざなりになるおそれはある。

4　フランスのフィデュシーについて

フランスのフィデュシーは奇妙な法制度である。

まず，周辺のシビル・ローの国のフィデュシーが財産管理を主目的としているのにたいして，フランスのフィデュシーは担保目的を主としている。次にイングランドのユース・トラストが相続に関する規制を逃れるために恵与目的として発展したのにたいして，恵与目的にフィデュシーを使うことを明文で禁じている。さらに他のシビル・ローの国の多くがフィデュシーが設定され，受

---

526)　四宮和夫「信託行為と信託」法協59巻（1941年）1号32頁，2号205頁，3号407頁，4号586頁，7号1107頁。
527)　高柳賢三「英米信託法原理」法協40巻（1922年）5号723頁，6号915頁。

託者に移転された財産は受託者の固有財産と混蔵するとしているのにたいして，フランスのフィデュシーは受託者の固有財産からの分離を明文で定めて，倒産隔離の構成をしている。

フランスのフィデュシーは古代ローマのフィデュキアを再生させたものとはいえ，その内容は似て非なるものである。このように変化してしまったのはなぜだろうか。

フィデュシーの法制化が提案されたときに，フランスの大会社が貸借対照表の健全化のためのディフィーザンスを外国で行っていることが注目されていた。こうしたコーポレート・ファイナンスが外国に流出し，国内の金融市場が空洞化することを回避するために，フィデュシーに期待が寄せられたのである。そのさいになぜトラストそのものを導入しなかったのだろうか。この点ではわが国を参考にすることができたはずである。わが国では，シビル・ロー国にまったく異質な衡平法上のトラスト制度を並存させている。しかも，財産管理型の合同運用信託から，恵与的な遺言信託まで実現させている。さらに財産管理型の変形として，不動産の証券化信託，事業信託まで英米法のトラストと同じ機能を営むことを可能にしている。

2005年2月8日に上院（元老院）にフィデュシー法案を提出したマリニ議員の報告は，「フランス民法典には英米法のトラストは存在しない」が，シビル・ローの国々ではすでにフィデュシーとしてトラストと同様の構造をもった法制度を設けており，さらにフランスでも「無名フィデュシー」として金融分野でフィデュシーの経験があり，これを法律手段のグルーバル化の時代のフランスの武器にすると述べている。フランスが英米法のトラストをそのまま導入することをせず，古代ローマのフィデュキアに範を求めたのは，シビル・ロー国の強烈な自負の故なのだろうか。

しかしフランスのフィデュシーは，財産管理の手段としてはあまり機能しないのではないかと懸念される。すでに財産運用の手段には多くのものがあり，それぞれが充分に機能しているからである。フィデュシーが機能するとすれば，これまで同等の制度が存在しなかった分野ということになろう。担保目的フィデュシーである。

しかし担保目的フィデュシーについても，倒産処理における事業再建のために，その構造に重大な修正が加えられた。債務者が委託者として担保目的フィデュシーを設定しても，目的財産を引き続き使用している場合には，これをフィデュシー財産から除外するという例外的取り扱いである。占有改定によっ

てもフィデュシーを設定することができるために債務者がフィデュシーを設定した財産を使い続けることができる。倒産処理においては事業再建を優先することを原則とする一方，金融取引が安定して運営されるためには，担保の実効性が保障されなければならない。この両者の要請を調整するためにとられた例外的な措置である。

　これはフィデュシーとして構成するから，設けられた例外ではある。しかし倒産処理における事業再建の必要性と担保の実効性の保障の対立とその間の調整は，フランスだけの問題ではない。わが国でも同様の問題があることはABLに見られるとおりである。わが国のABLの問題を考えるうえでフランス・フィデュシーの動向は参考になるところである。

　経済のグローバル化の名のもとに信託法が改正され，同じ旗印のもとにフランスはフィデュシーを導入した。わが国と同じように伝統的な民法典原理と充分に調整することなく，経済競争対策として行われたものである。しかし，信託・フィデュシーはそれ自体で完結した法分野ではなく，あくまでも民事法の基本要素のひとつである。したがって倒産処理などの周辺の法律分野との調整を欠かすことなく，その発展に努めるべきである。法律が現実の社会経済への対応ができないのでは意味がない。

【参考資料】 イングランド法に準拠したシンジケート・ローンのセキュリティ・トラスティの事例（これは参考として掲載しているので，実務で使用してはならない）

Security Trustee
Article ×× : As between itself and Banks, the Security Trustee shall:
(a) hold the documents evidencing the Security Interests created in favour of the Security Trustee as trustee for and on behalf of itself, the Agent and the Banks from time to time;（関係書類保管）
(b) as any time be entitled to request instructions from the Banks as to the manner in which it should endeavour to carry out pursuant to any Operative Documents and shall use reasonable efforts to act on the instructions of an Instructing Group pursuant to any such request;（債権者の指示要求）
(c) upon the enforcement or other realisation of any Security Interest constituted by any Operative Document, apply all proceeds thereof and all moneys constituted by such security in accordance with the terms of this Agreement and the other Operative Documents;（担保実行対価の配分）
(d) have all the powers and discretions conferred upon trusteed by the Trustee Act 1925;（法律上の権限行使）
(e) not to be bound to examine or enquire into or be responsible for the legality, validity, priority, adequacy, effectiveness or enforceability of any Operative Document or any agreement, assignment or other document relating there to or is ability to exercise the right, trusts, powers, authorities and discretions thereby conferred and so that the Security Trust shall not be responsible for its inability to exercise any of the same or for any loss or damage thereby occasioned and, in particular but without prejudice to the generality of the foregoing, the Securuity Trustee shall not be liable for any damage or loss arising from any want of due formality in the constitution of the security expressed to be consitituted thereby resulting in the illegality, invalidity, ineffectiveness, inadequacy or unenforceability of such security;（免責条項）
(f) in enforcing the security constituted by any Operative Document;（担保権の行使）

【参考資料】 イングランド法に準拠したシンジケート・ローンのセキュリティ・トラスティの事例

(g) be entitled to accept a certificate signed by any director or authorised officer on public record of any party to any Operative Document as to any fact or matter prima facie within the knowledge of such party as sufficient evidence of such fact or matter and the Security Trustee shall not be required to call for further evidence or be responsible for any loss that may be occasioned by acting on such cerificate; (書類の受領)

(h) be entitled to invest moneys in any of the investments for the time being authorised by law for the investment or in any other investments whether similar to the aforesaid or not which may be requested by an Instructing Group or by placing the same on deposit in the name or under the control of the Security Trustee as the Security Trustee may think it fit and the Security Trustee may at any time vary or transpose any such investments for or into any others of a like nature and shall not be responsble for any loss due to depreciation in value or otherwise of such investment; (余資の運用)

(i) be entitled at any time to appoint and subsequently to dismiss such other person as it thinks fit to become an additional trustee under any Operative Document to assist it in carrying out the duties imposed on it by virtue of the provisions hereof and each such additional trustee shall be entitled to the same rights and subject to the same obligations hereunder as the Security Trustee; and (トラスティの選任)

(j) notwithstanding that the Security Trustee is a beneficiary under certain of the Security Documents, it may take or refrain from taking any action which it would be entitled to take in its capacity as a Bank or as Agent and shall not be precluded by virtue of its position as such a beneficiary from exercising any of its discretions, powers and duties as Security Trustee. (利益相反行為の禁止)

【参考資料】　フランス民法典のフィデュシー関連規定

現行民法典第3編
（フィデュシーを創設する2007年2月19日法律第2007-211号および改正による）

第14部　フィデュシー

2011条：フィデュシーとは，一ないし複数の委託者（*constituant*）が，現在または将来の，財産（*biens*），権利（*droits*）または担保権（*sûretés*）あるいは財産，権利または担保権の全体を，一ないし複数の受託者（*fiduciaire*）に移転し，受託者がその固有の財団（*patrimoines*）から分離して，一ないし複数の受益者（*bénéficiaire*）の利益のために決められた目的の中で行う（*agir*）法律行為をいう。

2012条：フィデュシーは法律または契約によって成立する。これは明示されなければならない。
　フィデュシーの財団に移転された財産，権利または担保権が夫婦間の共有または不可分であるならば，フィデュシー契約は公正証書で行わなければ無効である。

2013条：フィデュシー契約は，受益者に贈与または遺贈する目的で行うならば，無効である。この無効は公序（強行規定）である。

2014条：（削除）（2007年制定の際の規定は次のとおりである。「当然にまたはその選択により法人税の対象となる法人（*personnes morales*）のみが委託者となることができる。フィデュシーの権限についての委託者の権利は無償で譲渡することはできず，また法人税の対象となる法人以外の者に有償で譲渡することもできない」）

2015条：通貨金融法典第511-1条にいう金融機関[528]，同法典第518-1条に列挙された機関[529]，同法典第531-4条にいう投資事業会社[530]および保険法典

---

[528] 通貨金融法典第5編第1部は金融機関を規定し，第511-1条は「金融機関（*établissements de crédit*）とは，営業として，第311-1条にいう銀行業を行うものをいう。金融機関は第311-2条にいうその事業に付帯する法律行為を行うことができる」と規定する。第311-1条は「銀行の業務は預金，融資，支払いをいう」，第311-2条は付帯業務として「為替，金・貴金属・貨幣の取引，財産管理アドバイザー，財務管理・資金調達運用および事業創造と発展にかかわるサービス，ファイナンス・リース，支払い決済」を挙げている。

[529] 通貨金融法典第518-1条は，銀行以外で銀行業務を行うことができるものとして，国庫，フランス中央銀行，郵便局，海外県の発券機関と貯蓄供託金庫を挙げている。

【参考資料】　フランス民法典のフィデュシー関連規定

第 310-1 条により規制された保険事業会社[531]のみが受託者となる資格を有する。

弁護士協会の会員もまた受託者となる資格を有する。

2016 条：委託者または受託者は，フィデュシー契約上の受益者または受益者の一人になることができる。

2017 条：フィデュシー契約に反対の規定がない限り，委託者はいつでも契約の履行の範囲内でその利益をまもることを保障し，法律が委託者に認めた権限を有する第三者を指名することができる。

委託者が自然人のときは，この権限を放棄することはできない。

2018 条：フィデュシー契約は，下記の事項を定めないときは，無効である。
1　移転される財産，権利または担保権。それらが将来のものであるときは，特定可能でなければならない。
2　移転の期間。期間は契約の署名から 99 年を超えてはならない。
3　一ないし複数の委託者のアイデンティティ
4　一ないし複数の受託者のアイデンティティ
5　一ないし複数の受益者のアイデンティティ，またはそれがない場合は，それを定める基準
6　一ないし複数の受託者の任務と管理処分に関する権限の範囲

2018-1 条：委託者がフィデュシーの財団に移転されたフォン・ド・コメルスまたは職業目的の不動産を利用・使用し続けることをフィデュシー契約が定めるときは，この目的で結ばれた契約は反対の規定がない限り，商法典第 1 部第 4 編第 4 章，第 5 章の規定[532]を適用されない。

2018-2 条：フィデュシーとして実現された債権譲渡は，フィデュシー契約またはそれを証する追加証書の日付で第三者に対抗することができる。この債権譲渡は，譲渡された債務者に対しては譲渡人または受託者よって同人に通知されなければ対抗することができない。

530）通貨金融法典第 531-4 条は「投資事業会社とは金融機関以外のもので，業として投資サービスを提供するものをいう」と規定している。

531）保険法典第 3 編は保険会社に対する政府の規制を規定しており，第 310-1 条は規制の対象として，生命保険会社（1号），損害保険会社（2号），その他の保険を提供する会社（3号）とし，共済組合形式の保険，社会保険はそれぞれ共済組合法典，社会保障法典によるものとしている。

532）商法典第 1 部第 4 編は，フォン・ド・コメルスを規定し，その第 4 章は管理賃貸借（*location-gerance*），第 5 章は商事賃貸借を規定する。

【参考資料】　フランス民法典のフィデュシー関連規定

2019条：フィデュシー契約と追加文書は，その日から1か月以内に受託者の本店の財務局または，受託者がフランスに本拠を有しない場合には，非居住者の財務局に登録しなければ，無効である。

　フィデュシー契約が不動産または不動産上の権利にかかわるときは，租税一般法典第647条第657条[533]に規定された条件のもとで公示されなければ無効である。

　フィデュシー契約による権利の移転，および受益者がフィディシー契約に指定されていないのであれば，その後の指定は，同じ条件で登記される書面によらなければ無効である。

2020条：フィデュシーに関する全国的登録は，コンセイユ・デタのデクレが明らかにする方式によって構成される。

2021条：受託者がフィデュシーの勘定で行うときは，その旨を明らかにしなければならない。

　さらに，フィデュシーの財団が移転に公示を要する有体財産または権利を含むときは，移転は受託者として名を掲げなければならない。

2022条：フィデュシー契約は，受託者が委託者に任務の報告をすべき条件を定める。

　ただし，契約の履行のあいだ，委託者が後見（*tutelle*）開始となるときは，契約に定められた頻度を損なわない限り，受託者はその要求に従い後見人に少なくとも年一回，任務について報告する。契約の履行のあいだに委託者が保佐（*curatelle*）開始となるときは，受託者は同様の条件で委託者と保佐人に任務について報告する。

　受託者は，契約が定める頻度により，受益者と第2017条を適用して指定された第三者に，要求に従い任務について報告する。

2023条：第三者が受託者の権限の限度を承知していたことを示さない限り，第三者との関係では，受託者はフィデュシーの財産上に最大限の権限を有するものとする。

2024条：受託者についての事業救済・裁判上の更生・裁判上の清算手続の開始は，フィデュシーの財団に影響を与えない。

2025条：委託者の債権者であって，フィデュシー契約に先立って公示された担保権に付帯する追及権を有する者の権利をそこなうことなく，また委託者

---

[533] 租税一般法典第647条，第657条は不動産登記書式について定めている。

【参考資料】　フランス民法典のフィデュシー関連規定

の債権者の権利にたいする詐欺の場合を除いて，フィデュシーの財団は，保管または財団の管理によって生じた債権を有する者によってしか差し押さえられない。

フィデュシーの財団が不足するときは，フィデュシー契約が債務の全部または一部を受託者の負担とするという反対の規定がない限り，委託者の財産がその債権者の共通担保を構成する。

フィデュシー契約は，またフィデュシーの債務をフィデュシーの財団に限定することができる。かかる条項は，それを明示で承諾した債権者にのみ対抗することができる。

2026条：受託者は，その任務の遂行で起こした過誤につき，その固有の財団によって責任を負う。

2027条：交替の条件を定めた契約上の明示がない場合，受託者が義務を怠り，あるいは委託された利益を危機にさらしたならば，あるいはそれが事業救済・裁判上の更生・または裁判上の清算手続の対象となるならば，委託者，受益者または2017条の適用により指定された第三者は，裁判所に仮の受託者の選任または受託者の交替を請求することができる。請求を認容する裁判上の決定（décision）は，受託者の権限を剥奪し，その後任にフィデュシーの財産を移転させる。

2028条：フィデュシー契約は，受益者に承諾されなくても，委託者によって取り消すことができる。

受益者が承諾したあとは，契約は受益者の承諾または裁判所の決定により変更，または取り消すことができる。

2029条：フィデュシー契約は，自然人委託者の死亡，期限の到来，期限の前に実現したときはその目的の実現によって終了する。

受益者の全員がフィデュシーを断念するときは，それが継続する条件を契約が明示していない限り，終了する。同じ条件のもと，受託者が裁判上の清算または解散の対象となる，あるいは譲渡または吸収の結果消滅するときは，および受託者が弁護士ならば，期限付きの事業禁止，抹消または弁護士会からの除名のときに，終了する。

（改正前の当初の規定では，委託者の法人税の選択によって終了する，旨の規定があった）

2030条：受益者を欠くためにフィデュシー契約が終了するときは，フィデュシーの財団のなかの権利，財産または担保権は法律上，委託者に復帰する。

【参考資料】　フランス民法典のフィデュシー関連規定

委託者の死亡により終了するときは，フィデュシーの財団は法律上，相続対象となる。

2031条：削除（削除前の規定は「委託者の解散の場合，権利を有する者が法人税の対象である法人でないとき，フィデュシーの財産は，フィデュシー契約が終了する日以前にはこの権利を有する者に帰属させることはできない。この場合，フィデュシーに対する権限を有する者の権利は，無償で生存中に移転することはできず，有償でも譲渡できない」）

民法典第4部　担保編からフィデュシーに関する規定

2328-1条：

第2編　物的担保

その2　動産上の担保

第4章　担保のために留置または譲渡された所有権

第2節　担保目的で譲渡された所有権

2372-1条：動産または権利の所有権は，第2011条から第2030条を適用して締結されたフィデュシーの契約により，債務の担保として譲渡することができる。

第2029条にかかわらず，自然人委託者の死亡は本節を適用して形成されたフィデュシー契約を終了させない。

2372-2条：担保のために締結されたフィデュシーの場合，第2018条に定められた規定，被担保債務，フィデュシー財団に移転された財産または権利の評価価値を書かなければ無効である。

2372-3条：被担保債務の支払いがなく，フィデュシー契約に反対の規定がない場合，受託者が債権者ならば，担保目的で譲渡された財産または権利を自由に処分することができる。

受託者が債権者でないときは，債権者は受託者に財産の引渡しを求めて，債権者はそれを自由に処分する，またはフィデュシー契約に定めがあるならば，譲渡された財産または権利の売却と対価の全部または一部の引渡しを求めることができる。

譲渡された財産または権利の価値は，通貨金融法典にいう組織された市場での公定相場によるか，または財産が金銭である場合を除いて，協議によりまたは裁判により指名された専門家によって決定される。すべてこれに反する規定は無効である。

【参考資料】　フランス民法典のフィデュシー関連規定

2372-4条：フィデュシーの受益者が第2372-3条により譲渡された財産または権利の自由な処分を得るならば，受益者は委託者に本条の後段にいう価値が被担保債務の額を超えるときは，フィデュシーの財団の保管または管理から生じた債務の支払いの留保のもとで，この価値と被担保債務の差額に等しい額を払う。

同じ留保のもと，受託者がフィデュシー契約により譲渡された財産または権利の売却を行うならば，場合により，被担保債務の価値を超える売却代金の部分を委託者に返還する。

2372-5条：第2372-1条により譲渡された財産は，それを明記しているならば，設定契約に定めた債務以外の債務の担保に事後的に供することができる。

委託者は，当初の債権者ばかりでなく，新たな債権者に対して，前者が支払われなくても担保を供することができる。委託者が自然人のときは，フィデュシーの財団は，担保差し替え（recharge）の日に評価された価値の限度でのみ，あらたな債務の担保に供することができる。

第2372-2条に従い設定された再担保（recharge）の合意は，第2019条に定める様式で登録される。登録日は，債権者の順位を決定する。

本条の規定は，公序（強行規定）であり，反対のすべての規定は書かれたものとみなされない。

第8章　担保目的で譲渡された不動産

2488-1条：不動産の所有権は，第2011条から第2030条を適用して締結されたフィデュシーの契約により，債務の担保として譲渡することができる。

第2029条にかかわらず，自然人委託者の死亡は本節を適用して形成されたフィデュシー契約を終了させない。

2488-2条：担保のために締結されたフィデュシーの場合，第2018条に定められた規定，被担保債務，フィデュシー財団に移転された不動産評価価値を書かなければ無効である。

2488-3条：被担保債務の支払いがなく，フィデュシー契約に反対の規定がない場合，受託者が債権者ならば，担保目的で譲渡された財産または権利を自由に処分することができる。

受託者が債権者でないときは，債権者は受託者に財産の引渡しを求めて，債権者はそれを自由に処分する，またはフィデュシー契約に定めがあるならば，譲渡された財産または権利の売却と対価の全部または一部の引渡しを求める

【参考資料】　フランス民法典のフィデュシー関連規定

ことができる。
　財産の価値は，協議によりまたは裁判により指名された専門家によって決定される。すべてこれに反する規定は無効である。

2488-4条：フィデュシーの受益者が第2488-3条により譲渡された財産の自由な処分を得るならば，受益者は委託者に本条の後段にいう価値が被担保債務の額を超えるときは，フィデュシーの財団の保管または管理から生じた債務の支払いの留保のもとで，この価値と被担保債務の差額に等しい額を払う。同じ留保のもと，受託者がフィデュシー契約により譲渡された財産の売却を行うならば，場合により，被担保債務の価値を超える売却代金の部分を委託者に返還する。

2488-5条：第2488-1条により譲渡された所有権は，それを明記しているならば，設定契約に定めた債務以外の債務の担保に事後的に供することができる。委託者は，当初の債権者ばかりでなく，新たな債権者に対して，前者が支払われなくても担保を供することができる。委託者が自然人のときは，フィデュシーの財団は，担保差し替え（$recharge$）の日に評価された価値の限度でのみ，あらたな債務の担保に供することができる。
　第2488-2条に従い設定された再担保（$recharge$）の合意は，第2019条に定める様式で登録される。登録日は，債権者の順位を決定する。
　本条の規定は，公序（強行規定）であり，反対のすべての規定は書かれたものとみなされない。

235

【参考資料】 フランス倒産処理法（商法典第6編）のフィデュシー関連規定

622-7条：（債務者が支払停止に陥る前に開始される事業救済手続に関する規定）
Ⅰ：手続開始決定は，牽連する債権の相殺を除いて，開始決定前に生じたすべての債権について支払いを禁ずる。また，開始決定は，第622-17条のⅠに規定されたもの（注：手続または観察期間の遂行に必要で開始決定後に生じた債権または手続期間中に債務者に提供された給付にたいする債権）以外の，開始決定後に生じたすべての債権の支払いを禁じる。この禁止は，扶養料債権の支払いには適用しない。

さらに，開始決定は観察期間中，計画履行中，民法典第2286条4項によって与えられた留置権について，動産質の目的物が第626-1条を適用して決定された事業の譲渡に含まれる場合を除いて，対抗できないものとする。

開始決定は，当然解除条項（pacte commissoire）の締結，実行の障害となる。

Ⅱ：主任官は，債務者に事業の経常的経営に関係のない処分行為をすること，抵当権，動産質権，無体財産質権の設定，または和解あるいは示談をすることを許可することができる。

主任官はまた，事業の継続遂行によって正当化されるときは，動産質目的物または合法的に留置された物を回収し，またはフィデュシーの財団に担保目的で移転された財産，権利を得るために，債務者に開始決定前の債権を支払うことを許可することができる。この支払いは，さらに事業の継続遂行によって正当化され，支払い金額が契約の目的物の市場価値以下であるときは，ファイナンス・リース契約の買取オプションを行使するためにも許可することができる。受託者財産権の設定，示談・和解を許可することができる。

Ⅲ：本条の規定に違反して行われた支払いは，当該契約の締結または支払いから3年の期限内に提起される利害関係人または検事局の申立てにより取り消される。契約が公示を要するときは，公示の日から計算する。

622-13条：（同上）
Ⅰ：法律規定，契約条項にかかわらず，継続中の契約の不可分性，解約，解除は，事業救済手続開始の事実だけから生じることはない。

契約相手方は手続開始前の債務者の義務の履行がなくてもその義務を履行しなければならない。債務者の義務履行の欠如は，債権届けにおける債権者の権利となる。

【参考資料】　フランス倒産処理法（商法典第6編）のフィデュシー関連規定

Ⅱ：管財人は，債務者の契約相手方に約束した給付を行うことにより，継続中の契約の履行を請求する権利がある。

給付が金銭の支払いであるときは，管財人が支払いの猶予について債務者の契約相手方の承諾を得た場合以外は，即時払いしなければならない。管財人は，保有する事業見込書類（*documents prévisionnels*）を見た上で，履行を請求するときは，このために必要な資金があることを確認する。分割して履行，または支う契約であるならば，管財人は，次回以降義務履行に必要な資金を融資内容であれば，終了させる。

Ⅲ：継続中の契約は，次の場合に解約される。
1)　契約相手方が契約の継続について管財人にたいして方針を決めるように求めたが，1か月回答がないとき。この期限の満了前に，主任官は管財人により短い期間を与え，あるいは延長を認めることができるが，2か月を超えることはできない。
2)　Ⅱに規定した条件で支払いと契約上の関係を継続する契約相手方の合意がないとき。この場合，検事局，管財人，法定代理人あるいは監督人は，観察期間を終了させるために裁判所に申し立てることができる。

Ⅳ：管財人の請求により，債務者の救済に必要で，契約相手方の利益を過度にそこなわないならば，主任官は解約をすることができる。

Ⅴ：管財人が契約の継続の権利を行使せず，またはⅡの条件で終了させ，あるいはⅣの適用により解約されたときは，不履行により契約相手方は損害賠償することができ，その金額は債権として届けなければならない。契約相手方は契約の履行で債務者が過度に支払った額の返還を損害賠償について判断されるまで，遅延させることができる。

Ⅵ：本条の規定は，労働契約には関係しない。本条の規定は，債務者がフィデュシーの財団に移転した財産または権利の使用・享有を維持している契約を除いて，フィデュシー契約にも関係しない。

622-23-1条：（同上）

フィデュシーの財団のなかの財産または権利が，債務者・委託者が財産または権利の使用・享有を維持している契約の目的物であるときは，手続の開始，計画の確定または手続開始決定前に生じた債権の支払いの欠如という事実だけでは，受託者または第三者のために，当該財産または権利の譲渡または移転は行われない。この禁止は，譲渡または移転の無効をともなう。

【参考資料】　フランス倒産処理法（商法典第6編）のフィデュシー関連規定

624-9条：（同上）
　動産の取戻しは，手続開始決定の公告後，3か月以内にしか行使できない。

624-16条：（同上）
　債務者に一時的に戻された財産または債務者が契約当事者としてその使用・享有を維持している，フィデュシーの財産のなかに移された財産は，現物がある場合，取り戻すことができる。
　所有権留保条項付きで販売した財産も，手続開始の時点で現物があるならば，取り戻すことができる。この留保条項は，書面で遅くとも引渡しの時点で当事者間で行われなければならない。当事者間で契約された商業取引全体に関する書面でも行うことができる。
　現物取戻は，当該財産の分離が損害を与えないときには，他の財産に組み込まれた動産についても同じ条件で行使することができる。現物取戻は，同じ性質・同じ品質の財産が債務者またはその計算で保有するものの手中にあるときは，種類物財産にも行使することができる。
　いずれの場合にも，主任官の決定により対価が即時に支払われるなら，取戻しはできない。主任官は，申立て債権者の同意を得て，決済の期限を与えることができる。対価の支払いは，第622-17条にいう債権と同視される。

626-30条：（同上）
　金融機関と国務院デクレによって定義される同種のものおよび物品とサービスの主たる供給者は，管財人によって二つの債権者委員会に組織される。委員会の構成は，手続開始決定前に生じた債権を見て決定される。
　金融機関と国務院デクレによって定義される同種のものおよび物品とサービスの供給者から取得した債権の権利者は，金融機関の委員会の構成員である。
　地方公共団体と公的機関を除いて，物品とサービスの供給者は，その債権が供給者の債権全体の3％超であるときは，主たる供給者の委員会の構成員である。他の供給者は，管財人の請求により，構成員になることができる。
　前記の規定を債務者によって担保として構成されたフィデュシーの受益者債権者に適用するときには，それが存在するときは，担保の設定されていない債権だけが考慮される。

626-30-2条：（同上）
　債務者は管財人の協力を得て，626-2条にいう再建計画案を立案するために，提案を債権者委員会に提示する。委員会構成員の債権者は，提案を債務者または管財人に出すことができる。

【参考資料】　フランス倒産処理法（商法典第6編）のフィデュシー関連規定

委員会に提示された再建計画案は，第626-12条の規定，最終項を除き第626-18条の規定に服さない。計画案は，期限の猶予，債権減免（remise）を定め，債務者が株式による会社であって，株主がその出資分しか責任を負わないときには，デット・エクイティ・スワップを定めることができる。事情の差が正当化するならば，債権者間に異なったあつかいをすることができる。手続開始前に結ばれた債権者間の劣後の合意を考慮する。

債務者と管財人との協議ののち，委員会は債務者の提案の提示のあと20から30日の期限内に，再建計画について決議し，必要があれば修正する。債務者または管財人の申立てにより，主任官は期限の延長・短縮をすることができるが，15日を越えることはできない。

決議は，債務者によって示され，その一のまたは複数の監査役によって監査されたところ，また監査役がないときは，会計監査人によって作成されたところにしたがい，各委員会において議決に加わった構成員が保有する債権額の三分の二の多数決で行われる。債務者によって担保として設定されたフィデュシーの受益者については，担保の設定されていない債権だけが考慮される。

再建計画案で支払い方法の変更を予定されていない，または計画が確定すればすぐに，あるいは債権が確定すればすぐに全額が金銭で支払われる債権者は，決議に加わらない。

626-33条：（同上）

第626-30条の適用により組織された委員会の構成員でない債権者および債務者によって担保として設定されたフィデュシーの受益者債権者は，担保の設定されている債権については，第626-5条から第626-6条の規定にしたがって意見を求められる。

第626-30条の適用により組織された委員会の構成員でない債権者に関する再建計画の規定は，第626-12条と第626-18条から第626-20条の規定にしたがって決定される。

631-14条：（裁判上の更生手続に関する規定。これも事業救済手続と同じく債務者の事業再建型の手続であるが，支払停止を開始原因とする倒産処理手続である）

第622-6-1条を除き，第622-3条から第622-9条の規定と第622-13条から第622-33条の規定（注：いずれも事業救済手続の規定であり，とくにフィデュシーの財団に移転されたが，債務者が現に使用している財産に関する前記の第622-13条が準用されている）は，以下の留保を付して，裁判上の更生手続に

【参考資料】　フランス倒産処理法（商法典第６編）のフィデュシー関連規定

適用される。
第622-6条に規定された財産評価と平行して債務者の資産の価額評定を実施する。
管財人が代表の任務を有するときは，第622-7条の規定のⅡと第622-8条3項により債務者に与えられた権利を行使する。支援の任務のときは，債務者とともに行使する。
裁判上の更生手続が第626-27条3項の適用により開始されたときで，債務者が解除された計画を有した事業救済手続の開始の前にフィデュシーの財産にその財産または権利を移転していたときは，債務者が財産または権利の使用・享有を維持している計画の遂行の合意は第622-13条の規定にはしたがわず，第622-23-1条の規定は適用されない。
第622-23条の適用には，管財人は代表の任務を有するときは，契約を除いて，フィデュシー契約にも関係しない。
共同債務者または個人保証を行った者あるいは担保として財産を供しまたは譲渡した者は，第622-26条2項に定める対抗不能性を享受せず，第622-28条1項が定める規定を援用することができない。

632-1条：（同上）
Ⅰ：支払の停止日以降，次の行為は無効とする：
　1)　動産・不動産所有権の無償の移転行為
　2)　債務者の債務が相手方当事者のそれをはなはだしく超過する双務契約
　3)　方法を問わず，支払期日未到来の債務の支払い
　4)　金銭，手形，振込み，会社の金融の円滑化に関する1981年1月2日法律第81-1号にいう債権譲渡（注：cession Daily）あるいはビジネス関係で通常認められる支払い方法以外の方法での期日到来債務の支払い
　5)　既判力を有する裁判所の決定のない，預金または民法典第2075-1条（注：同条は2006年3月23日法律第2006-346号によって廃止されている）を適用して行われた供託
　6)　以前に契約された債務のために債務者の財産上に設けられる約定による抵当権，裁判上の抵当権，配偶者間の法定抵当権，無体財産質権および有体動産質権
　7)　差押えの登記または証書が支払停止日以前でない，保全手段
　8)　本法典第225-17条以下に定めるオプション権の許可と行使
　9)　同時に契約された債務の担保のために移転が行われるのではない，フィ

デュシーの財団への財産または権利の移転
10) 当該修正前に契約された債務の担保としてフィデュシーの財団にすでに移転された財産または権利に関するフィデュシー契約への修正
11) 債務者が有限責任個人事業者（注：EIRL）であるとき，第 526-18 条にいう収入の支払いの留保とともに，財産の特別分離における追加または変更で，当該事業者の他の財団のために手続が対象とする財団の減少を招くもの

Ⅱ：裁判所はさらに，支払停止日の前 6 か月のあいだの，前項 1)にいう無償行為を取り消すことができる。

641-11-1 条：（裁判上の清算手続に関する規定）
Ⅰ：法律規定，契約条項にかかわらず，継続中の契約の不可分性，解約，解除は，裁判上の清算手続開始の事実だけから生じることはない。
　契約相手方は手続開始前の債務者の義務の履行がなくてもその義務を履行しなければならない。債務者の義務履行の欠如は，債権届けにおける債権者の権利となる。

Ⅱ：清算人は，債務者の契約相手方に約束した給付を行うことにより，継続中の契約の履行を請求する権利がある。
　給付が金銭の支払いであるときは，清算人が支払いの猶予について債務者の契約相手方の承諾を得た場合以外は，即時払いしなければならない。清算人は，保有する事業見込書類 (documents prévisionnels) を見た上で，履行を請求するときは，このために必要な資金があることを確認する。分割して履行，または支払う契約であるならば，清算人は，次回以降義務履行に必要な資金を融資内容であれば，終了させる。

Ⅲ：継続中の契約は，次の場合に解約される。
1) 契約相手方が契約の継続について清算人にたいして方針を決めるように求めたが，1 か月回答がないとき。この期限の満了前に，主任官は清算人により短い期間を与え，あるいは延長を認めることができるが，2 か月を超えることはできない。
2) Ⅱに規定した条件で支払いと契約上の関係を継続する契約相手方の合意がないとき。
3) 債務者の給付が金銭の支払いであるとき，契約相手方が契約の履行をしないという清算人の決定を知らされた日。

Ⅳ：債務者の給付が金銭の支払いではないとき，清算人の請求により，それが

【参考資料】　フランス倒産処理法（商法典第6編）のフィデュシー関連規定

　清算措置に必要で，契約相手方の利益を過度にそこなわないならば，主任官は解約をすることができる。
Ⅴ：清算人が契約の継続の権利を行使せず，またはⅡの条件で終了させ，あるいはⅣの適用により解約されたときは，不履行により契約相手方は損害賠償を請求することができ，その金額は債権として届けなければならない。契約相手方は契約の履行で債務者が過度に支払った額の返還を損害賠償について判断されるまで，遅延させることができる。
Ⅵ：本条の規定は，労働契約には関係しない。本条の規定は，債務者がフィデュシーの財団に移転した財産または権利の使用・享有を維持している契約を除いて，フィデュシー契約にも関係しない。

641-12-1条：(同上)
　債務者が委託者であり，またフィデュシー契約の唯一の受益者であるならば，当該債務者についての裁判上の清算手続の開始決定は，この契約を解約させ，フィデュシーの財団にある権利，財産または担保権はその財団に復帰する。

642-7条：(同上)
　裁判所は，清算人または管財人が選任されたときは管財人に提示された債務者の契約相手方の意見を徴して，事業の維持に必要なファイナンス・リース，賃貸借，物品・サービスの供給の契約を決定する。
　計画を画定する決定は，譲渡が第642-13条に定める管理賃貸借（*location-gérance*）に先行するときも，契約の譲渡をともなう。
　この契約は，条項の規定にかかわらず，手続開始の日に発効している条件により遂行されなければならない。
　ファイナンス・リース契約の譲渡の場合，ユーザー（*crédit-preneur*）は当事者間の合意で定めた，またはそれがないときは裁判所が譲渡の日に定めた金額の限度内で，支払うべき残額を支払うときにのみ買取オプションを行使することができる。
　債務者が担保としてフィデュシーの財団に移転した財産または権利の使用・享有を維持している履行すべき契約は，フィデュシー契約の受益者の合意なしには譲受人に譲渡されない。

【参考資料】　ハーグ国際私法会議のトラストの準拠法と承認に関する条約

ハーグ国際私法会議
トラスト準拠法とその承認に関する条約（1985年7月1日）

本条約の署名国は，トラストがコモン・ロー系の国でエクイティ裁判所によって創設され，ある程度の修正を加えて他の国で採用されている制度であることを考慮して，トラストの準拠法に関する共通規定を設け，その承認に関するもっとも重要な問題（複数）を解決することで合意し，個のための条約を締結し，以下の規定を採用することとした。

第1章　適用範囲
第1条：本条約はトラストの準拠法を定め，その承認を決定する。
第2条：本条約においては，「トラスト」という語は，受益者の利益のためにまたは決められた目的のために財産がトラスティの管理のもとに置かれるときに，生存者のあいだの契約行為によってまたは死因によって，委託者というものによって創設される法的関係を指す。
　このトラストは次の性質を表す。
　a）トラストの財産は分別された一体をなし，トラスティの財団の部分を構成しない。
　b）トラストの財産に関する権利はトラスティまたはトラスティの計算において他の者の名において設定される。
　c）トラスティはトラストの条件または法律によってトラスティに課される特別の規定に従って財産を管理し，運営し，処分し，報告すべき権利を有し，義務を負う。
　委託者がある特権を維持し，あるいはトラスティが受益者としてある権利を有するという事実は，トラストの存在に必ずしも反するものではない。
第3条：この条約は，意思によって形成され，かつ書面によって証されるトラストのみに適用される。
第4条：この条約は，財産のトラスティへの移転を生じる遺言または法的行為の有効性に関する全体問題には適用されない。
第5条：この条約は，第2章によって決定される法律がトラスト制度または原因となるトラストの類型を承知していない分野については適用しない。

【参考資料】 ハーグ国際私法会議のトラストの準拠法と承認に関する条約

第2章　準拠法

第6条：トラストは委託者の選択した法律に準拠する。この選択は，明示的にまたはトラストを形成するあるいはその証明を供する行為の規定から生じ，原因の事情を考慮して解釈されなければならない。

前項を適用して選択された法律がトラストまたは原因となるトラストを承認していないときは，この選択は効果を生じず，第7条により決定された法律が適用される。

第7条：準拠法が選択されないときは，トラストは最も密接な関係のある法律に準拠する。

いずれの法律がトラストと最も密接な関係があるかを決定するには，特に下記の事項を考慮する。

a）委託者によって指定されたトラストの管理の場所

b）トラストの財産の状況

c）トラスティの住所または所在地

d）トラストの目的とその達成されるべき地

第8条：第6条，第7条によって決定される法律は，トラストの有効性，その解釈，その効果およびトラストの管理を定める。

この法律は特に以下を定める。

a）トラスティの選任，辞任と解任，トラスティの資格で遂行する能力およびトラスティの機能の移転

b）複数のトラスティ間の権利と義務

c）義務の遂行の全部または一部あるいは権限の遂行を委任するトラスティの権利

d）トラストの財産を管理・処分し，担保設定しさらに新たな財産を取得するトラスティの権限

e）トラスティの投資権限

f）トラストの期限とトラストの収入を準備金とする権限に関する制限

g）トラストの受益者に対する個人的責任を含め，トラスティと受益者のあいだの関係

h）トラストの変更と停止

i）トラストの財産の配分

j）トラスティの管理報告義務

第9条：この章の適用にあたっては，管理などの排除されるべきトラストの要

【参考資料】 ハーグ国際私法会議のトラストの準拠法と承認に関する条約

素は，別個の法律に準拠することができる。
第10条：トラストの有効性に関する法律は，その法律または排除されるべきトラストの要素に関する法律を他の法律によって置き換える可能性を定める。

第3章：承認

第11条：前章によって決定された法律に適合して創設されたトラストは，トラストとして承認される。
　承認は，少なくともトラストの財産はトラスティの財団とは別であること，トラスティは原告または被告としてあるいは公証人または公的権限を遂行する者の前でトラスティとしての資格で出頭する事が出来ることを意味する。トラストに適用される法律がそれを要求しまたは規定している限り，この承認は以下のことを意味する。

a）トラスティの個人的債権者はトラストの財産を差し押さえることはできない。
b）トラストの財産はトラスティの支払不能または破産の場合にはその財団とは別のものとされる。
c）トラストの財産はトラスティの夫婦財産にも相続財産にもならない。
d）トラストの財産の取戻は，トラスティがトラストに起因する義務に違反して，トラストの財産と個人財産を混蔵し，または処分した限りにおいて認められる。しかしながらトラストの財産を保有する第三者の権利と義務は法廷地の抵触規則によって定まる法律による。

第12条：動産・不動産の登記またはそれに関する権限を登記することを望むトラスティは，トラスティとしての資格またはこの登記が行われる国の法律によって禁じられておらず，またはこの法律に反していない限りでトラストの存在が現れるように，登記することができる。

第13条：いずれの国も準拠法の選択を除いて，管理地とトラスティの常居所に重要な要素がトラスト制度または原因たるトラストを承認しない国により密接に連結しているトラストを承認する義務はない。

第14条：この条約はトラストの承認に，より好意的な法規則の適用を妨げるものではない。

第4章：一般規定

第15条：以下の場合をはじめとして意思の明示によって規定を外れるときは，この条約は，法廷地の抵触規則によって定まる法律規定の適用を妨げるものではない。

【参考資料】　ハーグ国際私法会議のトラストの準拠法と承認に関する条約

　　a）未成年者または行為能力制限者の保護
　　b）婚姻の夫婦間と財産効果
　　c）遺言と相続の帰属とくに法定分
　　d）優先権と物的担保の移転
　　e）支払不能の場合の債権者の保護
　　f）他の点における善意の第三者の保護
　前記の規定がトラストの承認を妨げるときは，裁判官は他の法的手段によりトラストの目的に効果を与えるように努める。

第16条：この条約は，抵触法規則によって定まる法律にかかわらず，国際的状況が強制する適用の法廷地の法律の規定を損なうものではない。
　例外的に，紛争の目的物に十分な密接性がある他の国の同様の規則の効果を与えることもできる。
　すべての締約国は留保をつけて本条の第2項の規定の適用しないことを宣言することができる。

第17条：この条約の意味において，「法律」とは抵触法規則を例外として国家において発効している法規則をいう。

第18条：この条約の規定は，その適用が公序と相容れないのであれば，適用しないとすることができる。

第19条：この条約は税務については国家の権限を損なうものではない。

第20条：すべての締約国は，いつでもこの条約の規定を司法の決定によって創設されたトラストに広げる旨を宣言することができる。
　この宣言は，オランダ王国の外務省に通知され，この通知を受領した日に発効する。
　第31条は，この宣言の撤回とのアナロジーにより適用される。

第21条：すべての締約国は，第3章の規定を締約国の法律によって有効性が定められるトラストのみに適用するという留保をすることができる。

第22条：この条約は，トラストが創設された日がいつであれ，適用される。
　しかしながら，締約国は当該国でこの条約が発効する前に創設されたトラストにはこの条約を適用しない権利を留保することができる。

第23条：この条約に従って準拠法を定めるにあたって，国がトラストに関するそれぞれ固有の規則を有する複数の地域的単位を含むときは，この国の法律という場合には関係する地域的単位において発効している法律を指すものとみなす。

【参考資料】ハーグ国際私法会議のトラストの準拠法と承認に関する条約

第24条：異なった地域的単位がトラストに関する固有の法則を有する国は，この地域的単位に固有の関連する抵触法にこの条約を適用する義務はない。

第25条：この条約は，締約国が当事者になり，本条約によって定められる事項についての規定を含む国際的文書に影響を与えない。

第5章：最終規定

第26条：すべての国は，署名，批准，受諾，承認または加入の際にあるいは第29条によって行う宣言の時点で，第16条，第21条，第22条に定める留保をすることができる。

他のいずれの留保も許されない。

全ての締約国は，いつでも，行った留保を取り下げることができ，留保の事実は取り下げの通知後，暦年で3か月後の最初に日に停止する。

第27条：この条約は，第15会議のときにハーグ国際私法会議の構成国に署名のために開放されている。

これは批准，承認され，批准，承認，文書はオランダ王国の外務省に提出される。

第28条：すべての締約国は，第30条1項による発効後にこの条約に加盟することができる。

加盟文書はオランダ王国の外務省に提出される。

加盟は，加盟国と第32条に定める通知の受領後12か月内に異議を呈さなかった締約国との間でのみ効力を有する。この異議は，また批准，承認，条約の承認の時点で加盟の後に呈することができる。この異議はオランダ王国の外務省に通知される。

第29条：異なった法体系が適用される，2ないし複数の地域的単位を含む国は，署名，批准，承認，加盟の際に本条約はすべての地域的単位に適用される，またはそのうちの一ないし複数に適用されることを宣言し，いつでもあらたな宣言をすることによってこの宣言を変更することができる。

この宣言は，オランダ王国の外務省に通知され，条約が適用される地域的単位を明示する。

国が本条にいう宣言をしないならば，この条約はこの国の地域全体に適用される。

第30条：この条約は，第27条に定め批准，承認，加盟の第三の文書が届けられてから暦年で3か月後に発効する。

続いて，この条約が以下の場合に発効する：

247

【参考資料】 ハーグ国際私法会議のトラストの準拠法と承認に関する条約

　a）その後に批准，承認する各国について，批准，承認の文書を届けてから暦年で3か月後の最初の日
　b）加盟国について，第28条にいう期限が満了してから暦年で3か月後の最初の日
　c）第29条に従ってこの条約が拡大された地域的単位について，同条にいう通知の後暦年で3か月後の最初の日
第31条：すべての締約国は，この条約の保管者であるオランダ王国の外務省への書面による正式な通知によって本条約から退出することができる。
　退出は，保管者によって通知が受領された日から6か月の期限が満了後の月の最初に日または通知に特に定められたその後の日に発効する。
第32条：オランダ王国の外務省は，この会議の加盟国と第28条の規定に従って加盟した国に通知する。
　a）署名，批准，承認，第27条にいう承諾
　b）第30条の規定に従ってこの条約が発効した日
　c）第28条にいう加盟または加盟に対する異議
　d）第29条にいう拡大
　e）第20条にいう宣言
　f）第26条に定める留保または取下げ
　g）第31条にいう退出

正式に署名権のある者がこの条約に署名する。
ハーグにおいて1985年7月1日　仏文，英文の二つのテキストはいずれも正文であり，一部がオランダ王国の政府文書館に保管され，そのうちの正当な写し一部は外交経路によって，第15会議の際にハーグ国際私法会議の構成各国に引き渡される。

【参考文献】

(単 行 本)
新井誠『信託法 第3版』(有斐閣, 2008)
新井誠監修『コンメンタール・信託法』(ぎょうせい, 2008)
小野傑＝深山雅也『新しい信託法解説』(三省堂, 2007)
小梁吉章『フランス倒産法』(信山社, 2006)
四宮和夫『信託法（新版）』(有斐閣, 1999)
　「信託と倒産」実務研究会編『信託と倒産』(商事法務, 2008)
寺本昌広『逐条解説・新しい信託法』(商事法務, 2007)
長島・大野・常松法律事務所『詳解・新信託法』(清文社, 2007)
能見善久『現代信託法』(有斐閣, 2004)

(論文)フランス・フィデュシーに関する論文のみ記載した。その他の和文論文は脚注を参照。

・大島俊之「フランスの信託法草案」信託164号（1990）30頁
・大島俊之「フランス継伝処分法」信託研究奨励金論集12号（1991）69頁
・大村敦志「フランス信託学説史一斑―ルポール理論の位置づけ―」信託研究奨励金論集22号（1991）91頁
・角紀代恵「フランスにおける信託の動向―信託法制定を中心として」信託法研究18号（1994）53頁
・金子敬明「フランス信託法の制定について」千葉大学法学論集22巻1号（2007）174頁
・古賀敬作「欧州における個別信託の認識と課税に係る序論的考察―フランス・ドイツを中心に―」信託研究奨励金論集25号（2004）45頁
・小梁吉章「第三者の資金保管者の倒産に関するフランス判例の法理と『信託』」広島法学28巻（2004）1号260頁
・佐藤正典「フランス法と信託制度―中間試論として―」信託研究奨励金論集29号（2008）46頁
・西澤宗英「フランスにおける『信託』序説― Witz 論文を契機として―」信託135号（1983）13頁
・西澤宗英「Claude Witz 氏の fiducie（信託）論―比較信託法学の一視点―」信託法研究11号（1987）77頁
・西澤宗英「フランスにおける fiducie（信託）立法の試み」青山法学論集38巻（1997）3・4合併号23頁

参考文献

・原輝史「フランスにおける信託業発展の諸系譜」信託研究奨励金論集 21 号 (2000) 61 頁
・藤沢治奈「立法紹介—信託を制度化する 2007 年 2 月 19 日の法律第 211 号」日仏法学 25 号 (2009) 223 頁
・森脇祥弘「フランス信託法の形成過程」高岡法学 19 巻 (2008) 1 = 2 合併号 95 頁
・山田希「フランス信託法の基本構造」名古屋大学法政論集 227 号 (2008) 597 頁
・山田希「フランス法におけるフィデュシーとわが国の信託」信託研究奨励金論集 30 号 (2009) 127 頁
・クリスティアン・ラルメ(野澤正充訳)「フランス信託法の制定—2007 年 2 月 19 日の法律」信託 235 号 (2008) 49 頁

(洋　書)

Emmanuelle Bouretz, Crédits syndiqués: Transfert et partage du risque entre banques, Revue Banque Edition, 2005

Madleine Cantin Cumyn (édition), La fiducie face au trust dans le rapport d'affaires, Bruyant, 1999

Pierre Crocq, Propriété et garantie, LGDJ, 1995

Jean-Philippe Dunand, Le transfert fiduciaire: Donner pour reprendre, Helbing & Lichtenhahn, 2000

Jean Gaudemet, Droit privé romain, 2e éd., Montchrestien, 2000

Thierry Granier et Corynne Jaffeux, La titrisation: aspects juridiaue et financier, 2e éd., Economica, 2004

Richard Helmholz et Reinhard Zimmermann (edited by), Itinera Fiduciae: Trust and Treuhand in Historical

David Hiez, Etude critique de la notion de patrimoine en droit privé actuel, LGDJ, 2003

René Jacquelin, De la fiducie, A. Girad Librairie-Editeur, 1891

Cabinet Francis Lefebvre, La fiducie: Mode d'emploi, Edition Francis Lefebvre, 2009

François-Xavier Lucas, Les transferts temporaires de valeurs mobilières pour une fiducie de valeurs mobilières, LGDJ, 1997

Philippe Malaurie et Laurent Aynès, Cours de droit civil: Les biens-la publicité foncière, 4e éd., Edition Cujas, 1998

Graham Moffat, Trust Law, 5th ed., Cambridge Univ. Press, 2009

Marie-France Papandréou-Deterville, Le droit anglais des biens, LGDJ, 2004

James E. Penner, The Law of Trusts, 4th ed., Oxford Univ. Press, 2004

参考文献

Yves Picot, Droit des sûretés, Puf, 2008

David Runciman & Magnus Ryan, Maitland: State, Trust and Corporation, Cambridge Univ. Press, 2003

Gary Todd, Todd & Watt's Cases & Materials on Equity and Trusts, 7th ed., Oxford Univ. Press, 2009

Claude Witz, La fiducie en droit privé français, Economica, 1981

Claude Witz (édition), Les opérations fiduciaires, colloque de Luxembourg des 20 et 21 septembre 1984, Feduci-LGDJ, 1985

Perspective, Duncker & Humblot, 1998

欧文論文については，脚注を参照。

事項索引

あ 行

後継ぎ　217
後継ぎ遺贈　74
池田寅二郎　34, 42, 73, 120, 147, 220
遺言条例　199
遺言の自由　7, 198
遺贈　7
一人会社　130, 132
一人簡易株式会社　130
一人有限会社　129
稲本洋之助　92, 200, 201
遺留分　7
ウィッツ，クロード　11, 46, 49, 50, 59, 173, 189
売渡抵当　117
エイ・ビー・エル（ABL）　90, 168, 225
オーブリ，シャルル　47, 125, 133

か 行

ガイウス　184
会社型投信　18
買戻し条件付売買　53
貸付信託　8, 14
株式合資会社　128
河合博　35, 45, 49, 122
川島武宜　105, 156
キケロ　183
客体としての法　155
共益債権　162, 173
共同意思　130
共有　18
虚有権　110
金銭信託　13
グリマルディ，ミシェル　51, 56, 59, 71, 89, 113, 174
呉文炳　41, 87, 121, 218
クロク，ピエール　51, 82, 113, 145, 160
経済的所有権　205
形式的所有権　123
継伝処分　92, 216
限定責任信託　68
牽連破産　169
公益信託法　11
合憲審査　106
後見制度支援信託　65
合同運用金銭信託　7
合同運用証券投資スキーム　17, 204
衡平法上の所有権　6, 47, 104
ゴドメ，ジャン　188
コミットメント　138
コモン・ロー上の所有権　6, 47, 104, 118
コンパニア　128

さ 行

債権者代位権　47, 126
債権者とのフィデュキア　86, 159
債権者取消権　47, 91, 126
債権的権利説　120
債権投資共有ファンド　20
財産管理機能　16
財団債権　162, 173
サイレント・パーティシペーション　154
詐害信託　82, 91
ザカリア，カール・サロモ　125
先取特権　56, 126
差押禁止財産宣言　131
サブ・パーティシペーション　154
サリカ法典　99, 195
サルマン　195

252

事項索引

残余財産恵与　94
死因代理人　94
自益信託　7, 24, 74, 86
ジェニー，フランソワ　48
事業信託　67
自己信託　7, 68, 75, 87, 100
慈善信託　68, 101
実質的所有権　123
指定金外信託　13
指定金銭信託　13
死手法　193
四宮和夫　29, 35, 36, 80, 86, 95, 99, 122, 187, 221
仕法　219
資本可変投資会社　17, 204
ジャクラン，ルネ　48, 186
社債管理者　23
社債権者団　23
受益証券発行信託　68, 82
主体としての法　155
受託者財産　208
受託者所有権　110～118
受働信託　180
証券化　19, 90, 179
証券化共有ファンド　21, 76
証券担保コールマネー　53
証券投資信託　8, 14
譲渡税　21, 83
所有権留保　53, 56, 159, 163, 175, 238
シンジケート・ローン　90, 138～146, 149 ～154
信託会社　36, 39, 42
信託監督人　75
信託財産管理者　79
信託宣言　7, 100
信託担保　117
信託的継伝処分　92, 198
信託預金　14

人的訴権　194
随伴性　146
スクーク　112
誠意訴権　188
生業の糧　75, 131, 175
セールス・アンド・リースバック　17, 180
惣　217
相続改正法　199
相続法　199
双方未履行の双務契約　102, 174
ソキエタス・マリス　128
訴訟信託　81
租税債権　162, 173

た 行

ダイイ譲渡　21, 54, 108
退職準備基金　24
高柳賢三　157, 195, 223
谷口知平　5, 29
頼母子講　39, 219
ダマン，ラインハルト　108, 173
担保付社債信託　22, 36
直接設定方式　150, 153
ディフィーザンス　20, 61, 73, 90, 181
手形割引　54
テリー，ヘンリー　44
転換機能　16
倒産解除特約　164
倒産隔離機能　16
投資共有ファンド　17, 204
投資ファンド　19
特定金銭信託　13
特別目的会社　17
特別目的財団　131
匿名会社　128
匿名組合　142
取戻権　163～165, 175

253

事項索引

な行

中次相続　215
中継相続　215
二重領有説　120
二段階設定方式　153
日本興業銀行　37
年金信託　13
ノミニー　212

は行

ハーグ国際私法会議　4, 59, 213, 243
パパンドレウ＝デテルヴィル, マリーフランス　10, 35, 155
否認　82, 91
ファイナンス・リース　54, 106, 114, 159, 163
　～ 167, 175, 237, 242
ファンド・トラスト　13
フィデュシアリー・アカウント　204
付従性　91, 146
物権法定主義　47, 52, 105, 113
フランシスコ派　193
プロジェクト・ファイナンス　138
別除権　163, 164, 178
法学提要　184
法定信託　26
細谷祐治　30, 38, 43, 117, 122, 147
北海道炭鉱鉄道　37
ホームズ, オリバー・ウェンデル　195
保有権廃止法　199

ま行

マリニ, フィリップ　4, 24, 70, 83, 110 ～
　113, 129

宮本英雄　121, 197
民事信託　220
無尽　39, 219
メイトランド, フレデリック　10, 34, 97,
　134, 195
目的信託　68
モーゲージ　120
モツルスキー, アンリ　49, 62, 209

や行

由井健之助　39, 40
有価証券信託　24
有価証券の貸借　53
有限責任個人事業制度　8, 102, 131, 241
友人とのフィデュキア　86, 159
ユース条例　191
柚木馨　122, 190

ら行

ラルメ, クリスチアン　70
ルカ, フランソワ＝グザヴィエ　31, 89, 111,
　174
ルポール, ピエール　49
連帯債権　143
労働債権　162, 173
ロー, シャルル　47, 125, 133

わ行

和解的整理　171
我妻栄　106, 118, 125, 148, 161

〈著者紹介〉

小梁吉章（こはり よしあき）
1974年3月京都大学法学部卒業，2003年3月筑波大学大学院ビジネス科学研究科中途退学。博士（法学）。東京銀行本部各部，ルクセンブルグ現地法人，パリ支店等および東京三菱銀行法務部等に勤務。2003年4月，広島大学法学部・教授，現在は広島大学大学院法務研究科・教授。

〈主要著作〉
『金銭債権の国際化と民事執行』（信山社，2004年8月），『フランス倒産法』（信山社，2005年12月）など。

学術選書
75
民　法

❀❄❀

フランス信託法

2011年（平成23年）6月30日　第1版第1刷発行
5875-2 P264 ¥8800E：b012-050-015

著　者　小　梁　吉　章
発行者　今井　貴　稲葉文子
発行所　株式会社　信山社
総合監理／編集第2部
〒113-0033　東京都文京区本郷6-2-9-102
Tel 03-3818-1019　Fax 03-3818-0344
henshu@shinzansha.co.jp
笠間才木支店　〒309-1611　茨城県笠間市笠間 515-3
Tel 0296-71-9081　Fax 0296-71-9082
笠間来栖支店　〒309-1625　茨城県笠間市来栖 2345-1
Tel 0296-71-0215　Fax 0296-72-5410
出版契約 No.2011-5875-2-01011　Printed in Japan

©小梁吉章，2011　印刷・製本／ワイズ書籍・渋谷文泉閣
ISBN978-4-7972-5875-2 C3332　分類324.522-b001 信託法
5875-01011；012-050-0150　《禁無断複写》

JCOPY《(社)出版者著作権管理機構 委託出版物》
本書の無断複写は著作権法上での例外を除き禁じられています。複写される場合は，そのつど事前に，(社)出版者著作権管理機構（電話03-3513-6969，FAX03-3513-6979，e-mail: info@jcopy.or.jp）の許諾を得てください。

◆ 小梁吉章 著 ◆
好評既刊

◇ **フランス倒産法**
・フランス倒産法とその歴史的変遷を社会経済的要因との関係を踏まえながら検討するとともに、２００５年に成立した改正法を分析、日本の倒産法への影響も論じる。参考資料として改正後の倒産法の仮訳を掲載。

◇ **金銭債権の国際化と民事執行** ─ フランス法, ＥＵ法における債務名義の価値回復
・経済のグローバル化に伴い私人間の債権関係の国際化は進んだが、一方法律や法制度の対応のスピードは緩慢である。経済グローバル化に対応する金銭債権執行とはどのようなものか。実務を経験した国際的視野から鋭く考察。

◇ **国際民商事法講義**
・グローバル化時代の変化をとらえる、国際民訴法・国際取引法のテキスト。著者が法科大学院で行っている授業の講義ノートをもとに編集。国際取引法の個所で、契約の観点から「国際私法」の基本事項を説明。

◇ **倒産法講義** ─ 倒産法と経済社会
・倒産法の基本的な考え方の理解を目的としたテキスト。倒産という現象を広く浅く学習するという特徴から、特に破産法の基本理念に焦点を当て、倒産法理解のための重要な材料として主要な判例にも触れる。

信山社